클레르보의 베르나르의 **아가서 설교 제3권**

# 나는 들의 꽃
# 골짜기의 백합화

**제3권**
설교 47-66

## 나는 들의 꽃 골짜기의 백합화

클레르보의 베르나르의 아가서 설교 제3권 설교 47-66
THE WORKS OF BERNARD OF CLAIRVAUX
Song of Songs Ⅲ Sermons 47-66

| | |
|---|---|
| **초판 발행** | 1996년 11월 20일 |
| **재판 발행** | 2011년 8월 30일 |
| **지은이** | 클레르보의 베르나르(BERNARD OF CLAIRVAUX) |
| **옮긴이** | 장미숙 |
| **발행처** | 은성출판사 |
| **등록** | 1974년 12월 9일 제9-66호 |

ⓒ 1996년 은성출판사

| | |
|---|---|
| **주소** | 서울시 강동구 성내동 538-9 |
| **전화** | 070) 8274-4404 |
| **팩스** | 02) 477-4405 |
| **홈페이지** | http://www.eunsungpub.co.kr |
| **전자우편** | esp4404@hotmail.com |

번역서의 출판 및 판매에 관한 모든 권한은 본 출판사가 소유하고 있습니다. 출판사의 사전 서면 허락 없이 상업적인 목적으로 번역, 재제작, 인용, 촬영, 녹음 등을 할 수 없음을 알려드립니다.

Originaly published in English under the title: On the Song of Songs(Ⅲ) of Bernard of Clairvaux
All rights to this book, not specially assigned herein are reserved by the copyrights owner. All rights are contracted exclusively through Eunsung Publications in Korea.

Printed in Korea
ISBN: 978-89-723-6400-9 33230

클레르보의 베르나르의 아가서 설교 제3권 설교 47-66

# THE WORKS OF BERNARD OF CLAIRVAUX
# Song of Songs Ⅲ
## Sermons 47-66

# 목·차

설교 47 　골짜기의 백합화　 29

설교 48 　믿음과 관상에 관하여　 41

설교 49 　왕이 나를 인도하여 잔칫집에 들어갔으니　 55

설교 50 　육체와 이성과 지혜의 삼중적 사랑　 67

설교 51 　신랑의 왼팔과 오른팔의 의미　 79

설교 52 　노루와 들사슴　 91

설교 53 　내 사랑하는 자의 목소리　 103

설교 54 　교만　 115

설교 55 　신랑이 노루와 어린 사슴에 비교되는 비유　 135

설교 56 　벽은 무엇인가?　 143

설교 57  마리아, 나사로, 마르다    153

설교 58  영혼의 가지치기    169

설교 59  비둘기의 소리    187

설교 60  무화과나무와 푸른 열매    201

설교 61  바위틈에 있는 나의 비둘기    215

설교 62  비둘기가 거하는 틈의 의미    229

설교 63  여우가 허는 포도원    245

설교 64  네 종류의 유혹    257

설교 65  여우를 잡으라    269

설교 66  새로운 이단자들    285

# 머리말

베르나르의 아가서 설교에 나타난 행동과 관상

베르나르는 아가서를 "관상적인 설교"로 여겼고, 그의 여든 여섯 편의 설교에서 그것을 주석하면서 관상적인 사람들의 행동과 사고방식을 설명하였다.[1] 대부분의 저자들은 행동-관상 문제를 다루는 글에서 『아가서 설교』를 관상적인 삶을 사는 사람들을 위한 책으로 간주한다. 마찬가지로, 행동적인 삶을 사는 사람들은 그런 책이 자신의 기질에는 맞지 않는다고 생각한다. 그러나 베르나르 자신은 그리스도인의 경험을 그토록 어색하게

---

1) cf. Jean Leclercq, C.H. Talbot, and H.M. Rochais, eds. *Sermones super cantica canticorum*[SC] I (1957) and II (1958), in *Sancti bernarde Opera*, eds. J. Leclercq and H. M. Rochais (Rome, 1957- ). 여기의 언급은 SC 1.3에 관한 것이다: 'Competenter acceditur ad hunc sacrum theoricumque sermonem.'

두 개의 삶으로 양분하는 것을 그리 지지하지 않는 듯이 보인다. 그의 걸작이 한 쪽으로 지나치게 치우친 것이었다면 기독교적 전통은 매우 빈약하게 되었을 것이다. 반대로 그의 책은 이후 세대들의 일반적인 경건에 미친 그것의 지대한 영향으로 그 시대의 어떤 다른 영적인 저서보다 더 큰 주목을 받아 왔다.

오늘날 베르나르의 본문은 그것의 순수한 탁월성과 역사적 지위 이상의 가치를 지닌다. 근래에 그리스도인의 책임에 대한 평신도의 의식을 넓히기 위해 새로운 영성이 개발되고 있다. 지지자들 중 몇몇은 그 영성이 고전적인 양식들과는 전혀 다르다고 주장한다. 그들에 따르면 이 새로운 영성은 중세 영적인 저자들의 비성경적인 천사 인류학을 바로 잡는다.[2] 그리고 보다 오래된 영성이 무시되어도 좋을 만큼 심하게 곡해되지 않은 때에도, 새로운 영성의 적절성을 확립하는 것이 더 낫다.[3] 그렇지 않을 경우 우리는 압제당하는 자들을 위해 열심 낼 것을 주장하

---

2) cf. Robert Bultot, *Christianisme et valeurs humains: La doctrine du mepri du monde en Occident, de S. Ambroise a Innocent II. Tome iv, Le XIe siecle: Vol. 1, Pierre Damien* (Louvain, 1963) 39-40. 'The Theology of Earthly Realities and lay Spirituality', *Spirituality in the Secular City, Concilium* 19 (New York, 1966) 44-58, p. 50에서 Bultot는 Damian의 인류학이 중세 영적인 저자들과 일반적으로 공통점을 지닌다는 의견을 분명하게 밝힌다. 'Spirituels et theologiens devant l' homme et le monde,' *Revue Thomiste* 64 (Toulouse: Oct,-Dec., 1964) 517-48, 530-31에서 그는 성 베르나르의 사상을 조사하고 베르나르 역시 그 일반적인 비판에 포함시킨다.

면서, 한편으로는 낡은 금욕적-신비적 범주들로 인해 당황할 수 있다. 그러나 교회의 이전 세대들을 그토록 가볍게 이해하는 것이 과연 타당한가? 어쩌면 성령의 계속적인 임재를 입증하는 결정적인 증거가 모호해질 수도 있다. 베르나르의 『아가서 설교』를 아는 것은 이 위험을 막는 데 도움이 된다.

우리는 클레르보의 대수도원장이 세상의 인정을 목적하거나 인간 사회의 건설을 지향하는 식의 근대의 평신도 영성을 조금도 칭찬하지 않으리란 점을 인정해야 한다. 그는 수도사로서의 소명과 수도원에서의 삶의 배경을 통해서 인간의 경험에 대해 매우 다른 시각을 가진다. 그는 첫 부분의 설교들에서 그의 청중의 특별한 성격을 밝힌다: "형제들이여, 여러분은 세상의 사람들이 논의하는 것과는 다른 것들을 논의해야 합니다. 또는 세상 사람들이 논의하는 것과 같은 것을 논의할 경우에 적어도 그들과는 다른 방법으로 논의해야 합니다."

베르나르를 떠올릴 때 우리는 곧 현재 질서에 대한 가장 필요

---

3) cf. Ernest Larkin, O. Carm., 'Asceticism in Modern Life' in *Concilium* 19 (New York, 1966) 100-108. 심지어 이 면밀하고 유용한 글에서도 이런 말이 나온다(p. 140): '따라서 자비보다 분리가 이 [보다 옛] 체계에서 금욕적인 노력을 주도한다.' 동일한 생각이 설교 58에서 되울린다: '보다 새로운 영적인 삶은 과도한 욕구와 부착의 문제를 싸고 구조되지 않는다.' 이 설명은 베르나르의 생각을 대변하지 않는다.

한 참여 외에 모든 것을 반대하는 부단하고 엄격한 금욕적 경고들을 연상한다. 사실상 그의 저서는 이 전형적인 수도자의 조언의 복음주의적 의미를 확언하는 데 있어서 탁월한 위치를 차지한다. 그러나 수도사가 아닌 전체 그리스도인들을 위하여 그 조언이 의미하는 바는 무엇인가?

베르나르의 금욕주의는 세상의 인정을 목적하는 영성을 반박하는 것으로 보인다. 그것을 이해하고 평가할 수 있는 방법은 『아가서 설교』에 나오는 관상의 개념을 영성과 비교하는 것이다. 나는 여기서 먼저 베르나르가 관상과 행동의 관계에 대해, 그 다음 관상과 금욕적 노력의 관계에 대해 어떻게 이해하였는지부터 살펴볼 것이다. 이 관상적인 수도자는 다른 사람들을 위한 행동에 어떤 성격을 부여하는가? 그리고 혼란스럽게도 그 전통 안팎의 사람들에게 하나의 주의, 즉 금욕주의라고 알려진 그리스도인의 노력에 대해 그는 어떤 특성을 부여하는가?

행동-관상이라는 구분은 그것에 따른 추상적 개념과 규범과 체계와 논란과 더불어 하나의 지적인 유희가 되어 왔다. 신학이 종교적 경험으로부터 멀어지면 멀어질수록, 탐구에 대한 흥미는 더욱더 강력해진다. 불행한 의미에서, 인간은 공식에 따라 살기를 좋아한다. 인간은 삶의 흐름의 어떤 순간에도 교리의 정밀성이 보증하는 신중과 지혜를 가지기 원한다. 이것은 그와 같은 삶이 반드시 하나님 앞에서 사는 것은 아니라는 사실이 밝혀진 후에도 마찬가지이다.

많은 영적인 저자들이 예수께서 모든 사람들에게 두 가지 말씀, 즉 "한 가지만이라도 족하니라"(눅 10:42)와 "이 지극히 작은 자 하나에게 하지 아니한 것이 곧 내게 하지 아니한 것이니라"(마 25:45)를 말씀하셨다고 생각하였다. 그리고 신학자들은 그런 저자들의 책에 작용하는 사고체계를 식별하려고 끊임없이 노력해 왔다. 그러므로 『아가서 설교』처럼 그리스도인의 경험에 대한 탁월한 설명에서 그와 같은 지적인 만족을 주는 체계들이 이 기독교적 경험을 적절하게 대변하였는지, 그렇지 않은지를 증명해 보는 것이 중요하다고 생각된다. 그것이 바로 내가 "관상생활"을 하지 못하는 그리스도인들에게 이것이 진실로 그들의 책이 된다는 것을 말하고 싶은 이유이다.

### 관상과 행동

베르나르는 관상과 인간의 삶에 필요한 활동을 결합하는 것이 매우 어렵다는 것을 알았다. 그 이유는 관상에 대한 그의 소원을 진술한 데서 분명하게 나타난다. 그는 "삶에서 일들이 주는 유혹에 넘어가지 않고", "생각에서 현실의 현상들에 휩싸이지" 않기를 원한다. 후자는 인간적인 모든 일에서 물러날 것을 요구한다. 그러나 그는 그가 무엇을 해야 하는지를 잘 안다. 이 관상의 "정적인 자비"는 항상 이웃의 필요에 주의하는 "행동적인 자비"에 굴복해야 한다. 이것은 종종 독실한 영혼에게 정적인 결핍을 가져올 수 있다. 그러나 그는 그것의 필요성을 설명한다: "참 자비는 여기에 있으니, 그것은 더 궁핍한 사람이 먼저 도움을 받는 것이다."

베르나르에게 있어 자주 그러하듯이, 생각의 깊이-그것의 신학적 본질-는 우리가 쉽게 간파하지 못하는 성경의 암시에 들어 있다. "참 자비는 여기에 있다"라는 말은 참 관상의 사랑이 영혼에 대한 하나님 자신의 사랑이라는 것과, 그와 같은 사랑은 사람이 다른 이들의 필요를 돕고자 하는 영혼의 움직임을 거부할 때 그 영혼 속에 존재할 수 없다는 것을 분명하고 감동적으로 암시한다. 베르나르의 주석에 따르면, 요한일서 4장 10절에서 우리가 하나님을 사랑하는 것은 우리 속에서 하나님이 "궁핍한 사람들을" 사랑하시는 것을 말한다. 그렇다면 동일한 표징에 의해, 우리가 관상에서 감히 주장하는 자비를 완전히 변질시키지 않고서는 하나님이 우리의 행동을 통해 다른 사람을 사랑하시는 것을 거부할 수 없다.

요한일서 4장과 행동과 관상의 관계는 반드시 연결되어야 한다. 그 질문에 대한 베르나르의 신학적 개념이 바로 여기서 시작된다.[4] 시토 수도회의 격언인 "사랑 자체가 지적 능력(knowing faculty)이다"라는 말 역시 근본적으로 여기서 유래한다.[5] 사랑하지 않는 자는 하나님을 알지 못한다. 이는 하나님은 사랑이시기 때문이다. 다른 사람들의 필요를 채워주는 활동은 관상의 활동과 동일하게 영혼 속에서 하나님의 사랑의 활동이다. 이와 같은 분명한 인식에서부터 베르나르는 계속하여 관상하는 자들을 위해 사도적인 형제 사랑의 필요성을 여러 모로 단호하게 표현한다. 비록 상상을 방해하고 관상하는 사람의 힘을 고갈시킬지라도 행동적인 형제 사랑은 참된 기도의 행위, 하나님의 역사이다.

행동과 관상의 대등한 성격은 영적 진보의 단계를 나타내는 이전의 상징들이[6] 다음과 같은 상징들로 대치된 데서도 볼 수

---

4) Etienne Gilson, *The Mystical Theology of St. Bernard*(New York, 1940) p. 21. 저자는 요한일서 4장을 베르나르의 사상에서 단일의 가장 중요한 '교리적 블록(bloc)'으로 칭한다.
5) Hans Urs Von Balthasar, *Herrlichkeit: Eine theologischer Asthetik*, 9 vols. (Einsiedeln, 1961) I:276: '너무도 유명한 이론인, 지식의 원리로서 사랑에 대한 후기 시토 이론이 바로 여기서 시작된다. 그것이 요한이 말한 것과 다르다고는 아무도 단언할 수 없다.' 베르나르에게 있어 그 표현은 Div 29, 1; PL 183:620B에서 다음과 같이 발견될 수 있다: 'Amor ipse est intellectus, notitia est.'

있다: 쓸데없는 것들을 제거하고 동시에 밝게 비추는 불(57.7); 꽃을 피우고 열매를 맺는 식물(47.5); 커지지만 가지치기를 필요로 하는 나무(58.8); 지금은 부재하지만 언제라도 찾아올 수 있는 신랑(17.1); 배우자이자 어머니인 연인(10.1; 85.13); 머리와 몸의 기름 부음(16.1); 관상의 적절한 대상과 의도로서 신부의 두 뺨(40.3); 같은 집에 거하는 두 자매 마르다와 마리아(51. 2); 하나님을 볼 수 있게 하는 빛, 또는 모든 사람 앞에서 비추는 빛(51.2). 이것들 중 가장 상세하게 설명되는 것은 배우자와 어머니 상징이다. 아가서의 서정시에서 우리는 연인들을 만난다. 베르나르의 주석에서 사랑받는 배우자는 많은 자손의 어머니이기도 하다. 관상의 입맞춤에서 그녀는 양육해야 하는 자녀들을 잉태한다(9.7); 만약 그녀의 가슴이 자녀들을 양육할 수 없다면, 그녀는 아직 결혼할 연령이 아니다(10.1); 그녀로 하여금 신랑에게 즐거움을 주게 하는 매력들은 그의 자녀들에게 유익한 것들이다(10.1); 그녀는 자녀들을 젖 먹이기 위해 자주 그의 입맞춤을 받는 즐거움을 중단해야 한다(4.16; cf. 9.8과 32.10). 신랑은 그녀의

---

6) Cf. 1124년 전에 쓰인 *De gradibus humilitatis et superbiae*. 『아가서 설교』(*The Sermones super Cantica Canticorum*)는 1135년과 1153년(베르나르가 작고한 해) 사이에 쓰였다.

피곤함을 이해하고 그녀가 그의 자녀들을 돌보는 것으로 인해 그녀를 사랑한다(52.6). 베르나르는 자신의 마지막 완전한 설교에서 이렇게 썼다: "어머니는 자녀들을 기뻐하나, 배우자는 그의 포옹을 훨씬 더 기뻐한다."

진정한 사랑이 비이기적이어야 하는 것처럼—베르나르에게 있어 castus는 "비이기적인"을 의미한다—관상도 그래야 한다: "참되고 순결한(비이기적인) 관상"; "설교 준비를 위해 기꺼이 관상의 고요함을 중단해야 한다." 왜냐하면 신부는 신랑을 사랑함으로써 그가 사랑하는 자들 역시 그를 사랑하게 되기를 원하기 때문이다. 베르나르는 관상에 대한 간절함으로 인해 결코 그의 수도사들을 소홀히 여기지 않았다(51.3; 52.6; 53.1).

배우자와 어머니라는 상징은 베르나르가 매우 좋아하는 상징이다. 그는 아가서의 중심 상징에서 이용 가능한 모든 요지들과 함께 이 상징을 끝없이 상세하게 풀어낸다. 그것은 어떤 유용한 의인법을 기발하게 조작하는 것을 훨씬 능가한다. 배우자로 하여금 어머니가 되게 하는 사랑과 말씀의 관계는 인간 안에 존재하는 신적인 사랑의 양분될 수 없는 두 차원이다. 다시 말해 유일한 배우자인 교회의 지체로서 우리는 그 관계의 새로운 국면을 발견하는 것이 아니다. 그것은 동일한 국면이다.

배우자-어머니는 경우에 따라서, 또는 그와의 관계에 보다 완전을 기하기 위해서 신랑의 자녀들을 사랑하는 것이 아니라 책임감에서 그렇게 한다. 그들은 그녀의 자녀들이다. 베르나르는 이웃에 대해 이런 태도를 가질 것을 거듭 가르친다. 어떤 경우 그는 관상을 위한 노력을 헛되게 하는 생활의 염려에 대해 오히려 호의적으로 말한다. 베르나르의 작고한 형제 제라르는 책임감을 가지고 공동체를 섬겼던 사람이었다. 베르나르는 감탄하여 "그는 그의 염려에 얼마나 주의하였던가!"라고 했다. "하나님으로 옷 입을 때, 비록 그가 우리를 돌보실지라도 우리를 위해 염려하기를 멈추지 않았습니다"(cf. 벧전 5:7). 일상의 필요한 일들에 대한 염려는 걱정을 낳을 수 있으며, 그것은 관상의 좌초라고 말해진다고 말한다. 그러나 베르나르는 제라르에 대해 "나는 수도원장으로 부름을 받았으나, 그는 염려에 탁월하였다"라고 했다. 물질과 관련된 염려를 피하라는 통상적 충고에도 불구하고 그가 고인이 된 제라르의 염려에 대해 깊은 감사를 표한 데서, 우리는 일상의 행정의 짐을 어느 정도 다른 사람에게 지워야 했던 수도원장 편의 송구함을 읽을 수 있다.

이전에 베르나르는 다른 사람들에게 행정과 관리를 맡기고 관상에 전념하는 그의 수도사들에게 그들이 "지혜로운 자들과 어리석은 자들에게 빚을 지고 있다"고 말하였다. 관상하는 자들에게 열려 있는 성경의 창고에는 사람을 신민(臣民)이 되게 하는 훈련의 포도주, 동무가 되게 하는 자연이라는 연고, 다스리는 자가 되게 하는 은혜의 향료가 들어 있다. 그 저자는 권위를 행사하는 데 있어 왜 은혜가 탁월하게 요청되는지를 설명한다: "오직 이것에서만 받을 수 있는 그 충만 때문에… 그의 형제를 사랑하는 자는 율법을 다 이루었습니다"(cf. 롬 13:8). 베르나르는 섬김이 성숙한 영혼의 한 표시라고 생각하였다(9.1-3). 따라서 그는 감독자들이 감당한 섬김의 직무를 매우 감사하게 여겼다.

이 모두를 고려할 때, 베르나르가 그의 수도사들에게 세상의 활동을 멀리하도록 권고한 것은 어떤 특별한 소명에 대해, 다른 기독교적 실재에 비해 보다 덜 시급하고 덜 중요한 행동적인 자비에 대한 일반적 평가에 견줄 수 없는 어떤 특별한 종교적 경험으로 정당화되어야 하는 소명에 대해 말한 것이라고 결론지을 수 있다.

### 관상과 금욕

행동과 관상의 통합을 보다 철저하게 하기 위해, 베르나르는 금욕적인 노력을 행동과 결부시킨다. 초기에 헬라인 그리스도인들은 행동적인 삶을 덕을 쌓는 것으로 이해하였다(praktiké). 이것을 통합에 추가함으로써 베르나르는 금욕이 단순히 예비적인 단계가 아니라는 것을 분명히 한다. 사람은 영혼의 이 삼중의 선-한 가정의 나사로, 마리아, 마르다-을 소유하도록 애써야 한다. 그것은 "우리가 이웃의 필요를 채우는 능력을 가지는 한편 또 자신에 대해서 슬퍼하는 법과 동시에 하나님을 기뻐하는 법을 배우기 위함이다. 그것은 하나님을 기쁘시게 하며, 자신에 대해 주의하고, 다른 이들에게 유용하게 되는 것이다."

그렇다면 금욕은 행동적인 자비와 같은 방법으로 관상과 관련된다. 우리는 저자가 포도원의 일꾼들을 금욕주의자들로 묘사하고 관상의 열매에 대해 말하는 데서 이것을 본다: "일하지 않는 자는 먹지도 말아야 한다"(살후 3:10). 금욕주의자와 사도가 함께 일하고 함께 열매를 나눈다. 여기서 공통된 것은 둘 다 말씀의 임재를 예비하기 위하여 노력한다는 것이다.

베르나르의 금욕주의를 그의 관상의 목적과 별도로 평가하는 것은 행동의 본질을 이루는 목표와 의도를 모른 채 행동에 대해 판단하는 것과 같다. 이런 반성을 무시하는 것은 경솔해 보인다. 사실 그것은 기독교적 금욕주의를 올바로 이해하는 길을 열어 준다. 프리드리히 불프(Friedrich Wulf)는 금욕주의가 도덕적인 것과 신비적인 것으로 양분되는데, "근대 금욕주의적 문학이 보여 주는 대로, 전통적인 가톨릭 견해는 주요 강조점을 도덕적 금욕주의에 둔다"고 말한다. 베르나르의 『아가서 설교』나 혹은 보다 약한 증언들이 "전통적인 가톨릭 견해"를 확립할 수 있는지는 논란이 될 수 있다. 베르나르의 금욕주의가 신비적인 점을 입증하기는 어렵지 않다. 사실 적절한 배경에서 벗어날 때 그것은 쉽게 오해될 수 있다. 그러나 우리가 그의 비세속적인 권면들의 참된 의미를 인지한다면, 그것들의 긍정적인 내용을 새롭게 평가하는 것도 가능하지 않겠는가?

그는 첫 설교에서 자기 절제의 기독교적인 성격을 특히 강조한다. 그것은 하나님의 명령에 순종하기 위함이다. 저자는 독자가 솔로몬의 앞선 두 책인 전도서와 잠언을 통달하였다는 것을 전제하고, 아가서에서 영적인 것들을 다룰 것이라고 말한다 (1.2). 그것들을 통달한 독자는 "하나님을 경외하고 그의 계명을 지키는 것을 모든 인간의 관심사와 세속적 열망들보다 귀하게 여기기 때문에" 준비가 된 것이다. 비유적으로 말해 그는 인간적인 것 이상의 무엇을 받을 준비가 되어 있다: "이제 그는 역량을 갖추고 이 거룩한 관상적 설교에 다가갈 수 있습니다." 그와 같은 준비가 없다면, 독자는 빛이 비치지만 그것을 보지 못하는 소경과 같다(1.3).

이 비유는 중요하다. 악에서 돌이켜 하나님의 법에 순종하려고 노력하지 않는 영혼은 영적인 시각 자체를 갖지 못한다. 그것은 윤리적인 정직의 크고 작은 정도의 문제가 아니다. 우리는 베르나르가 뜻하는 의미를 그의 진술에서 읽는다: "자연인은 하나님의 성령의 일을 지각하지 못한다."[7] 인간의 노력으로 쌓은 덕은 독자로 하여금 "역량을 갖추고" 관상적인 설교로 옮겨가게 할 수 없다. 이것들은 성령과의 협동을 나타내지만, 새로운 역량 혹은 능력은 *spiritus* 자체, 즉 영혼 안에서의 성령의 활동이다. 베르나르는 수도사들에게 승리가 "여러분의 믿음"(요일 5:4 참조)이라고 말한다. 그는 준비를 숙련이나 좋은 습관, 또는 상당한 도덕적 정열을 낳는 활동들과 관련짓지 않는다. 그 잘못된 조건의 특징은 "죄로 눌리고 육체의 정욕으로 여전히 상한 영혼"이라고 묘사될 수 있다. 그러나 올바른 조건은 방법적인 진보이기보다 돌이켜 새로운 방향으로 향하는 것, 즉 "회개하려는 의지"이다.

베르나르는 이 선결 조건에 관한 서론적인 논의에서조차 금

---

7) cf. 고전 2:14. 베르나르의 aniamlis는 바울적인 것으로, 심-신(心-身)의 인간을 의미한다. 특히 고전 15:46을 보라.

욕적인 노력을 단순히 도덕적인 의미에서 생각하지 않는다. 그는 죄를 피하려는 초보적인 도덕적 금욕주의까지도 관상과 연관시킨다. 이것은 영혼의 포기가 하나님을 보는 것, 즉 최후의 만남에 대한 기대를 설명한다는 시각을 확립한다.

베르나르는 아가서의 서언 "그가 내게 입 맞추기를 원하노라!"에 대한 주석에서 이 사실을 지적한다. 신의 입맞춤을 향한 소원은 궁극적인 관상적 연합을 향한 소원이다: "입술의 부딪힘은 영혼의 포옹을 의미한다."

『아가서 설교』에서(두 번째 설교 전체) 광범위하게 취급된 첫 주제는 소원, 즉 하나님에 대한 갈망이다. 거룩한 사람은 "소원의 사람"이다. 베르나르의 언어로, 영혼의 금욕적 노력을 다스리는 소원은 하향적이기보다는 상향적이다. 그것은 하나의 시각을 확립한다. 자주 독자를 격려할 내용은 "은혜가 앞서감"으로 말미암아 소원은 이미 말씀의 임재라는 것이다: "이는 그분의 소원이 여러분의 소원을 창조하시기 때문입니다." 이것을 단언할 수 있는 것은 하나님이 먼저 우리를 사랑하셨기 때문이다(cf. 요일 4:10). 아무도 스스로 갈망함으로, 즉 "영혼의 자연적인 움직임에서부터" 신의 입맞춤을 향한 소원을 형성할 수 없다. 그러나 그가 일단 입맞춤을 받으면, 그 경험이 그로 하여금 자유롭게 그것의 반복을 원하게 한다: "먹는 자만이 배고플 것입니다." 이 선행하는 사랑은 회심과 덕의 성장을 설명한다: "회개하려는 의지를 주신 분이 절제를 유지할 수 있는 힘을 더해 주셔야 합니다." 베르나르는 어거스틴과 흡사하여 덕을 신의 사랑의 선물 이외의 것으로는 결코 생각할 수 없었다.

소원과 그것의 성취인 금욕과 관상의 상호 관련은 다른 식으로도 표현된다. 관상은 자기를 아는 겸손에서 시작된다. 이것은 베르나르의 과정의 개념을 이해하는 열쇠이다. 겸손한 영혼은 이미 진리를 소유한다. 혹은 덕을 획득하는 것은 영이 자라도록 필요 없는 것들을 제거하는 문제, 즉 "육체의 불필요한 것들을 가지 치는"[8] 문제이다. 그는 "불필요한 것들을 제거하십시오. 그러면 유익한 것이 자랄 것입니다"라고 말한다. 그러므로 금욕적인 가지치기는 항상 필요하다(58.10). 이것을 말하는 또 다른 방법은 영혼이 말씀을 따르기 위해 모든 것을 버리고 떠나야 한다는 것이다: "그러므로 모든 것을 버리고 떠난 영혼을 볼

---

8) SC 1.2: 'Carnis superflua resecans.' 성 베르나르에게 있어 '육체' caro는, 바울에게서와 같이 몸이 아닌 노예적인 인간성을 의미한다(갈 5:16-26; 롬 8:1-13). SC 1.9; 20.4; 20.7; 26.9; 31.6; 38.4; 56.2; 66.7; 81.4; 81.10; 85.4 등을 보라. 일부 구절들은 난점들을 야기하는 듯이 보이나(예를 들어 SC 7.3; 29.7; 50.4) 문맥과 관련하여 읽으면, 그것들이 바울의 육체와 영의 대조를 표현한 것임을 쉽게 알 수 있다.

때… 그것을 말씀에 시집 간 배우자로 아십시오."(눅 5:11 참조). 각 상징에서 금욕적 행위의 본질이 관상의 목표에서 확립된다는 것이 분명해진다.

  이 상호 관련의 표현들은 베르나르의 금욕주의의 다른 국면을 말해 준다. 즉 그것은 금욕과 관상은 그리스도인이 성숙하는 과정의 연속체라는 것이다. 금욕이 단순히 관상에 선행하는 것으로 간주되지 않는다. 금욕적 행위 안에는 사랑, 임재, 소유, 보는 것이 있다. 그러므로 이 행동은 관상이다. 시토 수도회의 격언을 부연 설명하면, 사랑은 그 자체로 알고-보고-관상하는 능력이다. 물론 베르나르는 최고의 완전한 사랑과 특별한 은사들을 관상으로 말할 것이다. 그러나 그가 모든 영혼들에게 관상을 격려하기 때문에(62.6; 83.1), 그것의 연속적인 성격을 이해하는 것이 중요하다. 하나님을 보는 것에 대한 다음의 말들을 생각해 보라: 인간은 다른 사람들이나 책으로부터, 또는 "피조물을 통하여"(롬 1:20참조) 하나님을 알아야 한다. 교회 내의 모든 사람들이 "하나님의 뜻의 비밀들을 꿰뚫을" 수 있는 것이 아니기 때문에,[9] 많은 이들에게는 "십자가에 못 박히신 예수"만 주어진다. "이는 믿는 것은 보는 것이기 때문이다." "소망의 기쁨이 영혼 속에 깊이 뿌리를 내렸다." 관상의 입맞춤은 하나님의 발에 입맞춤-대화-으로 시작된다(3.2). 마음의 청결을 얻는 것을 목적한 금욕적 행위는 지식의 조건일 뿐 아니라 이미 그것이 지식이다.

금욕과 사랑의 관계는 그것과 관상과의 관계보다 이해하기가 쉽다. 그것은 사랑이 의도에 대해 말하기 때문이다. 그러나 관상(intellecuts)이 사랑인 베르나르에게 있어, 그것들의 관계는 동일하다. 한 상징이 두 가지 불-사랑의 열정이자 관상의 빛-을 연합한다. 둘 다 그것들이 선행하는 것으로 여겨지는 금욕 속에 존재한다. 베르나르의 말을 빌리자면, 이는 "여러분은 불이 그분 앞에서 선행한다는 것과 그분 자신이 불이라는 것을 읽기 때문입니다"(시 97:3; 신 4:24 참조). 금욕 안에서 하나님의 정의를 구하는 영혼은(57.5) 하나님의 정의이신 말씀 자신을 찾는다(80.2).

이 동격 관계에 대한 가장 통상적인 접근은 의지의 순응을 중시한다. 베르나르는 우리가 그를 볼 것이며 또 그와 같이 될 것

---

9) Cf. 고전 2:2. 저자는 겁 많은 자들을 확신시키기 위해 이 비유적 표현들을 충분히 변용한다. 그는 이렇게 말한다: '그것의 모든 지체들에 있어 교회가 반석에 다가가 그것을 꿰뚫을 수 있는 것이 아니다(Non ex omni se interim parte adhuc ad petram forandam accedere Ecclesia potest).' 아가서의 비둘기와 같이, 어떤 이들은 바위틈이나 낭떠러지의 은밀한 곳에 거할 것이다(아 2:14).

을 말한다. 그리고 이 닮음은 무엇보다 의지와 관련된다. 그는 "우리는 순응할 때 변화됩니다," "그와 같은 순응은 영혼을 말씀과 결혼시킵니다"라고 말한다. 이 결혼의 포옹이 관상이듯이, 의지의 순응은 금욕의 전부이다. 혹은 베르나르가 말하는 대로, "원하는 것도 같고 원하지 않는 것도 같게 되는 포옹은 두 영을 하나로 만듭니다"(고전 6:17 참조). 어떤 이들이 기독교적 "신비주의"(관상으로 이해되는)를 오도한 것과 같이, 하나님이 원하시는 것과 같은 것을 원하는 것은 인간성의 말살에 대한 갈망이 아니다. 그것은 현재 질서에 대한 경멸이 아니다.

그러므로 관상에 대한 베르나르의 개념을 숙고한 데서 두 가지 결론을 내릴 수 있다. 첫째, 관상과 행동의 관계에 대하여: 소위 그의 영성주의(spiritualism)가 충분히 작용하는 주제에 있어서도(베르나르는 물질적인 현상의 상징들이 그의 기도에 들어오는 것을 원하지 않는다![52.5]) 그는 행동적인 형제 사랑에 품위를 부여함으로써 최고의 신학적 수준에서 배태되는 인간적 결속을 보여준다. 기도의 정적인 자비와 형제를 돌보는 행동적인 자비는 동일한 성령의 움직임이다.

둘째, 관상과 금욕의 관련에 대하여: 금욕적인 노력의 특성은 그것이 관상을 지향하는 데 있다. 그것은 이미 관상인 사랑이다. 오늘날 많은 이들은 이런 사상들이 클레르보의 베르나르와 같은 고전적인 중세 수도사들의 사상인 것을 알게 될 때 놀라움을 금치 못한다. 우리는 기독교적 완전함이라는 이상, 신비적인 물러남, 거룩 증후군, 세상을 멸시함 등의 구시대성에 대해 많은 것을 들으며, 또 이런 것들이 중세에 뿌리를 두고 있다고 읽는다. 혹 우리는 이런 역사관 중 상당 부분을 종교적 변증의 토대로 삼고 그것을 방해하는 시각을 참지 못할 수 있다. 또 현재의 입장들을 명료히 하려는 노력에서 우리는 역사를 다른 것을 돋보이게 하는 방편으로 배열하는 경향이 있다. 그러나 교회에 대한 최소한의 감각이라도 지닌다면, 과거가 완전히 소모품만은 아닐 것이라는 의심을 가지는 것은 어렵지 않다.

 어제의 그리스도인과 대화함으로, 오늘의 그리스도인은 없어서는 안 될 매우 긴요한 유산과 만난다. 예를 들어 전통적으로 믿음 생활에 있어 노력과 투쟁은, 『아가서 설교』에서와 같이 깊이 숙고되어 왔다. 만약 우리가 이 노력을 금욕주의로 부른다면 (만약 금욕주의와 같이 전통적인 개념이 현재를 위해 정당한 것으로 인정될 수 있으려면, 아마 우리는 이 노력을 금욕주의라고 불러야 할 것이다) 우리는 대부분 조사되지 않은 바를 쉽게 버리는 데서 상실의 위기를 맞고 있는 많은 부요한 경험을 재발견하게 될 것이다.

그리스도인들이 사회 정의를 위해 노력해야 한다는 오늘날의 신념은 이전 시대 그리스도인들이 그와 같은 행동과 관상, 그리고 금욕적 노력과 관상의 관련에 대해 어떻게 생각하였는지를 앎으로써 깊이를 더할 필요가 있다. 성 베르나르의 본문에서 그 두 관계는 금욕과 행동적 자비가 단순히 관상에서 구해지는 신적인 사랑의 두 가지 현시-하나는 자아에 대한 유익한 사랑, 다른 하나는 이웃에 대한 사랑-라는 깨달음을 통해 하나로 합쳐진다. 그 둘을 한 계명으로 만드는 것은 성경의 사상이다. 만약 다른 사람들에 대한 사랑의 내성적 모범으로 작용해야 하는 것이 자아에 대한 사랑이라면, 자아에 대한 사랑이 금욕적으로 충분하지 못한 사람이 크게 고통하는 세상과 만나게 될 때 그는 그리스도의 형상에 미흡한 자가 된다.

베르나르의 관상적 저술을 읽을 때, 세속 사회에서 하나님의 일의 범위에 대해 그가 가진 의식이 오늘날 우리가 가지는 의식과 같지 않다는 것을 쉽게 알 수 있다. 그러나 그는 행동의 열매가 그것의 모태인 나무에 의해 결정된다는 것을 알았다. 베르나르를 아는 근대의 사도라면, 권력을 의존하는 것, 비겁한 과정을 승인하는 변화무쌍한 논리, 자아-추구의 헛된 노력, 동정심이 없는 이념, 원수를 사랑하지 못하는 메시야 사상 등을 경계할 것이다. 보다 긍정적으로, 그가 베르나르가 등을 돌렸던 세속적 관심사들에 대해 열정적으로 말할 때, 그는 그리스도에 대한 신실한 깨달음의 필요를 더 이상 잃어버리지 않을 것이다. 이는 베르나르에게 있어 행동적 자비는 관상의 기도와 쉽게 연결되었기 때문이다. 그리스도인은 신의 사랑이 공평하게 나타나기를 요구할 수 없으나, 그렇다고 스스로 이 시각을 상실할 수는 없다. 심지어 참 진보도 자체로 하나님의 나라와 동일하지 않다는 것을 인정하고, 진보를 위한 그의 노력이 압제받는 자들과 굶주린 자들에 대한 하나님의 사랑의 통로가 되기를 원하는 사람은 누구든지 생수의 샘과 연결되기 위해 이 관상적인 『아가서 설교』로 돌아갈 수 있다. 그리고 굶주린 자들에게 돌아갈 때, 그는 또 누룩과 가루, 빵과 돌의 차이도 알게 될 것이다.

에메로 스티그만(Emero Stiegman)<br>
세인트 메리 대학교<br>
Halifax, Nova Scotia.

# 골짜기의 백합화

1

**1.** "나는 들의 꽃이요 골짜기의 백합화로다"(아 2:1).[1)]
나는 이 말을 신부가 꽃으로 장식된 침상에 대해 찬탄하는 것으로 생각합니다. 신부가 침대를 수놓고 방을 아름답게 꾸민 이 꽃들로 인해 스스로 우쭐해지지 않도록 하기 위해서, 신랑은 그가 들의 꽃, 즉 방이 아닌 들에서 난 꽃이라고 말합니다. 그 꽃들의 화려함과 향기는 신랑의 호의와 도움으로 말미암습니다. 아무도 그녀를 책망하여 "누가 너를 남달리 구별하였느냐 네게

---

1) 개역개정성경에는 "나는 사론의 수선화요 골짜기의 백합화로다"로 되어 있다.

있는 것 중에 받지 아니한 것이 무엇이냐 네가 받았은즉 어찌하여 받지 아니한 것같이 자랑하느냐?"(고전 4:7)라고 말하지 않도록 하기 위해서, 자상한 연인이요 친절한 스승인 그는 사랑하는 이에게 그녀가 자랑하는 꽃들의 화려함과 침상의 달콤한 향내를 누구의 덕분으로 돌려야 하는지를 말해 줍니다. "나는 들의 꽃이요 골짜기의 백합화로다", 즉 "당신이 자랑해야 할 이는 바로 나다." 우리는 이것으로부터 자랑하지 말아야 할 것과(고후 12:1) "자랑하는 자는 주 안에서 자랑하라"(고전 1:31)는 교훈을 배우게 됩니다. 이제 그분의 도움을 받아 문자적인 의미뿐만 아니라 숨겨져 있는 영적인 의미도 고찰해 봅시다.

2. 우선 꽃이 발견되는 세 장소–들과 정원과 방–를 살펴보고, 그 다음에 왜 그가 특히 들의 꽃으로 불리기를 택하였는지를 알아봅시다. 꽃은 들이나 정원에서는 자라지만 방에서는 자라지 않습니다. 꽃은 방을 밝게 하고 방 안을 향기롭게 하지만 들이나 정원에서처럼 똑바로 서지 못하고 비스듬한 자세를 취합니다. 그것은 그 꽃이 안에서 자란 것이 아니라 밖에서 들여온 것이기 때문입니다. 그러한 꽃들은 물을 자주 갈아 주어야 하며, 향내와 아름다움을 잃어버리기 때문에 새로운 꽃으로 갈아 꽂아야 합니다. 만약 꽃으로 장식된 침상이 선행을 실은

양심이라면, 한두 번 착한 일을 하는 것으로는 이러한 상태를 유지하는 데 충분하지 않다는 것을 아셔야 합니다. 계속 새로운 선행을 추가해야 합니다. 많이 심는 자는 많이 거둘 수 있습니다(고후 9:6). 계속 많은 사랑의 행위로 물을 갈아 주지 않는다면, 선행의 꽃은 곧 시들고 꽃의 아름다움을 잃어버리게 됩니다. 방 안에 있는 것은 이와 같습니다.

3. 정원과 들에 피어 있는 꽃은 그렇지 않습니다. 그 꽃은 꽃송이를 위해 충분한 양분을 흡수하므로 자연적인 아름다움을 유지합니다. 그러나 정원과 들에도 차이는 있습니다. 정원은 사람의 수고와 기술로 가꾸어져 꽃을 피우는 반면, 들은 인간의 노력과 도움이 없이 자연적으로 꽃을 피웁니다. 들이 누구인지 짐작하십니까? 그것은 쟁기로 갈거나 호미로 매거나 거름을 주거나 사람의 손으로 씨를 뿌리지 않습니다. 그럼에도 불구하고 들은 여호와의 신이 그 위에 강림한 고귀한 꽃으로 인해 영화롭게 됩니다(사 11:2).

"내 아들의 향취는 여호와께서 복 주신 밭의 향취로다"(창 27:27). 밭의 꽃은 아직 그것의 아름다움을 입지 못하였지만, 이미 향기를 발하였습니다(아 1:12). 몸은 쇠약하고 눈은 볼 수 없었지만, 날카로운 후각을 지닌 거룩하고 늙은 족장 이삭은 영으로 향기를 미리 맡으며 기쁨에 넘치는 말을 하였습니다. 그러므로 그는 영원히 피어 있는 꽃으로서 자신을 인간적인 노력으로 생겨난 듯이 보이게 하는 방의 꽃이나 정원의 꽃으로 선포할 수 없었습니다. "나는 들의 꽃이요 골짜기의 백합화로다"라는 말은 인간의 수고 없이 탄생한 그를 위해 아름다우면서도 적절한 표현이었습니다. 그리고 그는 한 번 탄생한 이후 결코 시들지 않았습니다. 그것은 다음의 말씀을 이루기 위함입니다: "주의 거룩한 자를 멸망시키지 않으실 것임이니이다"(시 16:10).

## 2

**4.** 이에 대한 다른 설명도 들어 보시기 바랍니다. 그것은 무시될 수 없는 것입니다. 지혜자가 영을 다양하게 말한 것은(지혜서 7:22) 그것이 본문의 한 이야기 아래서 서로 다른 의미를 가지기 때문입니다. 그러므로 앞에서 꽃의 상황을 구별한 것에 따르면 꽃은 순결이요, 순교요, 선행입니다. 즉 정원에서는 순결이요, 들에서는 순교요, 방에서는 선행입니다. 정원은 순결에 적절한 곳입니다. 그곳에서는 친구를 사귀는 데 신중하며, 유명세를 피하고, 행복하게 은거하며, 인내하며 연단을 받습니다. 꽃은 정원에서는 울타리로 둘려 있고, 들에서는 노출되어

있으며, 방에서는 여기저기 꽂혀 있습니다. 여러분은 "잠근 동산이요 덮은 우물"을 가지고 있습니다(아 4:12). 만약 그녀가 몸과 영이 다 거룩한 사람이라면(고전 7:34), 정원은 정숙의 문, 즉 때 묻지 않은 거룩함의 안전장치를 순결하게 봉합니다.

들은 순교에 적절합니다. 이는 순교자들은 세상의 조롱에 노출되어 있으며, 천사와 사람들에게 구경거리가 되기 때문입니다(고전 4:9). 시편의 가련한 부르짖음은 그들의 것입니다: "우리는 우리 이웃에게 비방거리가 되며 우리를 에워싼 자에게 조소와 조롱거리가 되었나이다"(시 79:4).

방은 안전하고 고요한 양심을 조성하는 선행에 적절합니다. 사람이 한 번 착한 일을 하면 마음에 든든함을 얻으며, 자신이 나름의 사랑을 통해 자선의 일을 하는 데 실패하지 않았다는 것을 더욱 의식하며, 숭고한 것들에 대해 더욱 신실하게 관상하고 그것들을 연구하는 데 담대해질 것입니다.

  5. 이것들은 각기 주 예수를 의미합니다. 그분은 정원의 꽃, 동정녀에게서 돋아난 순결한 싹입니다. 그분은 들의 꽃, 순교자이며 순교자들의 면류관, 순교의 전형입니다. 이는 그분이 성 밖으로 내쳐졌으며 "영문 밖에서" 고난 받으셨고(히 13:12-13), 십자가에 달려 모든 사람의 멸시와 조롱을 받으셨기 때문입

니다(렘 20:7; 시 22:8). 그분은 방의 꽃입니다. 그분은 친히 유대인들에게 증언한 대로 모든 선의 거울이며 모범입니다: "내가… 여러 가지 선한 일로 너희에게 보였거늘"(요 10:32). 성경은 그에 대해 "그가 두루 다니시며 선한 일을 행하시고"라고 말합니다(행 10:38).

만약 주님이 이 세 가지 모두라면, 왜 특히 "들의 꽃"으로 불리기를 좋아하셨을까요? 그것은 그녀(교회)에게 그리스도 안에서 경건한 삶을 살고자 하는 이에게 즉각적으로 임하는 박해를 견딜 수 있도록 인내심을 고취시키기 위함이었습니다. 그분은 자기를 따르는 자들에게 모범이 되기를 원하십니다. 그러므로 자신을 들의 꽃으로 선포하십니다. 그녀는 언제나 조용함을 갈망하지만, 그분은 하나님 나라에 들어가려면 많은 환난을 겪어야 할 것을 가르치시며(행 14:22), 그녀를 일깨워 수고하게 하십니다.

아버지에게 돌아가야 할 때가 되었을 때, 그분은 최근에 그와 혼약한 지상의 어린 교회에게 말씀하셨습니다: "때가 이르면 무릇 너희를 죽이는 자가 생각하기를 이것이 하나님을 섬기는 일이라 하리라"(요 16:2). 그리고 "사람들이 나를 박해하였은즉 너희도 박해할 것이요"(요 15:20)라고 말씀하셨습니다. 이 외에도 복음서에서 박해를 견뎌야 할 것을 말하는 많은 본문들을 찾을 수 있습니다.

6. "나는 들의 꽃이요 골짜기의 백합화로다"(아 2:1). 신부가 침상에 주의를 기울이는 동안 신랑은 그녀를 들로 부르고 인내로 도전합니다. 그러나 그는 그녀에게 싸움을 위한 동기를 부여할 때 자신을 싸우는 자의 모범이나 보상으로 제시하는 것보다 더 강력한 것은 없다고 생각합니다. "나는 들의 꽃이요." 이 말은 싸움의 형태나 승리자의 영광 둘 중 하나의 의미로 이해될 수 있습니다.

주 예수님, 나에게 있어 당신은 둘 다이십니다. 당신은 인내의 거울인 동시에 고난당하는 자의 상급이십니다. 둘 다 강한 도전이며, 격렬한 자극입니다. 당신은 덕의 모범으로 내 손을 가르쳐 싸우게 하시고(시 18:34), 당신의 위엄의 임재로써 나의 머리에 승리의 관을 씌우십니다. 내가 당신이 싸우는 것을 보든지, 혹은 내가 당신을 승리의 관을 주시는 분으로뿐만 아니라 승리의 관 자체로 보든지, 두 경우 모두 당신은 놀랍게 나를 당신에게로 이끄십니다. 그것들은 각기 나를 이끄는 강력한 줄입니다(호 11:4). 나를 인도해 주십시오(아 1:4). 나는 기꺼이 따르며 그것을 기뻐하며 즐거워할 것입니다. 주님, 만약 당신을 따르는 자들에게 그토록 선하시면, 당신을 앞서 가는 자들에게는 어떠하실 것인지요? "나는 들의 꽃이요": 나를 사랑하는 자를 들로 나오게 하십시오. 그로 하여금 나와 함께, 그리고 나를 위해 싸우게 하십시오. 그러면 그는 "내가 선한 싸움을 싸웠노라"라고 말할 수 있게 될 것입니다(딤후 4:7).

3

7. 순교에 합당한 이들은 교만하거나 거만한 자들이 아니라 자기를 신뢰하지 않는 겸손한 자들이기 때문에, 그는 자신을 "골짜기의 백합화," 즉 겸손한 자들의 상급이라고 덧붙이십니다. 이 꽃의 탁월함은 그들이 장래에 얻게 될 특별한 영광을 지칭합니다. 모든 골짜기가 돋우어지고 산마다 언덕마다 낮아질 때가 올 것이며(사 40:4), 그 때에 영원한 생명의 찬란한 광채이신(지혜서 7:26) 그분은 산이 아닌 골짜기의 백합화로 등장하실 것입니다.

선지자는 "의인이 백합화같이 피겠고"(호 14:5)라고 말합니다. 그 겸손한 분이 의인이 아니라면 누가 의인입니까? 간단히 말해 주님이 그의 종 세례 요한에게 머리를 숙였을 때 요한은 그의 위엄을 두려워하며 움츠렸으나 주님은 "이제 허락하라 우리가 이와 같이 하여 모든 의를 이루는 것이 합당하니라"고 말씀하셨습니다(마 3:15). 그것으로 그분은 의의 완성을 완전한 겸손으로 지적하셨습니다. 그러므로 의로우신 분은 겸손하십니다.

그분은 골짜기이십니다. 만약 장래에 우리가 겸손한 자로 발견된다면, 우리도 역시 주님 앞에서 영원히 백합화로 피어 있을 것입니다. "우리의 낮은 몸을 자기 영광의 몸의 형체와 같이 변하게 하실" 때(빌 3:21), 그는 진실로 그리고 특별한 방식으로 자신을 골짜기의 백합화로 드러내시지 않겠습니까? "우리의 몸"이라고 말하지 않고 "우리의 낮은 몸"이라고 말함으로써 겸손한 자만 이 백합화의 경이롭고 영원한 광채로 빛나게 되리란 점을 지적합니다. 이는 신랑이 자신을 들의 꽃이며 골짜기의 백합화로 선포하였기 때문입니다.

8. 이 시점에서 그가 사랑하는 연인에 대해 무엇을 말하는지를 들어 보는 것이 좋겠지만, 시간이 충분하지 않습니다. 수도원 규칙에는 아무것도 하나님의 일보다 앞세울 수 없다고 규정되어 있습니다(베네딕트 규율집 43:2). 이것은 베네딕트 신부님이 기도소에서 매일 하나님께 드려지는 엄숙한 찬송을 위해 규정한 것입니다. 그는 우리가 그 일을 얼마나 신중하게 수행하기를 원하는지요! 사랑하는 형제들이여, 여러분이 항상 바르고 힘

있게 하나님을 찬송하는 데 참여하기를 권합니다. "힘 있게"라는 것은 여러분이 하나님 앞에 경외감뿐만 아니라 열심을 가지고 선다는 것입니다. 게으르거나 졸거나 하품하거나 목소리를 아끼지 않고, 또 말을 절반만 하거나 생략하지 않고, 나약하게 더듬거리거나 미약하고 갈라진 음성으로 코를 씨근거리지 않고, 성령의 말씀을 남성다움과 공명과 열정으로 힘차게 발음하는 것입니다.

"바르게"라는 것은 노래할 때에 노래하는 것만 생각하는 것입니다. 그것은 헛되고 쓸모없는 생각들만 피하는 것이 아니라, 적어도 그때 그곳에서는 공직에 있는 자들에게 있어 공동체의 필요를 위해 불가피하게 또 빈번히 마음을 사로잡는 사무적인 일들까지도 피해야 함을 뜻합니다. 또 그것은 여러분이 수도원에서 책을 읽으며 새롭게 막 깨달은 교훈이나 지금 이 강의실에서 나의 설교를 들으면서 성령으로부터 얻은 깨달음 같은 것들도 생각하지 말아야 한다는 것을 의미합니다. 그런 것들은 자체로는 건전하지만, 여러분이 찬송 중에 그것을 생각한다면 그것들은 건전하지 않습니다. 그 이유는 여러분이 그 당시에 은혜로 받은 것을 업신여긴다면, 성령께서는 여러분이 은혜로 받은 것이 아닌 어떤 것도 제물로 드려지는 것을 결코 기뻐하지 않으시기 때문입니다. 우리가 교회의 신랑이요 영원히 찬송할 분이신 (롬 1:25) 우리 주 예수 그리스도의 은혜와 긍휼로 항상 그의 뜻을 따라 행할 수 있기를 기원합니다(시 143:10). 아멘.

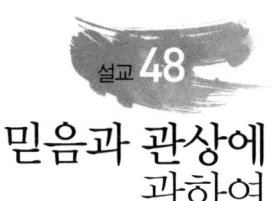

# 믿음과 관상에 관하여

1

1. "여자들 중에 내 사랑은 가시나무 가운데 백합화 같도다"(아 2:2). 괴로움을 주는 여자들은 좋은 여자가 아닙니다. 저주가 실린 땅의 악한 소산물을 생각해 보십시오. 하나님은 인간이 수고하여 밭을 갈아야 하며 "땅이 네게 가시덤불과 엉겅퀴를 낼 것이라"고 말씀하셨습니다(창 3:18). 그러므로 영혼은 육신 속에 있는 동안에는 가시나무 가운데 거하며, 유혹의 불안과 환난의 고통을 필연적으로 겪습니다. 만약 신랑의 말에 따라 그녀가 백합이라면, 그녀가 자신을 보호하기 위해 얼마나 경계하고 주의해야 하는지 생각해 봅시다. 그녀는 사방에서 위협하는

날카로운 가시들로 둘러싸여 있습니다. 그 꽃은 너무도 부드러워 가시나무의 경미한 찌름도 막아내지 못하여 그것이 닿기가 무섭게 깊이 찔릴 것입니다.

선지자가 우리를 향해 여호와를 경외함으로 섬기도록 권고하는 것은 옳고 불가피한 일입니다(시 2:11). 바울 사도도 두려움과 떨림으로 우리의 구원을 이루라고 권고하지 않습니까?(빌 2:12). 그들은 자신의 경험으로 이 말의 진리를 배웠으며, 아마 신랑의 친구들로서 이 말을 자신에게 적용하는 것을 주저하지 않을 것입니다: "여자들 중에 내 사랑은 가시나무 가운데 백합화 같도다." 혹 그들 중 한 사람은 "가시가 깊이 박혀 있을 때 내가 고뇌 가운데 돌아서나이다"라고 말하였습니다(시 31:4). 깊이 찔린 자는 변화됩니다. 여러분이 회개한다면 여러분은 깊이 상처를 받은 것입니다. 많은 이들이 고통을 느낄 때 잘못을 고칩니다. 그러한 사람은 이렇게 말할 수 있습니다: "가시가 깊이 박혀 있을 때 내가 고뇌 가운데 돌아서나이다." 가시는 잘못이며, 고통이며, 거짓 형제이며, 나쁜 이웃입니다.

2. "여자들 중에 내 사랑은 가시나무 가운데 백합화 같도다." 빛나는 백합화! 부드럽고 섬세한 꽃! 너는 불신앙적이고 선동적인 남자들로 둘러싸여 있다: 가시나무 사이로 다니지 않

도록 조심하십시오(겔 2:6; 엡 5:15). 세상에는 가시들이 가득합니다. 가시는 땅에, 공중에, 그리고 여러분의 육체에 있습니다. 그것들 가운데 살면서 해를 입지 않는 것은 여러분의 덕 때문이 아니라 하나님의 능력 때문입니다. 그분은 말씀하셨습니다: "담대하라 내가 세상을 이기었노라"(요 16:33). 그러므로 가시와 엉겅퀴처럼 위협하는 시험들을 예견할지라도 마음에 근심하지 마십시오(요 14:1). 환난은 인내를, 인내는 연단을, 연단은 소망을 이루는 것과 소망이 우리를 실망시키지 않는다는 것을 기억하십시오(롬 5:3-5).

들의 백합화를 보며, 그것들이 가시나무 사이에서 어떻게 자라나 꽃을 피우는지 생각하십시오(마 6:28). 하나님이 오늘 있다가 내일 아궁이에 던져질 들풀도 돌보실진대, 사랑하는 연인이자 신부에게는 얼마나 더 하시겠습니까?(마 6:30). 다시 말해 여호와는 자기를 사랑하는 자를 보호하십니다(시 145:20). "여자들 중에 내 사랑은 가시나무 가운데 백합화 같도다." 악한 자들 사이에서 선한 삶을 살고, 악의로 가득한 자들 가운데서 순수와 온유한 태도를 잃지 않으며, 화평을 미워하는 우리의 적들과 친구인 자들과 화목하게 지내는 것은 작은 덕이 아닙니다(시 120:7). 그러한 삶은 끊임없이 향기를 내뿜으며, 그를 찌르는 가시들을 자신의 광채로 아름답게 만드는 백합과 같습니다. 이런 점에서 백합은 우리의 원수를 사랑하며 박해하는 자를 위하여 기도하라고 명령하는 복음의 완성을 이루는 것이라고 여겨지지 않습니까?(마 5:44). 가서 이와 같이 행하십시오(눅 10:37). 그러면 여러분의 영혼은 주님의 친구가 되고, 그분은 여러분이 하는 일로 인해 여러분을 칭찬하며, "여자들 중에 내 사랑은 가시나무 가운데 백합화 같도다"라고 말씀하실 것입니다.

2

**3.** 신부는 "남자들 중에 나의 사랑하는 자는 수풀 가운데 사과나무 같구나"(아 2:3)라고 말합니다. 신부는 자신에 대한 신랑의 찬사에 답합니다. 신랑의 찬사를 받는 것은 찬사를 받을 만큼 가치 있게 되는 것이며, 신랑을 찬미하는 것은 그의 탁월함을 이해하고 경탄하는 것입니다. 신랑의 찬사가 아름다운 꽃으로 상징되었듯이, 신부 역시 한 그루 귀한 나무를 상징으로 하여 그의 독특한 영광과 탁월성을 표현합니다. 그러나 이 나무의 특성은 다른 나무들의 특성보다 탁월하게 뛰어나지 않으며, 따라서 그것이 찬미의 역할을 제대로 수행하지 못하기 때문에 비교의 대상으로 부적절한 듯합니다. "남자들 중에 나의 사랑

하는 자는 수풀 가운데 사과나무 같구나." 신부 자신이 그것을 높이 평가하지 않는 듯이 보입니다. 이는 그녀가 수풀 속의 나무들, 유익한 실과를 맺지 못하는 나무들 사이에서 그것을 칭찬하기 때문입니다.

왜 훌륭하고 고상한 나무들을 제쳐두고 이 나무의 하찮음이 신랑을 칭송하기 위해 도입되었습니까? 성령을 한량없이 받은 그가 제한적으로 칭송을 받을 수 있습니까?(요 3:34). 그를 이 나무에 비교하는 것은 견줄 이가 없는 그보다 더 우월한 자가 있음을 가리키는 것 같습니다. 이것에 대해 어떻게 말해야 합니까?(롬 8:31). 나는 그 찬사가 작은 자에 대한 찬사이기 때문에 작다고 생각합니다. 여기서 말하는 것은 "여호와는 위대하시니 우리 하나님의 성, 거룩한 산에서 극진히 찬양 받으시리로다"가 아닙니다(시 48:1). 오히려 "여호와는 작으시니 극진히 사랑받으리로다"입니다. 그는 우리에게 나신 아기이십니다(사 9:6).

**4.** 여기서 칭송되는 것은 위엄이 아닌 겸손입니다. 겸손이 가치 있는 것으로 합당하게 칭송되고 있습니다. 이는 하나님의 어리석음과 약하심이 사람의 지혜와 힘보다 낫기 때문입니다(고전 1:25). 인간들은 열매 없는 수풀 속의 나무들입니다. 시편 기자가 말한 대로 그들은 다 치우쳐 함께 더러운 자가 되고

선을 행하는 자가 없으니 하나도 없습니다(시 14:3). "남자들 중에 나의 사랑하는 자는 수풀 가운데 사과나무 같구나." 수풀의 나무들 사이에서 오직 주 예수만 인간보다 완전하나(히 2:9) 천사보다는 낮은 사람으로, 열매를 맺는 나무입니다(눅 3:9). 그는 놀라운 방법으로 인간으로서 자신을 천사에게 굴복시키는 동시에, 여전히 하나님으로서 천사들을 종으로 부렸습니다. 그는 "(너희가) 하나님의 사자들이 인자 위에 오르락내리락 하는 것을 보리라"고 말씀하셨습니다.

그들은 동일하신 예수 그리스도 안에서 그의 약함을 뒷받침하고 그의 위엄을 경외함으로 바라봅니다. 그러므로 그의 작음이 신부에게 달콤한 맛이 되며, 그녀는 그의 은혜를 찬양하며, 그의 자비를 외치며, 그의 인자함에 도취됩니다. 그녀는 그를 천사들 사이의 하나님으로서가 아니라 사람들 사이의 사람으로 여기며 행복해 합니다. 사과나무가 수풀 속의 나무들보다 뛰어나지만, 정원의 모든 식물보다 뛰어나지는 않는 것처럼 말입니다. 그녀는 그의 자애를 그의 연약성에 비추어 찬미한다고 해서 그에 대한 찬사가 감소된다고 생각하지 않습니다. 만약 어떤 면에서 그녀가 찬사를 절제한다면, 다른 면에서 그녀는 그의 탁월성의 영광을 더 확대시키고, 그의 인자한 은혜가 더욱 계시되게 함으로써 더욱 그를 찬미하게 됩니다. 그러므로 사도가 하나님의 어리석음과 약하심이 (천사가 아니라) 사람보다 지혜롭고 강하다(고전 1:25)고 말한 것과 같이, 그리고 선지자가 그를 (천사가 아니라) 인생보다 아름답다(시 45:2)고 선포한 것과 같이, 그녀도 같은 한 성령 안에서(고전 12:4) 수풀의 나무들 가운데 열매 맺는 나무의 이미지로 하나님께서 그가 모든 인간의 위대함을 능가하게 하셨으나 천사보다는 못하게 하셨다는 것을 말하고 있습니다.

5. "남자들 중에 나의 사랑하는 자는 수풀 가운데 사과나무 같구나." "남자들 중에"는 적절한 표현입니다. 이는 그가 아버지의 독생자이실지라도 형제라 부르시기를 부끄러워하지 않는(히 2:11) 많은 아들들을 질투심 없이 얻는 것을 목적으로 하셨기 때문입니다. 이는 그가 많은 형제들 중 맏아들이 되기 위함입니다(롬 8:29). 그러나 친아들이 은혜로 입양된 다른 아들보다 우선되는 것은 당연합니다.

"남자들 중에 나의 사랑하는 자는 수풀 가운데 사과나무 같구나." "사과나무 같구나"도 적절합니다. 이는 열매 맺는 나무가 그렇듯이 그가 시원한 그늘을 드리우며 훌륭한 열매를 맺기 때문입니다. 열매 맺는 참 나무는 존귀와 고결의 열매를 맺는 나무가 아닙니까?(집회서 24:17). 다시 말해 그는 그것을 얻는 사람에게 생명의 나무(잠 3:18)입니다. 수풀의 나무들은 그에게 비교될 수 없습니다. 왜냐하면 비록 그들이 나무들일지라도, 기도와 사역과 가르침과 선한 모범으로 도움을 줄 것으로 보이는 크고 아름다운 나무들일지라도, 하나님의 지혜이신(고전 1:24) 그리스도만이 생명의 나무이며(창 2:9) 하늘에서 내려 온 참 떡으로(요 6:51) 세상에 생명을 주기 때문입니다.

### 3

6. 그녀는 "내가 그 그늘에 앉아서 심히 기뻐하였고 그 열매는 내 입에 달았도다"(아 2:3)라고 말합니다. 그녀가 생기와 양분을 함께 얻을 수 있는 분의 그늘을 기뻐한 것은 당연합니다. 이는 수풀의 다른 나무들이 안락한 그늘을 만들어 줄 수는 있지만 생명의 양식과 영원한 구원의 열매를 주지는 않기 때문입니다. "생명의 주"(행 3:15)는 한 분이시며 "또 하나님과 사람 사이에 중보자도 한 분이시니 곧 사람이신 그리스도 예수이십니다"(딤전 2:5). 그분은 신부에게 "나는 네 구원이라"고 말씀하십니다(시 35:3). 또 "모세가 너희에게 하늘로부터 떡을 준 것이 아니라 내 아버지께서 너희에게 하늘로부터 참 떡을 주신다"라

고 말씀하셨습니다(요 6:32). 따라서 그녀는 그리스도의 그늘을 갈망하였습니다. 이는 그분만이 악의 뜨거운 열기에서 그녀를 시원하게 해주실 뿐 아니라 선의 기쁨으로 그녀를 채우실 것이기 때문입니다.

"내가 그 그늘에 앉아서." 그늘은 그의 육체입니다. 또한 믿음입니다. 그녀의 아들의 육체가 마리아에게 그늘을 주었습니다. 주님에 대한 믿음은 나에게 그늘을 줍니다. 그러나 내가 성찬을 먹을 때 그의 육체 역시 나에게 그늘을 줍니다. 거룩한 동정녀도 믿음의 그늘을 경험하였습니다. 이는 그녀에게 "믿은 그 여자에게 복이 있도다"(눅 1:45)라고 했기 때문입니다.

"내가 그 그늘에 앉아서." 선지자는 "우리 앞에 계신 영은 주 그리스도시라 그의 그늘에서 우리가 이방인들 가운데 산다"(애 4:20)고 말합니다. 이방인들 가운데 그늘에서, 천사들과 함께 빛에서. 보는 것이 아닌 믿음으로 행하는 동안 우리는 그늘 안에 있습니다(고후 5:7). 그러므로 믿음으로 사는 의인은 그늘 안에 있습니다(롬 1:17) 그러나 복된 자는 깨달음으로 사는 자입니다. 이는 그가 더 이상 그늘 안에 있지 않고 빛 가운데 있기 때문입니다. 다윗은 믿음으로 산 의로운 사람이었습니다. 그는 하나님께 "나로 하여금 깨닫게 하사 살게 하소서"라고 하였습니다(시

119:144). 그는 깨달음이 믿음에 수반되며, 생명의 빛(요 8:12)이 깨달음에, 빛의 삶에 계시될 것을 알았습니다. 우선 그늘에 와야 하고, 그 다음 거기서 그늘의 실체로 옮겨가야 합니다. 그것은 "너희가 만일 믿지 아니하면 깨닫지 못할 것이기" 때문입니다 (칠십인역 사 7:9).

7. 믿음은 생명인 동시에 생명의 그늘입니다. 반면 오락과 더불어 보내어지는 생명은 믿음에 의한 것이 아니기 때문에 사망인 동시에 사망의 그늘입니다. 사도는 "향락을 좋아하는 자는 살았으나 죽었다"(딤전 5:6)라고 말합니다. "육신의 생각은 사망입니다"(롬 8:6). 그것은 사망의 그늘이기도 합니다. 그것은 영원한 고통의 사망입니다. 우리도 역시 한때 믿음으로 살지 않고 육신을 좇음으로써(롬 1:17) 어둠과 죽음의 그늘에 앉았었으며(눅 1:79), 의에 대하여 죽은 자로(벧전 2:24) 둘째 사망에 삼켜질 순간에 있었습니다(계 20:6). 그늘이 그것의 실체에 가까운 만큼, 우리의 생명은 지옥에 가까이 있었습니다(시 88:4). 그때 "여호와께서 내게 도움이 되지 아니하셨더면 내 영혼이 벌써 침묵 속에 잠겼을 것입니다"(시 94:17).

이제 우리는 사망의 그늘에서 생명의 그늘로, 사망에서 생명으로 옮겨졌고(요일 3:14), 그리스도의 그늘에서 삽니다. 나는 그의 그늘에 있는 모든 자가 그 안에서 산다고 생각하지는 않습니다. 왜냐하면 믿음을 가진 모든 사람이 믿음으로 사는 것은 아니기 때문입니다. "행함이 없는 믿음은 죽은 것"이며(약 2:26), 그런 믿음은 생명을 줄 수 없습니다. 그러므로 선지자는 "우리 앞에 계신 영은 주 그리스도시라"고 말한 다음 "우리가 그의 그늘 안에 있다"고 하지 않고, "그의 그늘에서 우리가 이방인들 가운데 산다"고 하였습니다. 그러므로 우리는 그의 그늘에서 그 선지자처럼 살도록 힘써야 합니다. 그러면 언젠가 그의 빛 가운데서 통치할 것입니다. 이는 그가 그늘만이 아니라 빛도 소유하시기 때문입니다. 그는 육체를 통해 믿음의 그늘이 되시고 영을 통해 마음의 빛이 되십니다. 그는 육이며 영이십니다. 그는 육체 가운데 남아 있는 자들에게 육이시나, 미래에 우리가 뒤에 있는 것은 잊어버리고 앞에 있는 것을 잡으려고 나아간다면(빌 3:13) "우리 앞에 계신 영이" 되십니다. 푯대에 도달할 때 우리는 그가 말한 바로 그것을 경험할 것입니다: "살리는 것은 영이니 육은 무익하니라"(요 6:63).

한편 바울이 육체 가운데 살고 있으면서 "비록 우리가 그리스도도 육신을 따라 알았으나 이제부터는 그같이 알지 아니하노라"(고후 5:16)고 말한 것은 그에게 주어진 특권이었습니다. 아직 셋째 하늘 낙원으로 이끌려가(고후 12:4, 2) 본 적이 없는 우리는 그동안 그리스도의 육체를 먹고, 그의 신비들을 중히 여기며, 그의 발자취를 따르고, 믿음을 지켜야 합니다. 그러면 우리는 그의 그늘 아래 살게 될 것입니다.

8. "내가 그 그늘에 앉아서 심히 기뻐하였고." 선지자와 달리 신부가 그의 그늘에서 사는 것이 아니라 그 그늘에 앉았다고 말한 점에서, 그녀는 보다 행복한 경험을 하는 것을 자랑하고 있는 것 같습니다. 앉는다는 것은 편안하다는 것입니다. 그늘에서 사는 것보다 그늘에서 편안함을 누리는 것은 훨씬 더 큰일입니다. 그것은 단순히 그곳에 있는 것보다 그곳에서 사는 것이 훨씬 더 큰 것과 마찬가지입니다. 그러므로 선지자의 말은 많은 이들에게 공통된 것입니다: "그의 그늘에서 우리가 산다"(애 4:20). 그러나 신부는 특권을 누리면서 자신이 홀로 그 그늘 아래 앉아 있다고 자랑합니다. 그가 복수형으로 "우리가 산다"라고 말한 것과 달리, 그녀는 단수형으로 "내가 앉아서"라고 말한 데서 특권을 인식할 수 있습니다. 우리가 살며 수고하는 곳에서 우리의 죄로 인해 두려움으로 섬길 때, 그녀는 사랑 안에서 달콤하게 휴식을 누리고 있습니다.

다시 말해 두려움에는 형벌이 있고(요일 4:18), 사랑에는 기쁨이 있습니다. 그래서 그녀는 "그 열매는 내 입에 달았도다"라고 말합니다. 그것은 사랑으로 달콤하게 고쳐진 관상에서 그녀가 경험한 맛을 암시합니다. 그러나 그것은 그늘 안에서였습니다. 왜냐하면 그것은 "거울로 보는 것같이 희미하기"(고전 13:12) 때문입니다. 그러나 그림자가 기울고, 새벽이 동터 옴과 더불어 그것이 완전히 사라질 때(아 2:17; 4:6)가 올 것입니다. 그러면 영원한 것만큼 분명한 환상이 그녀를 뒤덮어 그녀의 입에 달콤함을 주고 그녀의 마음에 성취감을 줄 것입니다. 그녀는 결코 싫증내지 않을 것입니다. "내가 그 그늘에 앉아서 심히 기뻐하였고 그 열매는 내 입에 달았도다." 신부가 쉬는 곳에서 우리도 함께 쉽시다. 그리고 우리를 그러한 잔치에 초대한 가장, 교회의 신랑이신 예수 그리스도 우리 주님께 우리가 받은 몫에 대해 감사합시다. 그분은 만물 위에 계셔서 세세에 찬양을 받으실 하나님이십니다(롬 9:5). 아멘.

## 설교 49

# 왕이 나를 인도하여
# 잔칫집에 들어갔으니

1

1. "**왕이(그가) 나를 인도하여 잔칫집에 들어갔으니 그가 내 속에 사랑을 질서 있게 두었도다**"(아 2:4).[1] 이 말씀은 연인과 달콤하고 친밀한 대화를 하고 싶은 소원을 이룬 후에 연인이 떠나가고 신부가 처녀들에게 돌아왔을 때, 그녀의 말과 모습이 너무도 생기를 띠어 마치 술에 취한 것처럼 보였음을 의미하는 것 같습니다. 이 새로움에 놀란 처녀들이 이유를 물었을 때, 그녀는 잔칫집에 들어간 사람이 포도주에 취하는 것은 당연하다

---

1) 개역개정 성경에는 "그가 나를 인도하여 잔칫집에 들어갔으니 그 사랑은 내 위에 깃발이로구나"라고 되어 있다.

고 대답하였습니다. 이것이 이 말씀의 문자적인 의미입니다.

그녀는 자신의 심령이 포도주가 아닌 사랑에 취한 것을 부인하지 않습니다. "왕이 나를 인도하여 잔칫집에 들어갔으니." 신부는 신랑이 있을 때에는 그를 "신랑", "나의 사랑하는 자" 또는 "내 마음에 사랑하는 자"라고 부릅니다. 그러나 여자들에게 그에 대해 말할 때 그녀는 그를 "왕"이라고 부릅니다. 그 이유는 무엇일까요? 그것은 사랑하고 사랑받는 신부는 자신이 원하는 대로 사랑의 호칭을 친숙하게 사용하는 것이 합당하지만, 연단을 필요로 하는 여자들은 위엄 있는 두려운 호칭으로 긴장할 필요가 있기 때문입니다.

2. **"왕이** 나를 인도하여 잔칫집에 들어갔으니." 잔칫집이 무엇인지는 말하지 않겠습니다. 만약 그 낱말이 초대 교회를 지칭한다면-사람들은 성령 충만한 제자들을 술에 취한 것으로 생각하였기 때문에(행 2:4-13), 그때 신랑의 친구(요 3:29) 베드로는 그들 가운데 서서 신부를 대신하여 "너희 생각과 같이 이 사람들이 취한 것이 아니라"(행 2:15)고 말하였습니다. 베드로가 그들이 취한 것을 부인하기보다 그 사람들이 생각한 방식으로 취한 것이 아니라고 말하는 점에 주목하십시오. 이는 그들이 취하였으나 술이 아닌 성령에 취하였기 때문입니다. 마치 그들이 실

제로 잔칫집에 들어갔었던 것을 증언하는 것처럼 베드로는 모든 사람을 대신하여 말합니다(행 2:16-17): "이는 곧 선지자 요엘을 통하여 말씀하신 것이니 일렀으되 하나님이 말씀하시기를 말세에 내가 내 영을 모든 육체에 부어 주리니 너희의 자녀들은 예언할 것이요 너희의 젊은이들은 환상을 보고 너희의 늙은이들은 꿈을 꾸리라"(욜 2:28).

잔칫집은 "홀연히 하늘로부터 급하고 강한 바람 같은 소리가 있어 그들이 앉은 온 집에 가득하며"(행 2:2)라는 요엘의 예언이 성취된 곳, 제자들이 모여 있던 집 같지 않습니까? 그들 각 사람이 그 집의 살진 것으로 풍족히 먹고 복락의 강물에 취하여 밖으로 나갔을 때(시 36:9) "왕이 나를 인도하여 잔칫집에 들어갔으니"라고 말하지 않을 수 있겠습니까?

**3.** 여러분도 만약 생기를 회복하고 염려가 없는 진지한 마음을 가진다면, 홀로 기도하는 집에 들어가(마 21:13) 제단 중 하나에서 주님의 존전에 서서 거룩한 소원의 손으로 하늘의 문을 만지시기 바랍니다. "의인의 기도는 구름을 뚫는다"고 했는데(집회서 35:17), 만약 여러분의 기도가 성도들의 합창 가운데서 하늘을 뚫는다면, 여러분이 그 앞에서 여러분이 견디는 불행과 불운을 슬퍼하고 궁핍을 드러내며 말할 수 없이 깊은 신음과

한숨으로 그의 자비를 간구한다면, 그분이 말씀하신 대로 "구하라 그리하면 받으리라"(요 16:24)고 말할 수 있습니다. 계속 문을 두드리면, 그분은 여러분을 빈손으로 돌려보내지 않으실 것입니다(눅 11:8).

여러분이 은혜와 사랑이 충만하여 돌아올 때, 마음의 뜨거움으로 인해(롬 12:11) 받은 선물을 감출 수 없을 것입니다. 여러분은 그것을 아낌없이 나누어줄 것이며(지혜서 7:13), 주어진 은혜 안에서 모든 사람으로부터 환영과 숭앙을 받을 것입니다. 그러면 여러분은 진리를 선포할 수 있습니다: "왕이 나를 인도하여 잔칫집에 들어갔으니." 영광을 자신에게 돌리지 않고 주님께 돌리도록 주의하십시오(고전 1:31). 나는 모든 선물이 영적인 선물들일지라도, 잔칫집에서만 나온다고 주장하지 않습니다. 왜냐하면 신랑은 그의 영광의 풍성함을 따라(엡 3:16) 각양 선물과 은사를 감추어 둔 다른 창고와 곳간들도 가지고 있기 때문입니다. 그는 "이것이 내게 쌓여 있고 내 곳간에 봉하여 있지 아니한가"(신 32:34)라고 말하였습니다.

그분은 지체의 다양성에 따라 은사를 나누어 주는데(고전 12:14), 이는 "각 사람에게 성령을 나타내심은 유익하게 하려" 하심입니다. 한 사람이 지혜의 말씀을 받으면 다른 사람은 가르치는 능력을, 다른 사람은 예언을, 다른 사람은 병 고치는 은사를, 다른 사람은 방언을, 다른 사람은 방언을 통역하는 은사를 받으며(고전 12:7-10), 그 외에 다른 이들도 이와 비슷한 은사들을 받습니다. 그러나 그들이 이와 같은 은사들을 받았다고 해서 그가 나를 잔칫집에 인도하여 갔다고는 말할 수 없습니다. 왜냐하면 그것들은 다른 창고나 보고에서 나오기 때문입니다.

4. 만약 누가 기도하는 중에 영으로 하나님의 신비에 나아가는 은혜를 받고 나서, 거룩한 사랑의 뜨거움으로 빛나며 의에 대한 열정이 넘치며 영적 연구와 의무에 있어 한없이 열렬해지면, 그때 그는 "내 마음이 내 속에서 뜨거워서 작은 소리로 읊조릴 때에 불이 붙으니"(시 39:3)라고 말할 수 있습니다. 사랑의 풍성은 그가 선하고 유익한 도취 상태에 살기 시작한 것을 보여주기 때문에, 그는 잔칫집에 들어갔다고 말할 수 있습니다.

거룩한 관상은 두 가지 형태의 황홀경을 소유합니다. 지적인 것과 의지적인 것, 깨달음과 열정, 지식과 헌신입니다. 따라서 부드러운 애정, 사랑으로 불타는 마음, 거룩한 열심, 열정이 넘치는 영혼의 활기는 잔칫집이 아닌 곳에서는 얻을 수 없습니다. 이 모든 것을 풍성히 받고 기도의 자리에서 일어나는 사람은 "왕이 나를 인도하여 잔칫집에 들어갔으니"라고 말할 수 있습니다:

## 2

**5. 그녀는 "그가 내 속에 사랑을 질서 있게 두었도다"**
(아 2:4)라고 말합니다. 이것은 절대적으로 필요합니다. 지식이 없는 열심은 지속될 수 없습니다(롬 10:2). 그러므로 열심이 불붙는 곳에 사랑을 조절하는 분별이 필요합니다. 왜냐하면 지식이 없는 열심은 효력이 없고 쓸모가 없으며, 많은 경우에 해롭기 때문입니다. 열심이 뜨거워지고 마음이 활기차며 사랑이 관대해질수록, 열정을 억제하고 마음을 자제하며 사랑을 조절하는 빈틈없는 지식의 필요도 더욱 커집니다.

신부는 자신이 얻어온 것으로 보이는 마음의 뜨거움 때문에 처녀들에게 뽐내는 듯한 인상을 주지 않으려고, 그녀가 사랑을 규제하는 분별의 열매도 받았다고 덧붙입니다. 분별은 모든 미덕을 조정하고, 질서는 균형과 아름다움과 심지어 영속성을 줍니다. **"주의 규례에 따라 날이 계속되도다"**(시 119:91)에서 날은 덕입니다. 그러므로 분별은 덕목 중 하나라기보다 덕의 조정자이며 안내자, 애정의 지도자, 올바른 삶의 교사입니다. 분별을 떼어내면 덕은 악이 되고, 자연적인 애정 자체가 자연을 훼방하고 파괴하는 힘이 됩니다.

**"그가 내 속에 사랑을 질서 있게 두었도다."** 이것은 그가 성도들을 온전하게 하기 위해 교회에 어떤 사람은 사도로, 어떤 사람은 선지자로, 어떤 사람은 복음 전하는 자로, 어떤 사람은 목사와 교사로 몇몇 이들을 임명하셨을 때 일어났습니다(엡 4:11). 유일한 사랑이 이 모두를 묶어 그리스도의 몸에 융합되고 하나를 이루게 하는 것이 필수적입니다. 그러나 사랑 자체가 규제되지 않는다면, 그 일은 불가능합니다. 만약 각 사람이 받은 영에 따라 자신의 충동대로 행동하고, 이성으로 판단하기보다 느끼는 대로 아무것에나 몰두하여, 마침내 아무도 자기에게 부과된 의무에 만족하지 않고 모두가 동시에 모든 것을 분별없이 경영하고자 한다면, 하나 되기는커녕 혼란만 있을 것입니다.

3

**6. "그가 내 속에 사랑을 질서 있게 두었도다."** 주 예수께서 내 속에 작은 사랑의 자본을 질서 있게 두셔서, 내가 그의 모든 관심사에 흥미를 느끼는 동시에 그가 나에게 지정하신 일이나 의무에 충실하기를 원합니다. 그러나 이것에 일차적인 관심을 두는 것은 나로 하여금 특별히 나와 관련이 없는 많은 것들에 더욱더 끌려가게 할 수 있습니다. 이는 시급한 일이 항상 중요한 일은 아니기 때문입니다. 종종 우리가 가장 염려하는

일이 무익하여 사랑을 쏟을 필요가 없는 것이기도 합니다. 우선적으로 감당해야 할 의무적인 일이 그리 중요하지 않은 일로 드러나는 경우가 빈번합니다. 그러므로 참 사랑은 진리가 먼저 중요하게 여기는 바를 열정적으로 포옹할 것을 요구합니다. 예를 들어 의무는 나에게 여러분 모두에 대해 관심을 기울일 것을 요구하지 않습니까? 그런데 만약 내가 이 일 자체보다 이 일을 효과적으로 실행하는 데 집중하지 못하도록 방해하는 것을 선호한다면, 내가 사랑을 위해 그렇게 한 듯이 보일지라도 질서의 원리는 그것을 인정하지 않을 것입니다.

만약 내가 다른 일보다 이 의무에 전념하였으나 다른 사람이 성취한 일이 더 크게 하나님께 유익이 된 것을 보고 기뻐하지 못한다면, 나는 부분적으로는 사랑의 질서를 준수하지만 부분적으로는 그렇지 못한 것이 분명합니다. 다시 말해 만약 나의 특별한 의무에 관심을 보이면서도 보다 큰일에 대해 훨씬 더 크게 공감할 수 있다면, 나는 양면 모두에서 사랑의 질서를 성취하였다고 할 수 있습니다. 그때 나는 **"그가 내 속에 사랑을 질서 있게 두었도다"**라고 자신 있게 말할 수 있습니다.

7. 그러나 만약 사람이 자신의 작은 노력보다 다른 이의 위대한 업적을 더 기뻐하기가 어렵다고 말한다면, 이것은 신

부의 덕이 탁월함을 분명하게 보여 줍니다. 이는 **"그가 내 속에 사랑을 질서 있게 두었도다"**라는 말은 모든 사람이 말할 수 있는 것이 아니기 때문입니다. 우리 중 몇 사람이 이 말씀에 고개를 숙이는 것은 무슨 이유 때문일까요? 이 깊은 한숨들은 슬픈 마음과 의기소침한 양심을 증언하고 있습니다. 우리는 스스로의 경험을 통해 자기를 척도로 하여 자기를 재고, 자기를 기준으로 하여 자기를 견주어 보고 있으니(고후 10:12), 다른 이의 장점을 기뻐하는 것은 고사하고. 또 자신이 다른 사람보다 뒤떨어지게 생각될수록 자기 자신에 대해 더욱더 행복할 수 있어야 한다는 것도 고사하고, 다른 이의 장점을 시기하지 않는 것조차 힘든 일인 것을 압니다. 우리 중 많은 이들이 자신에 대해 이런 느낌을 가질지라도 아직 우리에게 빛은 있습니다.

4

빛이 있는 동안에 다녀서 어둠에 붙잡히지 않도록 하십시오(요 12:35). 다니는 것은 진보를 이루는 것입니다. 바울 사도는 "나는 아직 내가 잡은 줄로 여기지 아니하고 오직 한 일 즉 뒤에 있는 것은 잊어버리고 앞에 있는 것을 잡으려고…달려가노라"(빌 3:13)고 말하면서 진보를 이루고 있었습니다. "오직

한 일"은 무엇입니까? 그는 우리에게 한 가지가 치유와 소망과 위로로 남아 있다고 말합니다. 그것이 무엇입니까? "뒤에 있는 것은 잊어버리고 앞에 있는 것을 잡으려고 달려가는 것"입니다. 얼마나 숭고한 확신입니까? "택한 그릇"인 바울은 자신이 완전하다는 것을 부인하고 자신이 앞으로 나아가고 있다고 선언합니다.

위험은 나아가는 자에게 있는 것이 아니라, 나아가고자 하는 뜻이 없는 안일한 자에게 있습니다. 이는 그가 죽음의 어둠에 붙잡히게 될 것이기 때문입니다(눅 1:79). 이것에 주의하십시오. 그러면 여러분은 일찍 죽더라도 안식을 얻을 것입니다(지혜서 4:7). 여러분은 하나님께 "내 형질이 이루어지기 전에 주의 눈이 보셨으며 나를 위하여 정한 날이 하루도 되기 전에 주의 책에 다 기록이 되었나이다"(시 139:16)라고 말할 수도 있습니다. "다"는 누구입니까? 진보하려는 소원을 가진 이들입니다. "정한 날이 하루도 되기 전에"에 "멸망하지 않을 것이로다"를 덧붙일 수 있습니다. "날"을 앞으로 나아가는 자로 이해하십시오. 만약 죽음이 그들을 놀라게 한다면, 그들에게는 없던 것에서 완전하게 될 것입니다. 그들은 완성되며, 불완전하게 남아 있지 않을 것입니다.

**8.** 여러분은 "형제의 진보를 시기하는 나는 어떻게 나아갈 수 있을까?"라고 말합니다. 만약 여러분이 자신의 시기심을 슬퍼한다면, 비록 그것을 느끼지만 그것에 굴복하지 않습니다. 그것은 정죄 받을 행위가 아니라 시간이 치료해 줄 걱정입니다. 그러나 여러분이 그것에 안주한 채 침상에서 죄악을 꾀하여(시 36:4) 그 병을 어떻게 키울 수 있을지, 다시 말해 어떻게 그 병을 전염시킬 수 있을지, 어떻게 다른 이의 훌륭한 성과를 비난하고 용기를 꺾고 그의 맡은 일들을 잘못 전하고 방해함으로써 무고한 자를 박해할지를 꾀해서는 안 됩니다. 그렇게만 하지 않는다면 시기심은 보다 나은 것을 위해 분투하며 앞으로 나아가는 자를(빌 3:13) 상하게 하지 않습니다. 왜냐하면 시기하는 것은 그가 아니라 그의 속에 거하는 죄이기 때문입니다(롬 7:20).

그러므로 몸을 악에 내어 주지 않고 혀를 비방에 내어 주지 않으며, 몸의 어떤 부분도 다른 이에게 상처나 손해를 입히는 데 내어 주지 않는 자에게는 정죄함이 없습니다. 그는 악한 기질을 부끄러워하며, 계속 고백과 눈물과 기도로써 깊이 자리 잡은 악을 몰아내려고 애씁니다. 그로 인해 다른 이들에게 보다 친절해지고 스스로 더욱 겸손해지는 것이 그의 성공이 아닐까요? 주님에게서 마음이 겸손하고 온유(마 11:29)하라고 배운 사람을 누가 정죄할 수 있습니까? 교회의 신랑 되시는 주님을 따르는 사람이 구원 받지 못하는 일은 결코 없습니다. 그분은 영원히 찬송 받으실 분이십니다(롬 1:25). 아멘.

# 육체와 이성과 지혜의 삼중적 사랑

1

**1.** 어제 잔치에서 내가 버리는 것이 없도록 하기 위해 거두어둔 남은 것들을(요 6:12) 여러분 앞에 더 베풀고자 합니다. 그것들을 내가 아무에게도 주지 않으면 곧 상할 것입니다. 만약 내가 그것들을 혼자 먹는다면, 나 자신이 상하게 될 것입니다. 여러분의 구미를 잘 알고 있는 나는 그것들을 여러분이 먹을 수 있도록 내놓고 싶습니다. 그것들은 사랑의 쟁반에 담겨 있으며, 풍미가 좋은 만큼 달콤하고, 작지만 맛있기 때문입니다. 더 나아가 사람들로부터 사랑을 빼앗는 것은 사랑에 반대됩니다. 그러므로 다시 "**그가 내 속에 사랑을 질서 있게 두었도다**"라는 말

씀에서 시작하겠습니다.

2. 사랑은 행동과 감정 안에 존재합니다. 나는 행동적인 사랑과 관련하여 하나의 법, 하나의 명백한 계명(율법)이 사람들에게 주어졌다고 생각합니다(신 5:5). 그러나 사람의 느낌이 얼마나 그 계명에 부합할 수 있을까요? 그러므로 계명은 공덕의 견지에서 명령되고, 느낌은 상급으로 주어집니다. 우리는 금생도 하나님의 은혜로 사랑의 시작과 발전을 경험할 수 있다는 것을 부인하지 않지만, 솔직하게 그것의 완성은 내세의 행복에 있다고 주장합니다.

그렇다면 어떻게 결코 성취될 수 없는 것이 명령될 수 있습니까? 혹 여러분은 정서적인 사랑이 명령되었다고 주장할 수 있습니다. 그럴지라도 그것은 어떤 사람에 의해서도 금생에서 결코 성취될 수 없습니다. 바울도 자신이 이해하지 못하였다고 고백한 것을(빌 3:13) 누가 감히 안다고 말할 수 있겠습니까? 율법을 주신 분이 율법의 의무가 인간의 능력을 넘어서는 줄을 모르신 것이 아니었습니다. 그러나 하나님은 율법이 인간에게 자신의 불충분성을 가르쳐서 그로 하여금 자신의 능력에 따라 추구해야 할 적절한 목표를 알게 한다는 점에서 유용하다고 생각하셨습니다.

그러므로 그가 불가능한 것들을 명령하신 것은 사람들을 겸손하게 하기 위함이었습니다. 그것은 모든 입을 막고 온 세상으로 하나님의 심판 아래 있게 하기 위함입니다. 이는 율법의 행위로 하나님 앞에서 의롭다 함을 얻을 사람은 아무도 없기 때문입니다(롬 3:19-20). 그러므로 그 명령을 받아들일 때, 우리가 자신의 부족함을 의식하여 하늘에 부르짖으면 하나님은 긍휼을 베풀어 주실 것입니다(마카비상 4:10). 그리고 그 날에 우리는 하나님이 우리의 의로운 행위들 때문이 아니라 그의 긍휼하심을 따라 우리를 구원하신 사실을 알게 될 것입니다(딛 3:5).

3. 명령된 법이 정서적인 사랑이었다고 해도 내가 할 말은 동일합니다. 그러나 명령된 것은 특히 행위적인 사랑과 관련되어 보입니다. 이는 주님이 "너희 원수를 사랑하라"고 하신 다음에 곧 "너희를 미워하는 자를 선대하라"고 하셨기 때문입니다(눅 6:27). 또 성경은 "네 원수가 주리거든 먹이고 목마르거든 마시게 하라 그리함으로 네가 숯불을 그 머리에 쌓아 놓으리라"(롬 12:20)고 말합니다. 여기에서 우리는 감정의 문제가 아닌 행동의 문제를 봅니다.

주님을 사랑하는 것에 관한 "너희가 나를 사랑하면 나의 계명을 지키리라"(요 14:15)는 명령도 잘 들어 보십시오. 여기에서도 역시 그분은 사랑을 계명 준수와 연결함으로써 우리에게 행동을 부과하십니다. 사랑이 단순히 느낌의 문제라면, 그가 우리에게 행동을 명하실 필요가 없었을 것입니다. 따라서 네 이웃을 네 자신같이 사랑하라는 계명(마 22:39)도 행위적인 면에서 받아들여야 합니다. 그렇다면 만약 모든 사람을 위한 자연법의 규정, 즉 "네가 싫어하는 일은 아무에게도 행하지 말라"(토빗 4:16)와 "그러므로 무엇이든지 남에게 대접을 받고자 하는 대로 너희도 남을 대접하라"를 완전하게 지켰다고 해서, 이웃을 사랑하라는 계명을 충분히 지켰다고 생각할 수 있습니까?

    **4.** 이것은 사랑 없이 냉랭한 마음으로 손만 내밀어 일해야 한다는 말이 아닙니다. 무정한 것은 사도가 슬퍼한 큰 악에 속합니다(롬 1:31; 딤후 3:3).

# 2

    육신이 잉태하는 사랑, 이성이 통제하는 사랑, 지혜가 맛을 내는 사랑이 있습니다. 첫 번째 사랑은 사도가 말한바 하나님의 법에 굴복하지 않으며 할 수도 없습니다(롬 8:7). 두 번째 것은 선하다는 점에서 하나님의 법과 일치합니다(롬 7:16). 물론 굴복하지 않는 것과 일치하는 것은 크게 다릅니다. 그러나 세 번째 것은 그 둘과 전혀 다릅니다. 그것은 주님의 단 것을 맛보고 경험하며(시 34:8), 첫 번째 사랑을 추방하고, 두 번째의 사랑을 보상합니다. 첫 번째 사랑은 즐겁긴 하지만 부끄러운 것이고, 두 번째 사랑은 무정하지만 강합니다. 그러나 세 번째 사랑은 부요하고 즐거움이 넘치게 합니다. 그러므로 두 번째 것에 의해 선한 행위가 행해지고, 그 안에서 사랑이 통치합니다. 그것은 지혜의 소금으로 맛이 더욱 풍부하게 되어 주님의 인자하심의 크고 풍성함으로 마음을 채우는 정적인 사랑이 아니라 달콤한 사랑의 즐거운 신선함을 주지 않으면서 사랑 자체의 사랑으로 격렬하게 불타는 행위적인 사랑입니다. 그분은 "우리가 말과 혀로만 사랑하지 말고 행함과 진실함으로 하자"(요일 3:18)라고 말씀하셨습니다.

5. 그가 무익한 사랑과 정서적인 사랑 사이에서 조심스럽게 중도를 취하고 있으며, 또 그 둘을 행동적이며 유익한 사랑과 구별하고 있다는 것을 여러분은 알고 있습니까? 그는 이 사랑에서 거짓말하는 혀를 위한 여지를 조금도 남기지 않으며, 뿐만 아니라 아직 지혜의 풍미도 요구하지 않습니다. 그는 "오직 행함과 진실함으로 하자"라고 말씀합니다(요일 3:18). 왜냐하면 진리의 힘 있는 촉구가 사랑의 달콤한 느낌보다 선을 행하

도록 더 많이 우리를 감동시키기 때문입니다.

**"그가 내 속에 사랑을 질서 있게 두었도다"**(아 2:4). 여러분은 이 사랑 중 어느 것을 생각하십니까? 여러분은 그 둘을 모두 생각하되 순서를 바꾸어서 생각합니다. 행위적인 사랑은 저급한 것을 선호하고, 정서적인 사랑은 고상한 것을 선호합니다. 예를 들어 올바로 사랑하려는 마음에서 하나님께 대한 사랑이 사람에 대한 사랑보다 더 귀하게 여겨지고, 또 사람들 가운데에서는 완전한 자들이 약한 자들보다 더 귀하게 여겨지며, 하늘이 땅보다, 영원이 육체보다 더 존중되는 것은 의심의 여지가 없습니다.

그러나 다른 한편으로 잘 규제된 행동에서는 그 반대 순서가 언제나 우세합니다. 우리는 이웃의 복지를 도모하려는 강한 충동을 받고 그 일에 마음을 빼앗기며, 연약한 형제들을 돌보는 데 더욱 열심을 내고, 인간적인 권리와 필요에 의해 하늘의 영광보다 땅의 평화에 더 많이 관심을 기울입니다(눅 2:14). 우리는 일시적인 염려에 사로잡혀 영원한 것을 생각하지 못하고, 거의 끊임없이 몸의 질병에 주의하다가 영혼의 필요를 뒷전으로 밀쳐둡니다. 그리고 마침내 사도의 말대로, 우리는 덜 귀히 여기는 그것들을 더욱 귀한 것들로 입혀 주고(고전 12:23), 그렇게 함으로써 어떤 의미에서 "나중 된 자로서 먼저 되고 먼저 된 자로서 나중 됩니다"(마 20:16).

사람이 기도하면서 하나님과 이야기한다는 것을 누가 의심하겠습니까? 그러나 우리는 자주 자선의 요구 때문에, 우리에게 이야기할 필요가 있거나 도움을 받아야 할 사람들을 위해서 기도 자리에서 물러납니다! 자주 의무적인 일의 요구에 시달려 마땅히 취해야 할 휴식을 취하지 못합니다! 자주 땀 흘리며 일해야 한다는 선한 양심에서 독서를 옆으로 밀쳐둡니다! 자주 세상적인 일들을 경영하기 위해서 하나님께 드리는 엄숙한 예배에 불참합니다! 주객이 전도되었습니다. 그러나 필요성은 법을 알지 못합니다. 행동적인 사랑은 나름의 질서를 가집니다. 그것은 주인의 명에 따라 나중 온 자에서부터 시작합니다(마 20:8). 그것은 편애하지 않으며(행 10:34; 욥 32:21), 책임 있고 올바르며, 세상적인 가치들에 좌우되지 않고 인간의 필요에 따라 행해집니다.

**6.** 그러나 정서적인 사랑은 그렇지 않습니다. 그것의 질서는 항상 먼저 온 자에서부터 시작됩니다. 그것은 만물을 있는 그대로 경험하게 하는 지혜입니다. 예를 들어 품성이 높으면 높을수록, 그것이 만들어내는 사랑은 보다 완전합니다. 보다 낮은 것은 덜 완전한 것을 만들어 내고, 아주 낮은 것은 아무것도

만들지 않습니다. 이전의 순서는 사랑의 진리가 결정하나, 이 순서는 진리의 사랑이 결정합니다. 참 사랑은 여기서 발견됩니다(요일 4:10). 즉 필요가 큰 사람이 먼저 받는 것입니다. 그리고 만약 우리가 느낌 속에 그것이 이성 속에서 유지하는 그 질서를 유지한다면, 사랑의 진리는 명백합니다.

3

그러나 만약 뜨거운 열정을 가지고서 행위적인 사랑이 만족하는 사랑을 뛰어넘고, 성령을 충만하게 받아 마음과 뜻과 힘을 다하여 하나님을 사랑하면, 여러분은 그 거룩한 사랑의 불꽃에 완전히 휩싸이게 됩니다. 전자는 그것을 위한 단계에 불과합니다. 그때 여러분은 불완전하게나마(완전하게 경험하는 일은 피조물에게는 불가능하며, 다만 그분을 누리는 능력과 관련하여) 하나님을 실제로 경험합니다. 그때 여러분은 자신의 참된 자아도 경험할 것입니다. 왜냐하면 자신이 하나님께 속해 있는 한, 우리 속에 자신을 사랑할 만한 가치를 전혀 지니지 않고 있다는 사실을 알게 되기 때문입니다. 우리는 모든 애정의 능력을 그에게 쏟습니다. 다시 말해 우리 자신을 사랑하는 경험과 우리가 그에 대해 갖는 느낌의 경험에 의해서 그를 위해서가 아니면 우리 자신을 사랑할 가치도 없다는 것을 발견할 때, 그가 없이는 자신이 아무것도 아니라는 사실을 알 때, 우리는 자신을 있는 그대로 경험하게 됩니다.

7. 내 자신과 같이 사랑해야 할 의무가 있는 이웃(마 19:19)에 관해 말해 봅시다. 만약 우리가 이웃을 있는 그대로 경험하고자 한다면, 실제로 우리가 자신을 경험하는 정도에서만 그를 경험할 것입니다. 그는 바로 우리의 인격입니다. 자신을 사랑하지 않는 사람은 (하나님을 사랑하기 때문이란 점을 제외하고) 이웃도 사랑하지 않습니다. 그러나 하나님을 사랑하는 사람은 그의 원수가 하나님을 사랑하지 않는 점에서 아무것도 아니기 때문에 그를 자신처럼 사랑할 수 없지만, 그럼에도 불구하고 그가 사랑할 수 있도록 그를 사랑할 것입니다(요일 4:20).

그가 사랑할 수 있도록 사랑하는 것과 그가 사랑하기 때문에 사랑하는 것은 같지 않습니다. 그러므로 우리가 그를 있는 그대로 경험하고자 한다면, 그가 어떤 사람인가에 따라서가 아니라 (왜냐하면 그는 아무것도 아니기 때문입니다) 그가 어떻게 될 것인가에 따라 그를 경험해야 합니다. 물론 그것도 여전히 의문 가운데 있기 때문에 거의 아무것도 아닙니다. 그러나 그가 하나님의 사랑 안에 돌아오지 않을 것이 분명해지면, 우리는 그를 거의 무가치하다는 정도가 아니라 완전히 무가치하다고 여겨야 합니다. 이는 그가 영원히 무가치한 존재가 될 것이기 때문입니다. 그가 사랑을 받지 못하게 될 뿐 아니라 증오의 눈길로 보일 한 가지 경우를 제외하고- "여호와여 내가 주를 미워하는 자들을 미워하지 아니하오며 주를 치러 일어나는 자들을 미워하지 아니하나이까?(시 139:21)-모든 이에게 언제나 개방적인 사랑은 어떤 사람에게나, 심지어 최대의 원수에게조차 아무리 작더라도 감정의 거부를 허용하지 않습니다. 이 일들을 이해할 만큼 지혜로운 자가 누구입니까?(시 107:43).

8. 전 존재를 다하여 하나님을 사랑하며, 하나님에 대한 이웃의 사랑과 균형을 이루어 자신과 이웃을 사랑하며, 언젠가는 사랑을 하게 될 사람인 원수를 사랑하며, 혈연적인 유대 때문에 육신의 부모를 깊이 사랑하며, 은혜 때문에 영적 인도자들을 더욱 풍성히 사랑하는 사람을 보여 주십시오. 그로 하여금 하나님이 지으신 다른 존재들도 규모 있는 사랑으로 다루게 합시다. 땅의 것을 무시하고 하늘의 것을 높이며, 이 세상의 것들은 마치 다 쓰지 못하는 것처럼 쓰고(고전 7:31), 사용되어지는 것들과 그의 마음속에서 친근하게 즐겨지는 것들을 구별하게 합시다. 그로 하여금 지나가는 것들에게는 존재를 위해 필요한 대

로 잠시 주의를 기울이고, 영원한 것들을 영원한 소원으로 붙들게 합시다. 되풀이하여 말하건대, 그와 같은 사람을 보여 주십시오. 그러면 나는 담대하게 그를 지혜롭다고 말할 것입니다. 왜냐하면 그는 사물을 제대로 이해하며, 믿을 만하고 자신 있게 **"그가 내 속에 사랑을 질서 있게 두었도다"**(아 2:4)라고 자랑할 수 있기 때문입니다. 그런 사람이 어디에 있습니까? 이런 것들이 언제 이루어질까요? 이제도 눈물 흘리며 나는 묻습니다(빌 3:18). 우리는 얼마나 오래 냄새만 맡고 맛은 보지 못하며, 본향을 응시하며 취하지는 못한 채 바라고 한숨지으며 멀리서 경의만 표하겠습니까?

아, 진리여, 망명자들의 조국이여, 그들의 포로 생활의 종국이여! 나는 당신을 봅니다. 그러나 나는 육신에 매어 있어 들어갈 수 없습니다. 죄로 더럽혀진 나는 들어갈 자격이 되지 못합니다.

오, 지혜여! 세상 끝에서 끝까지 힘차게 펼쳐지며 모든 것을 훌륭하게 다스리고(지혜서 8:1) 사랑이 넘치게 하고 질서 있게 함으로써 만물을 다스리는 지혜여! 당신의 영원한 진리가 요구하는 대로 우리의 행위를 인도해 주십시오. 그리하여 우리 각 사람이 당신 안에서 **"그가 내 속에 사랑을 질서 있게 두었도다"**라고 자신 있게 말하게 해주십시오. 이는 당신이 하나님의 힘이며, 하나님의 지혜(고전 1:24), 그리스도, 교회의 신부, 영원히 찬송 받으실 주님이기 때문입니다(롬 1:25). 아멘.

# 신랑의 왼팔과 오른팔의 의미

1

1. **"너희는 꽃으로 나를 받쳐주고 사과로 나를 둘러싸라** 내가 사랑하므로 병이 생겼음이라"(아 2:5).[1) ] 사랑을 자극하는 요인들이 평소보다 자주 발생하였기 때문에 사랑이 증가되었습니다. 이런 잔치에는 신랑을 볼 뿐 아니라 그와 대화할 기회가 많기 때문입니다. 신랑의 모습 자체가 신부를 행복하게 합니다. 그의 표정은 침착하고, 그의 말은 유쾌하며, 그의 대화는 길고 서두르지 않습니다. 그녀는 그와의 대화를 기뻐할 뿐 아니라,

---

1) 개역개정 성경에는 "너희는 건포도로 내 힘을 돕고 사과로 나를 시원하게 하라 내가 사랑하므로 병이 생겼음이라"로 되어 있다.

그의 찬사가 그녀를 영광스럽게 합니다. 더 나아가 그녀는 그토록 오랫동안 갈망하던 신랑의 그늘에서 원기를 회복하고, 그의 과실로 영양을 얻고, 그의 잔을 마셨습니다. 그녀는 방금 들어갔다고 자랑하였던 그 잔칫집에서(아 2:4) 목이 마른 상태로 돌아온 것은 아닙니다. 그러나 그녀는 여전히 갈증을 느끼는데, 그것은 "나를 먹는 사람은 더 먹고 싶어지고, 나를 마시는 사람은 더 마시고 싶어진다"는 말씀 때문입니다(집회서 24:21).

이 모든 경험을 한 후에 신랑이 물러갔을 때, 그녀는 사랑 때문에 병이 생겼다고 말합니다(아 2:5). 신랑과 함께 있을 때의 기쁨이 크면 클수록, 그가 옆에 없다는 것을 알 때의 지루함은 더욱 클 것입니다. 사랑하는 대상이 없어지면, 그것에 대한 갈망과 그리움이 더욱 커집니다. 그러므로 그녀는 신랑이 돌아올 때까지 지루한 시간을 견딜 수 있도록 꽃과 과일로 위로받기를 구합니다. 그것이 본문의 문자적인 의미입니다.

**2.** 이 속에 담긴 영적인 열매를 찾아봅시다. 여기에서 화자(話者)를 성도들의 교제인 교회로 본다면, **꽃**과 과일이 지칭하는 것은 세속적인 삶을 버리고 개종한 세상의 모든 신자들, 바로 우리들입니다. 여기에서 꽃은 초심자들의 생활양식이요, 과일은 진보를 이루는 이들의 꿋꿋함과 완전한 자들의 성숙이

라고 여겨집니다.

"사는 것이 그리스도니 죽는 것도 유익한"(빌 1:21) 분, 잉태하고 결실이 풍부한 어머니는 이런 것들에 둘러싸여 지루한 기다림을 차분하게 기다립니다. 성경에 따르면 그녀는 그 손의 열매(잠 31:31), 성령의 첫 열매(롬 8:23)를 얻고, 그녀가 행한 일을 인하여 성문에서 칭찬을 받기 때문입니다. 그러나 만약 여러분이 꽃과 과일의 도덕적 의미에 따라 그것들을 하나님께 속한 것으로 돌린다면 꽃을 믿음으로, 과일을 행위로 이해해도 좋습니다. 혹은 꽃이 과일보다 선행(先行)하듯이 믿음이 선행보다 앞서야 한다고(히 11:6) 이해해도 틀리지 않습니다. 이는 바울이 확언한 대로 믿음이 없이는 하나님을 기쁘시게 할 수 없기 때문입니다. 바울은 "믿음을 따라 하지 아니하는 것은 다 죄니라"고 가르치기도 합니다(롬 14:23). 따라서 꽃이 없이는 열매가 없고, 믿음이 없이는 선행이 없습니다. 그러나 또 열매가 따르지 않는 꽃이 헛되어 보이는 것과 같이, 선행이 없는 믿음은 죽은 믿음입니다(약 2:20).

"너희는 꽃으로 나를 받쳐주고 사과로 나를 둘러싸라 내가 사랑하므로 병이 생겼음이라." 관상의 빛이 스러질 때 고요함에 익숙한 마음은 거짓이 없는 믿음(딤전 1:5)에 뿌리내린 선행에서 위안을 받습니다. 육신 안에 있는 한 누가 지속적으로는 고사하고 조금 오랫동안이라도 관상의 빛을 즐길 수 있습니까? 오히려 그녀는 종종 관상에서 떨어져 행위에서 피난처를 구합니다. 그러나 거기에서 그녀는 보다 큰 친밀감을 가지고 이전의 상태로 분명히 돌아갈 것입니다. 왜냐하면 이 둘은 서로 친구로서 함께 살기 때문입니다. 이는 마르다와 마리아가 자매인 것과 같습니다(눅 10:39). 비록 관상의 빛을 잃을지라도 그녀는 죄의 어둠이나 게으름의 나태함에 빠지는 것이 아니라 선행의 빛 안에 거합니다. 선행은 그리스도가 말씀하신 빛입니다: "너희 빛이 사람 앞에 비치게 하여"(마 5:16). 이것은 사람들이 그들의 눈으로 볼 수 있는 행위들을 말합니다.

## 2

**3. "너희는 꽃으로 나를 받쳐주고 사과로 나를 둘러싸라** 내가 사랑하므로 병이 생겼음이라." 사랑은 그 대상이 가까이에 있을 때 활기를 띱니다. 그 대상이 부재할 때 사랑은 시듭니다. 이것은 연인의 마음이 사랑하는 사람이 없을 때 고통스럽게 겪는 기다림의 지루함입니다. 그를 기다리는 데 마음을 빼앗긴 그녀에게는 모든 것이 느리게 생각됩니다. 그러므로 그녀는

신랑이 지체하는 시간 동안(마 25:5) 안식을 얻기 위해 믿음으로 향기를 뿜는 여러 가지 선행의 열매를 구합니다.

나는 스스로 경험한 것을 말하고 있습니다. 어떤 사람이 나의 설교에서 유익을 얻는 것을 발견할 때, 나는 개인적인 여가와 고요보다 설교 준비를 더 좋아한 것을 결코 후회하지 않습니다. 예를 들어 어떤 설교를 듣고 분노했던 사람이 유순해지고, 교만한 사람이 겸손해지고, 겁쟁이가 용감한 사람으로 바뀐 것을 볼 때; 또는 유순하고 겸손하고 용감한 사람이 그 은사에서 더욱 진보를 보이고, 자신이 전보다 나아졌음을 시인할 때; 혹은 미지근하고 영적인 연구들을 싫어하고 무감각하고 졸던 사람들이 주님의 불타는 말씀을 통해 생기를 얻고 열정적이 될 때; 지혜의 샘을 버리고 스스로 물을 저장하지 못할 독선의 웅덩이를 파고(렘 2:13) 그 결과 모든 계명으로 번민하며 경건의 물기를 지니지 못하였기 때문에 삭막한 마음으로 투덜거리는 사람들(눅 8:6)-이런 사람들이 말씀의 이슬과 하나님이 그의 백성에게 내리시는 흡족한 비를 통해(시 68:9) 선행과 순종의 열심을 내고 모든 일에 부지런하며 즉각적이 되는 것을 볼 때, 나의 마음은 달콤한 관상 추구를 방해받았다고 해서 슬퍼할 수 없습니다. 이는 내가 이 사랑의 꽃과 열매로 둘러싸이게 될 것이기 때문입니다.

여러분의 진보의 열매가 내 주변에서 풍성히 자랄 때, 나는 라헬의 열매 없는 품에서 떨어져 나오는 것을 인내함으로 수용합니다. 나의 씨앗이 여러분 속에서 발아하여(사 61:11) 의의 열매가 더하는 것을 볼 때(고후 9:10), 설교를 준비하기 위해 나의 여가 시간을 빼앗기는 것이 조금도 나에게 괴로움을 주지 않습니다. 이는 자기의 유익을 구하지 않는 사랑이(고전 13:5) 오랫동안 나 자신의 갈망보다 여러분의 유익을 먼저 구하도록 나를 가르쳤기 때문입니다. 여러분 때문에 나는 기도와 독서와 글쓰기와 관상 또는 영적인 것들을 연구하는 데서 얻을 수 있는 모든 유익을 해로 여깁니다(빌 3:7).

4. "너희는 꽃으로 나를 받쳐주고 사과로 나를 둘러싸라 내가 사랑하므로 병이 생겼음이라." 이것은 신랑이 없을 때 신부가 처녀들에게 말한 것입니다. 그녀는 믿음과 선행에서의 진보를 신랑이 인정한다는 것 및 신랑의 인정이 그들에게 행복이요 그녀 자신에게 위안이 될 것을 알면서, 그들에게 그가 돌아 올 때까지 진보를 보이라고 조언합니다. 나는 이 구절을 하나님의 사랑에 관한 나의 책에서 또 다른 각도에서 상세히 설명하였습니다.[2] 그것이 더 나은지 나쁜지는 이것과 그것 모두를 읽은 독자가 판단할 수 있습니다. 그러나 신중한 사람은 두 곳

모두에서 진리가 주장되는 한 이 의미의 차이로 나를 정죄하지 않을 것입니다. 그리고 우리가 사랑의 목적을 위해 참된 의미들을 성경에서 끌어낼 때 그것은 보다 많은 사람들을 든든히 세울 것입니다.

# 3

**5.** 신부는 "그가 왼팔로 내 머리를 고이고 오른팔로 나를 안는구나"(아 2:6)라고 말합니다. 신랑이 그의 부재로 불행해진 신부를 위로하기 위해 돌아왔음이 분명합니다. 신랑의 부재로 지친 신부는 그가 돌아왔을 때 힘을 얻을 것입니다. 그러므로 그는 사랑하는 자의 고통을 외면하지 않습니다. 그는 그녀가 크게 갈망하며 그를 기다리는 것을 볼 때 지체할 수 없습니다. 그녀가 꽃과 과일을 달라고 요구한 점에서 그가 없는 동안에도 선을 행하는 데 신실하였고 이익을 남기는 데 열심이었던 것을 발견하였기 때문에, 그는 더 부요한 은혜의 상급을 가지고 돌아옵니다. 그녀가 누울 때, 그는 한 팔로 그녀의 머리를 고이고 다른 팔로 그녀를 안으며 품에 소중하게 품습니다. 그리스도의 가

---

2) *On Loving God*, III, 7 (CF 13:98-100).

슴에 기대어(요 13:25), 말씀의 팔 사이에서 안식하는 영혼은 복 있을진저!

"그가 왼팔로 내 머리를 고이고 오른팔로 나를 안는구나." 여기서 그녀는 "안는다"라고 말하지 않고 "안을 것이다"라고 말하는데, 그것은 첫 번째 은혜에 감사할 뿐 아니라, 그녀가 감사를 드림으로써 두 번째 은혜를 기대한다는 것을 보여 줍니다.

      **6.** 감사하는 일에 지체하거나 게으름을 부리지 마십시오. 모든 은혜에 대해 일일이 감사하십시오. 성경은 우리에게 앞에 있는 것에 주의하여 주목하고(잠 23:1), 크든 작든 하나님의 모든 은사에 감사를 잊지 말라고 충고합니다. 우리는 심지어 버리는 것이 없이 남은 조각들도 거두라는 명령을 받습니다(요 6:12). 그것은 가장 작은 은혜까지도 잊지 말아야 할 것을 의미합니다. 은혜를 모르는 사람에게 주어진 것은 잃어버리는 것이 아닙니까? 감사하지 않는 것은 영혼의 적이며, 공덕을 무효화하고, 덕을 잃게 하며, 은혜를 낭비하게 합니다. 감사하지 않는 것은 사랑의 근원, 긍휼의 이슬, 은혜의 강물을 마르게 하는 뜨거운 바람입니다. 이런 이유로 신부는 신랑의 왼팔의 은혜를 느끼자마자 곧 그의 오른팔이 줄 보다 부요한 충만을 기다리지 않고 감사를 드립니다. 이는 그가 왼팔로 내 머리를 고인다고 말하고

나서 그의 오른팔이 동시에 그녀를 안았다고 말하는 것이 아니라, 오히려 그의 오른팔이 그녀를 "안을 것이다"라고 말하였기 때문입니다.

**7.** 말씀이신 신랑을 위해 왼팔과 오른팔이 무엇인지에 관해 또 생각할 수 있는 것은 무엇이겠습니까? 그것은 서로 구분된 육체적 부분들과 뚜렷한 특징들, 그리고 왼쪽과 오른쪽의 차이를 가진 인간의 말입니까? 하나님이시며 하나님의 말씀이신 그는 모든 종류의 다양성을 시인하지 않겠습니까? 그는 스스로 존재하는 분이시며(출 3:14), 본질적으로 단일하여 부분이 없이 동일한 한 분이므로 헤아릴 수 없습니다. 이는 그가 하나님의 지혜이기 때문입니다(고전 1:24). 그에 대해서 "그의 지혜가 무궁하시도다"라고 기록되었습니다(시 147:5). 그러나 변할 수 없는 것은 이해 불가능하고, 따라서 언어로 표현될 수 없습니다.

그 위엄에 어울리는 찬사와 그것을 적절히 설명할 말 혹은 그것을 알맞게 정의할 말을 어디서 찾을 수 있습니까? 그러나 우리는 성령의 계시를 따라 우리가 이해하려고 최선을 다하는 바를 말할 수 있고 또 말합니다. 교부들의 권위와 성경의 용례들에 의해 우리가 알고 있는 것들로부터 적절한 비유를 전용하는 것이 타당하며, 새로운 낱말을 만들기보다 이 비유들을 표현하는 친숙한 낱말들을 빌려 사용하는 것은 그릇되지 않습니다. 그렇지 않으면 알지 못하는 것으로 알지 못하는 것을 가르치는 어리석음을 범하게 될 것입니다.

8. 대개 왼팔은 역경을, 오른팔은 번영을 지칭하기 때문에 여기서 왼팔을 형벌에 대한 말씀의 위협으로, 오른팔을 그의 나라에 대한 약속으로 해석할 수 있습니다.

4

때때로 마음이 종처럼 형벌의 두려움으로 억눌리는 경우가 있습니다. 그 때는 그의 왼팔이 우리 머리를 고여 주는 것이 아니라 우리 머리 위에 있다고 말할 수 있습니다. 크게 괴로움을 겪는 사람은 "그가 왼팔로 내 머리를 고이고"라고 말할 수 없습니다. 그러나 만약 그가 이처럼 무서워하는 종의 태도를 버리고(롬 8:15) 자발적으로 섬기는 태도를 가지면, 그가 형벌로 강요되기보다 상급으로 도전받는 한, 특히 그가 선에 대한 사랑 자체로 고무된다면, "그가 왼팔로 내 머리를 고이고"라고 말할 수 있습니다. 보다 탁월한 마음의 습관과 가치 있는 소원들로 왼팔에 있는 종의 두려움을 극복한 사람은 약속을 쥐고 있는 오른팔에 가까이 가게 되며, 선지자와 함께 "주의 오른쪽에는 영원한 즐거움이 있나이다"라고 말할 수 있습니다(시 16:11). 이것이 주는 소망에 힘입어 그녀는 자신 있게 "오른팔로 나를 안을 것이다"라고 말합니다.

9. 이처럼 큰 행복의 자리에 이른 사람은 시편의 말씀을 적용하여 "내가 평안히 눕고 자기도 하리니"(시 4:8)라고 말합니다. 그 이유가 뒤따라 나옵니다: "나를 안전히 살게 하시는 이는 오직 여호와이시니이다." 종의 영으로 압제 당하는 사람에게는 소망이 작고 두려움은 큽니다. 양심이 소망 가운데서 흔들리고 형벌이 있는 두려움으로(요일 4:18) 고통을 받기 때문에 그는 평안을 누리지 못하고 안식을 취하지도 못합니다. 그는 "내가 평안히 눕고 자기도 하리니"라고 말할 수 없습니다. 이는 그가 아직 소망 가운데 확고히 섰다고 말할 수 없기 때문입니다. 그러나 은혜가 커짐에 따라 두려움이 사라지기 시작하고 소망이 더욱 강해져 온전한 사랑이 완전히 두려움을 내어 쫓는 상태에 이르게 되면(요일 4:18), 영혼은 소망 가운데 확고히 서고 그로써 평안히 눕고 자기도 할 수 있는 것입니다.

10. "너희가 양 우리에 누울 때에는 그 날개를 은으로 입히고 그 깃을 황금으로 입힌 비둘기 같도다"(시 68:13). 이것은 왼팔과 오른팔 사이처럼 두려움과 안전 사이, 즉 중심 되는 소

망의 자리가 있음을 의미하는 것 같습니다. 말하자면 그것은 마음과 양심이 사랑의 부드러운 침대 위에서 휴식하는 장소입니다. 이 장소는 후에 솔로몬의 보좌가 설명되는 곳에서도 언급됩니다: "그 안에는 예루살렘 딸들의 사랑이 엮어져 있구나"(아 3:9-10). 자신이 소망 가운데 확고히 서 있다고 느끼는 사람은 두려움 때문에 섬기지 않고 사랑 안에서 안식합니다. 그와 같이 신부는 쉬고 자며, 신랑은 그녀를 위하여 "예루살렘 딸들아 내가 노루와 들사슴을 두고 너희에게 부탁한다 내 사랑이 원하기 전에는 흔들지 말고 깨우지 말지니라"(아 2:7)고 말합니다. 신랑은 크고 놀라운 관심을 가지고 관상하는 영혼을 그의 가슴에서 쉬게 합니다. 그는 휴식을 방해하는 염려로부터 그녀를 지키며, 소란한 행위와 일의 압력으로부터 그녀를 보호합니다. 그는 그녀가 스스로 원하는 경우 외에는 깨어나지 않게 합니다.

   이것은 매력적인 주제이므로 나중에 다시 논하겠습니다. "우리가 무엇이든지 우리에게서 난 것같이 스스로 만족하지 말아야 하는데," 가치 있고 훌륭하고 탁월한 주제에서는 더욱 그러할 것입니다. "우리의 만족은 오직 하나님으로부터" 나옵니다. 그는 교회의 신랑, 영원히 찬송 받으실 우리 주 예수 그리스도이십니다(롬 1:25). 아멘.

# 노루와 들사슴

1

1. "예루살렘 딸들아 내가 노루와 들사슴을 두고 너희에게 부탁한다 내 사랑이 원하기 전에는 흔들지 말고 깨우지 말지니라"(아 2:7). 이것은 "예루살렘의 여자들"이라고 불리는 처녀들에게 그가 준 금령입니다. 왜냐하면 그들은 섬세하고 부드럽기는 하지만 여성적인 기호와 행위를 길들이지 못한 채 진보를 나타내고 예루살렘에 이르고 싶은 소망 때문에 신부에게 매달리기 때문입니다. 그러므로 신랑은 그들이 잠든 신부를 방해하거나 그의 뜻을 어기고 그녀를 깨우는 것을 금합니다. 그래서 부드럽고 부드러운 신랑은 왼팔로 그녀의 머리를 고여 주고 그

녀로 하여금 그의 품에서 쉬고 잘 수 있게 합니다. 신랑은 그녀가 처녀들의 빈번하고 사소한 요구들 때문에 방해받거나 깨어나지 않도록 예의와 사랑을 다하여 그녀를 지킵니다. 이것이 본문의 문자적 의미입니다.

"노루와 들사슴으로." 문자적으로 해석하면 합리적인 의미가 완전히 결여되는 것으로 보이기 때문에, 여기에서는 영적인 해석이 필요합니다. 그렇다 할지라도 그 동안 "우리가 여기 있는 것이" 좋고(마 17:4), 잠시 신의 성품의 선함, 그것의 달콤함과 예의바름을 응시하는 것이 좋습니다. 지고하신 분의 마음에서 나오는 것으로서 지금 우리에게 표현되고 있는 것보다 더 달콤한 인간의 사랑을 경험한 적이 있습니까? 그것은 하나님의 깊은 것까지도 통달하시는 성령에 의해 표현되고 있습니다(고전 2:10). 그는 그의 영이시기 때문에 그의 속에 있는 것을 알지 못할 수 없습니다. 그분은 진리의 영이시기 때문에 그에게서 본 것 외에 다른 것을 말할 수 없습니다(요 16:13).

2. 우리 중에는 이 선물을 누릴 자격이 있으며 자신 속에서 이 달콤한 신비를 경험한 이가 없지 않습니다. 만약 우리가 가까이에 있는 이 구절-천상의 신랑이 그의 연인의 쉼을 보호하며, 그녀가 잠잘 때 소란이나 법석으로 그 달콤한 잠에서

깨어나지 않도록 팔로 그녀를 안는 것을 명백히 보여 주는 이 구절—을 전적으로 불신하지 않는 한, 나는 그 위엄 가득하신 분이 친숙하고 달콤한 교제 안에서 우리의 연약함을 팔로 두르시기를 싫어하시지 않는다는 사실에서, 지고하신 하나님이 추방 생활을 하고 있는 영혼과 혼인을 맺으며 그녀가 얻은 신랑의 사랑이 얼마나 깊은지를 보여 주기를 마다하지 않으신다는 사실에서 나의 기쁨을 억제할 수 없습니다. 나는 그것이 하늘에서도 땅에서 내가 읽은 바와 같으리라는 사실을 의심하지 않습니다. 영혼이 하늘에서 이 구절이 암시하는 바를 경험할 것임을 의심하지 않습니다. 그녀가 거기서는 완전히 이해할 수 있게 될 것을 여기서는 충분히 표현할 수 없고 이해하지도 못할 뿐입니다. 지금 여기서 그녀가 하나님의 팔에 안기고 하나님의 품에서 소중하게 여겨지며 그녀가 원할 때까지 잠에서 깨어나지 않도록 하나님의 돌봄과 보호 받는 것을 느낄 수 있는 큰 친밀감의 은총을 누릴진대, 하늘에서는 무엇을 받으리라고 생각합니까?

2

**3.** 이제 신랑이 원하는바 신부가 누릴 이 잠이 무엇을 의미하는지 설명하겠습니다. 신랑은 그녀가 원하는 경우 외에는

어떤 상황에서도 그녀를 깨우는 것을 허락하지 않을 것입니다.

만약 누가 "너희가 이 시기를 알거니와 자다가 깰 때가 벌써 되었으니"(롬 13:11)라는 사도의 말을 읽거나 선지자가 어떻게 하나님께 사망의 잠을 자지 않도록 그의 눈을 밝혀 주시도록 간구하였는지를 읽는다면(시 13:3), 그 사람은 그 의미의 모호함 때문에 고민하고 여기서 설명되는 신부의 잠에 대해 가치 있는 견해를 갖지 못할 것입니다. 그것은 주님이 복음서에서 말씀하신 나사로의 잠과 같지 않습니다: "우리 친구 나사로가 잠들었도다. 그러나 내가 깨우러 가노라"(요 11:11). 제자들은 잠이라고 생각했지만, 주님이 말씀하신 것은 육체의 죽음이었습니다(요 2:21).

그러나 신부의 잠은 잠시 육체적 감각을 진정시키는 몸의 휴식이 아니고, 생명을 완전히 앗아버리는 무서운 잠도 아닙니다. 인간이 죄 가운데서 불가피하게 견디다가 당하는 치명적인 잠은 더욱 아닙니다. 그것은 생기 있고 빈틈없는 잠입니다. 그것은 마음을 밝게 하며, 죽음을 몰아내고, 영원한 생명과 교통합니다. 이는 그것이 마음을 마비시키는 것이 아니라 이동시켜 주는 진정한 잠이기 때문입니다. 그것은 죽음입니다. 이는 사도 바울이 육체 가운데 살아 있는 사람들을 칭찬할 때 그렇게 말하였기 때문입니다: "너희가 죽었고 너희 생명이 그리스도와 함께 하나님 안에 감추어졌음이라"(골 3:3).

　　**4.** 그러므로 신부의 황홀함을 죽음이라고 부르는 것이 조금도 어색하지 않습니다. 그것은 생명을 탈취하는 것이 아니라 생명의 덫들을 없애는 것입니다: "우리의 영혼이 사냥꾼의 올무에서 벗어난 새같이 되었나니"(시 124:7). 이생에서 우리는 올무로 둘러싸여 있지만 영혼이 강력하고도 거룩한 생각에 의해 스스로 빠져나갈 때, 그리고 그것이 분리되어 마음으로부터 멀리 날아감으로 통상적인 태도와 사고방식을 초월한다면, 이것들은 전혀 두려움을 야기하지 않습니다. 이는 새가 보는 데서 그물을 치면 헛일이기 때문입니다(잠 1:17).

생명의 의식이 없는 곳에는 방종도 없습니다. 이는 황홀경에 빠진 영혼이 생명 자체는 아니지만 생명의 의식으로부터 단절될 때, 그것이 필연적으로 삶의 유혹에서 단절되기 때문입니다. "내게 비둘기같이 날개가 있다면 날아가서 편히 쉬리로다"(시 55:6). 나는 죽음의 덫을 피하기 위해, 감각적인 삶의 치명적인 감언을 듣지 않기 위해, 악한 욕망과 탐욕과 분노와 참을성 없음의 자극과 염려의 고뇌와 근심의 불행에 맞서 담대해지기 위해, 이런 죽음의 희생자가 되기를 얼마나 자주 갈망하는지요! 부정이나 사악함이 나를 유혹하지 않도록, 나로 하여금 의인의 죽음을 죽게 하여 주십시오. 생명을 빼앗는 것이 아니라 그것을 더욱 낫게 하는 죽음은 얼마나 선한지요. 그것은 몸이 멸망되지 않은 채 영혼이 고양되게 합니다.

5. 인간만이 이것을 경험합니다. 그러나 나는 할 수만 있다면 이렇게 말하고 싶습니다: 나로 하여금 현재 일들의 기억을 초월하여 육체적이고 열등한 것들에 대한 열망뿐 아니라 그것들의 영상까지 던져 버리고, 마음이 청결한 자들과 순수한 대화를 즐길 수 있도록 천사들의 죽음을 죽게 하십시오.

3

이런 종류의 황홀이 관상이라고 불립니다. 삶을 사는 동안 물질적 욕망에 사로잡히지 않는 것은 인간적인 덕을 표시합니다. 그러나 구체적인 형상을 사용하지 않고 황홀 가운데 응시하는 것은 천사와 같은 순결을 표시합니다. 그러나 그것들은 각기 하나님의 선물이며, 자신을 빠져 나가는 것이며, 자아를 초월하는 것입니다. 다만 전자에서보다 후자에서 더 멀리 나갑니다. 이렇게 말할 수 있는 사람은 행복합니다: "내가 멀리 날아가서 광야에 머무르리로다"(시 55:7). 그는 날아가는 것에 만족하지 않고 쉴 수 있을 만큼 멀리 가기를 원하였습니다.

우리는 육체의 쾌락을 뛰어 넘었기 때문에 더 이상 그것의 탐욕에 공명하지 않고(롬 6:12) 그것의 유혹에 붙들리지도 않습니다. 우리는 진보하였고 자신을 분리하였습니다. 그러나 만약 우리가 마음의 청결함으로 온갖 면에서 압박해 들어오는 물질적 영상을 넘어 날아가는 데 성공하지 못한다면, 아직 자신을 멀리 두지 못한 것입니다. 거기에 이를 때까지 쉬지 않겠다고 각오하십시오. 거기에 이르기 전에 안식할 처소, 고독의 은밀함, 청명한 빛, 평화의 거주지를 찾을 것을 기대하는 것은 잘못입니다.

혹시 이곳에 도달한 사람이 있으면 알려 주십시오. 그러면 나는 그에게 즉시 안식하라고 말할 것입니다. 그는 이렇게 말할 수 있습니다: "내 영혼아 네 평안함으로 돌아갈지어다 여호와께서 너를 후대하심이로다"(시 116:7). 이 장소는 사람이 빛 가운데 거하는 한적한 곳으로, 정확히 선지자가 말한바 "낮에는 더위를 피하는 그늘을 지으며 또 풍우를 피하여 숨는 곳"입니다(사 4:6). 다윗은 그것에 대해 "여호와께서 환난 날에 나를 그의 초막 속에 비밀히 지키시고 그의 장막 은밀한 곳에 나를 숨기시며"(시 27:5)라고 말하였습니다.

**6.** 신부가 이 고독 속에 은거한 것을 생각하십시오. 거기서 그녀는 그 처소의 사랑스러움에 압도된 채 신랑의 팔에 안

겨 영혼의 황홀한 잠을 잡니다. 따라서 신랑은 처녀들에게 그녀가 원하지 않는 한 그녀를 깨우지 말라고 부탁합니다. 그것은 어떤 부탁입니까?

## 4

이것은 통상적인 경고가 아닌 단도직입적인 금령입니다. 그러나 "노루와 들사슴"을 두고 부탁하는 새롭고 특이한 간청입니다(아 2:7). 이 동물들은 시각이 예리하고 발이 빠르기 때문에 육신을 제쳐 둔 거룩한 영혼들과 그리스도의 임재 안에 있는 천사들을 적절하게 지칭하는 것 같습니다. 우리는 그런 영들이 이런 특질들을 지닌다는 것을 압니다. 이는 그들이 쉽게 높은 곳으로 날아오르며 은밀한 것들을 꿰뚫기 때문입니다. 또 "그 동물들이" 들에 사는 것은 자유롭고 은혜로운 "천사들의" 관상의 대화를 가리킵니다.

그렇다면 이 엄숙한 호소에서 그것들의 역할은 무엇입니까? 그것은 사랑하는 신부가 관상 중에 황홀해질 때마다 처녀들이 변덕 때문에 숭고한 교제에 들어간 그녀를 깨우지 못하게 하는 것입니다. 처녀들이 성가신 요구로 그녀를 깨울 때 그녀와의 교제를 빼앗기는 자들이 바로 그 거룩한 영들입니다. 그러므로 그들에게 거룩한 영들의 권위로 위협이 가해집니다.

처녀들로 하여금 그들이 어머니를 방해할 때 누구를 화나게 하는지 알게 합시다. 때로 그들이 그녀의 모성적인 사랑을 주제넘게 이용하여 실제적인 필요 없이 천상의 만남을 방해한다는 것을 깨닫게 합시다. 그들이 관상에 침잠하는 사람을 정당한 이유 없이 괴롭히면서 행하는 이것이 바로 그들의 소위란 것을 알게 합시다. 그녀는 자신이 원하지 않는 한 그들로 인해 깨어나는 것을 허락하지 않으므로, 언제 여가를 가지며 언제 그들에게 관심을 기울일 것인지 결정하는 것은 그녀에게 달려 있습니다.

신부가 이웃에 대한 사랑에서 얼마나 열렬한지, 그녀가 얼마나 사랑으로 딸들의 진보에 관심을 가지는지, 그리고 그들이 그녀를 필요로 할 때에 그녀가 뒤로 물러나지도 않고 그들에게 가기를 거부하지도 않을 것을 신랑은 압니다. 그는 그런 일들이 그녀의 분별에 따라 안전하게 경영될 수 있다고 판단합니다. 이는 그녀가 살진 양을 잡아 그 기름을 먹으며, 그 털을 입되 양떼는 먹이지 아니하여 선지자의 멸시를 받은 자가 아니기 때문입니다(겔 34:3).

의사가 병든 자를 찾지 않고 건강한 자를 찾습니까?(마 9:12). 만일 그렇다면 그는 의사이기보다 친구입니다. 만일 우리가 모든 무식자들을 쫓아낸다면, 누구를 가르치겠습니까? 만약 제멋대로 하는 이들을 모두 추방한다면, 누구를 훈련하겠습니까? 만약 온유한 자들만 받아들이고 고집 센 자들을 배제한다면, 누구에게 우리의 인내를 시험할 수 있겠습니까?

여기에 있는 이들 중에(마 16:28) 이 설교를 귀담아 들어야 할 사람들이 있습니다. 그들은 자기보다 선한 자들에게 마땅한 경의를 표해야 합니다. 이는 성급하게 그들을 방해함으로써 천상에 거하는 자들마저 불쾌하게 하기 때문입니다. 그렇게 되면 마침내 그들은 여태껏 한 것보다 덜 나를 방해하고, 무례하고 무책임하게 나의 여가 시간을 침범하지 않을 것입니다. 그들이 잘 아는 대로 나에게는 방문객의 방해를 받지 않고 편히 쉴 수 있는 시간이 거의 없습니다. 그들이 참을성 있게 나를 이해해 주는 때라도 말입니다. 그러나 나는 이런 불평을 하고 싶지 않습니다. 왜냐하면 어떤 겁 많은 사람이 나를 방해하게 될 두려움 때문에 자기의 필요를 감추고 인내력을 과용할 수 있기 때문입니다. 그래서 나는 그만 둡니다. 이는 연약한 자들에게 참지 못함의 예를 말하는 것처럼 보이지 않기 위함입니다.

그들은 주님을 의지하는 작은 자들입니다(마 18:6). 나는 그들이 나로 인해 분개하는 것을 원하지 않습니다. 나는 나의 권리를 쓰지 않을 것입니다(고전 9:12). 만약 그들이 구원에 이른다면, 그들로 하여금 원하는 대로 나를 쓰게 할 것입니다(고전 10:33). 그들은 나를 아끼지 않음으로써 나를 아끼게 될 것이며, 나는 그들이 필요 때문에 나를 수고롭게 하는 것을 겁내지 않는다는 사실을 아는 데서 안식을 누릴 것입니다. 나는 할 수 있는 대로 내 자신을 그들에게 내어줄 것이며, 평생 그들 속에서 거짓이 없는 사랑으로(고후 6:6) 하나님을 섬길 것입니다(시 146:2). 나로 하여금 자신의 유익을 구하지 않게 하십시오(고전 13:5). 내가 유익하다고 생각하는 것은 나에게 유익한 것이 아니라 많은 이들에게 유익한 것입니다(고전 10:33). 나의 사역이 그들을 기쁘게 하고 열매 맺는 것이 되어서, 혹 악한 날에 이것 때문에 내가 아버지와 교회의 신랑 우리 주 예수 그리스도께 긍휼을 얻게 되기를 기도합니다. 주는 만물 위에 계시며 영원히 찬송 받으실 하나님이십니다(롬 1:25).

# 내 사랑하는 자의 목소리

1

1. "내 사랑하는 자의 목소리로구나"(아 2:8). 평상시와 다른 처녀들의 수줍음, 즉 그들이 공손하고 자중하여 그녀의 거룩한 여가를 감히 침해하지 못하고 이전과 같이 관상의 휴식 가운데 있는 그녀를 성가시게도 못하는 것을 알게 될 때, 신부는 그것을 신랑의 돌봄과 섬김의 결과로 인식합니다. 그리고 그들이 과도하고 넘치는 경솔함을 억제하는 데 있어 진보를 보였기 때문에, 그녀의 미래 안식이 그로 인해 방해 받지 않을 것이기 때문에, 혹은 그녀의 휴식을 위한 신랑의 열심에서 드러난 그의 존중과 은총 때문에 신부는 영적인 기쁨이 충만하여서(눅 10:21),

그것이 그들에게 직접 들려준 그녀의 사랑하는 자의 목소리 때문이었다고 선언합니다.

책임감을 가지고 다른 이들을 다스리는 사람은(롬 12:8) 편안하게 쉬지 못하며, 자신이 형제들로부터 떨어져 관상의 휴식이 주는 기쁨을 누리는 것을 공동의 선보다 선호함으로써 하나님을 기쁘시게 하지 못할까 두려워합니다. 그러나 때로 이런 즐거움에 안식하는 사람은 형제들의 마음에 신적으로 주입된 그에 대한 어떤 경외심과 존경심에서부터 그의 휴식이 하나님을 기쁘시게 하는 사실을 이해할 때, 큰 기쁨과 위로를 경험합니다. 하나님은 그들로 하여금 그들의 영적 아비가 귀하게 여기는 안식을 방해하지 않고 침착하게 그들의 필요를 채우게 하십니다. 자녀들이 적절히 두려움을 가지는 것은 그들이 내적으로 선지자를 통해 들려진 위협과 책망이 가득한 목소리를 들었다는 것을 표시합니다: "그는 나이니 공의를 말하는 이요"(사 63:1). 그것은 그의 목소리이며, 그의 영감, 의로운 두려움의 맹습입니다.

      **2.** 목소리의 주인을 알았을 때 신부는 기뻐하며 "내 사랑하는 자의 목소리로구나"라고 말합니다: 그녀는 신랑의 음성을 듣고 크게 기뻐하는 친구입니다(요 3:29). 그녀는 계속해서 "보라 그가 산에서 달리고 작은 산을 빨리 넘어 오는구나"(아

2:8)라고 말합니다. 목소리로 사랑하는 자의 임재를 확신한 그녀는 즉시 호기심 어린 눈을 돌려 그를 봅니다. 듣는 것은 보는 것으로 이어집니다: "믿음은 들음에서 나며"(롬 10:17). 믿음으로써 마음이 깨끗하게 되어 하나님을 볼 수 있게 됩니다: "믿음으로 그들의 마음을 깨끗이 하사"(행 15:9). 그녀는 그의 목소리를 들은 후에 그가 오는 것을 봅니다. 이것은 선지자가 말한 순서이기도 합니다: "딸이여 듣고 보라"(시 45:10). 그것이 우연에 의한 것이 아니라 신중한 의도에 의한 것이라는 점, 그리고 그런 이유로 이 문맥에서 듣는 것이 보는 것 앞에 오는 사실을 주장한 것을 보다 확실히 납득하기 위해서, "내가 주께 대하여 귀로 듣기만 하였사오나 이제는 눈으로 주를 뵈옵나이다"(욥 42:5)라고 말한 거룩한 사람의 말에서도 그 낱말이 동일한 순서로 등장하는 것에 주목하시기 바랍니다.

오순절에 성령이 사도들에게 강림한 것을 상기할 때도 듣는 것이 보는 것의 전주(前奏)로 주어지지 않습니까? 본문은 이렇게 말합니다: "홀연히 하늘로부터 급하고 강한 바람 같은 소리가 있어"(행 2:2); 그 후에 "불의 혀처럼 갈라지는 것들이 그들에게 보여"(행 2:3). 여기서 성령의 오심은 먼저 듣는 것으로, 그 다음에 보는 것으로 지각되었다고 말해집니다. 보기를 드는 것은 이것으로 충분합니다. 왜냐하면 이 순서를 집중적으로 연구해 보기로 한다면 성경의 다른 부분에서 비슷한 구절들을 찾을 수 있기 때문입니다.

2

3. 이제 의미를 찾기가 더 어려워 더 깊은 연구가 필요한 요지를 다루어 봅시다. 그것을 다루기 어렵기 때문에, 교회가 그녀의 신랑이 달리고 넘어오는 것을 기쁨으로 바라보는 산들과 작은 산들의 의미를 잘 조명하기 위해 성령의 도우심이 절대적으로 필요합니다.

그는 그녀의 아름다움을 사모하여(시 45:11) 그녀의 구속을 서두릅니다. 나는 확실히 그렇다고 믿습니다. 왜냐하면 영으로 구세주의 오심을 보고 예언한 선지자의 말에도 비슷한 구절이 나오기 때문입니다: "하나님이 해를 위하여 하늘에 장막을 베푸셨도다 해는 그의 신방에서 나오는 신랑과 같고 그의 길을 달리기 기뻐하는 장사 같아서 하늘 이 끝에서 나와서 하늘 저 끝까지 운행함이여"(시 19:4-6). 그 여행과 과정은 잘 알려져 있습니다. 누구에 의해, 왜 시작되고 완성되는지 역시 잘 알려져 있습니다. 그렇다면 무엇이 문제입니까? 시편에서나 현재 이 노래에

서나 우리가 건장한 체구의 힘센 남자가 부재하는 연인의 사랑에 매혹되어 몇몇 봉우리들이 하늘을 찌를 듯이 높이 솟은 산들과 작은 산들을 넘어 사모하는 그녀 곁으로 서둘러 달려오는 것을 상상하겠습니까? 이런 유의 물질적 상상은 이런 영적인 노래를 다루는 데 조금도 유익하지 않습니다. 복음서에서 "하나님은 영이시니 예배하는 자가 영과 진리로 예배할지니라"(요 4:24)를 읽는 우리에게 그것은 더욱 합당하지 않습니다.

4. 산들과 작은 산들은 누구입니까? 이것을 알 때 어떻게 신랑-하나님이시므로 영이신-이 그것들을 달리고 넘었는지, 그리고 달리고 넘는 것의 의미가 무엇인지 이해할 수 있습니다. 복음서에 따라 그것들을 목자가 잃어버린 한 마리 양을 찾아 땅에 왔을 때 아흔 아홉 마리 양을 남겨 둔 산이라고 생각할지라도(마 18:11-12), 문제는 여전히 불명료하며 혼란스럽습니다. 이는 천상의 영적이며 행복한 시민들이-그들은 그곳에 남은 양들이므로-거하며 느끼는 영적 산들과 작은 산들이 누구이며, 또 어떤 성격을 가지는지 확실히 규명하기 어렵기 때문입니다. 만약 그 산들이 실제로 존재하지 않는다면 진리는 이것을 말하지 않았을 것입니다. 또 만약 거룩한 산들이 그곳에 없다면 선지자가 위에 있는 예루살렘에 대해 "그 터전이 성산에 있음

이여"(시 87:1)라고 주장하지 않았을 것입니다. 마지막으로 이 천상의 거처가 실제로 영적일 뿐 아니라 살아 있는 지적인 산들과 작은 산들도 포함한다면, 이사야의 말에 귀를 기울이시기 바랍니다: "산들과 언덕들이 너희 앞에서 노래를 발하고"(사 55:12).

**5.** 그들이야말로 주님이 양들이라고 부른 천상의 영적 거주자들이 아니겠습니까? 그러므로 산이 산을 식물로, 또는 양이 양을 식물로 한다고 말하는 것이 어색해 보이지만 천상의 양들은 산입니다.

# 3

문자적으로 이해한다면 그것은 이상해 보입니다. 그러나 영적인 의미에서 어떻게 두 양떼의 목자(요 10:2), 즉 하나님의 지혜이신 그리스도께서(고전 1:24) 한편으로는 지상의 양들에게, 다른 한편으로는 천상의 양들에게 동일한 진리의 양식을 공급하는지를 세밀히 연구한다면, 우리는 그것에서 즐거운 향내를 맡을 것입니다. 우리 인생은 나그네로 사는 동안에(시 119:54) 이마에서 땀을 흘림으로써 식물을 먹어야 하며(창 3:19), 괴로움과 고뇌로(고후 11:27) 외부에서, 즉 학식 있는 사람들에게나 신성한 책들로부터, 또는 하나님의 보이지 않는 속성들을 이해할 수 있도록 만들어진 것들에서(롬 1:20) 양식을 얻으려고 애써야 합니다. 그러나 천사들은 누리는 행복만큼 큰 편의와 더불어 모든 충만함으로 그것을 받습니다. 이는 그들이 하나님으로부터 배우기 때문입니다(요 6:45; 사 54:13). 사람들 중에 선택된 자들이 언젠가 그 지위에 이를 것이 약속되어 있습니다. 그러나 아직 그들은 그것을 확고한 행복과 함께 누리지 못합니다.

**6.** 산들인 동시에 양들인 하늘의 영적 피조물들이 자신들 속에서, 생명의 말씀으로부터(요일 1:1), 그들의 복된 생명을 영속시키는 수단을 풍성하게 발견할 때 산들은 산들을, 양들은 양들을 식물로 합니다. 그들은 고상함과 충만함 때문에 산들이며, 온유함 때문에 양들입니다. 그들은 하나님으로 충만하여 상급으로 숭고해지고 미덕으로 치장하였지만, 그럼에도 불구하고 고상한 머리를 숙여 위엄에 있어 그들을 완전히 초월하시는 분의 통치에 겸손히 순종합니다. 목자가 어디에 가든지 그들은 온유한 양들처럼 항상 그를 따르며, 그가 원하는 일을 합니다(계 14:4).

선지자 다윗의 말에 이런 자들은 진정으로 거룩한 산들이며(시 87:1), 지혜 위에서 만물의 처음이 시작된 것처럼(집회서 1:4) 그들 위에서 하나님의 도성의 기초가 처음부터 든든히 섭니다. 부분적으로 하늘에서 다스리며 부분적으로 땅에서 순례할지라도 그것은 여전히 한 도성입니다. 그럼에도 불구하고 이사야에 따르면 아름답게 반향하는 제금처럼(시 150:5) 이들로부터 찬양과 감사의 노래가 언제나 울려나며(사 51:3), 그 아름답고 끊임없는 노래에서 앞서 기억한 선지자의 말을 성취합니다: "산들과 언덕들이 너희 앞에서 노래를 발하고"(사 55:12). 그리고 시편 기자가 주 하나님께 말한 말들도 성취합니다: "주의 집에 사는 자들은 복이 있나니 그들이 항상 주를 찬송하리이다"(시 84:4).

**7.** 이들이 천상의 신랑이 그녀와의 포옹을 위해 달려올 때 놀라운 신속함으로 달려서 넘어오는 산들과 언덕들입니다. 그는 그들 위를 달려올 뿐 아니라 빨리 넘어서 옵니다.

# 4

내가 선지자들과 사도들의 말에서 이러한 달리기를 보여 주기를 원하십니까? 지금 이 문제에 관해 모든 것을 밝힐 뜻은 없습니다. 왜냐하면 시간이 있는 사람들은 스스로 그것을 찾아 볼 수 있기 때문입니다. 그것은 오랜 시간을 요구하며, 또 반드시 필요한 것은 아닙니다. 신랑의 달림에 대한 언급들을 간단하고 분명하게 지지하는 것으로 보이는 것만 제시하고자 합니다.

다윗은 "하나님이 해를 위하여 하늘에 장막을 베푸셨도다 해는 그의 신방에서 나오는 신랑과 같고 그의 길을 달리기 기뻐하는 장사 같아서 하늘 이 끝에서 나와서 하늘 저 끝까지 운행함이여"라고 말하였습니다(시 19:4-6). 가장 높은 하늘에서 이 땅으로, 그는 어떤 달리기를 하였습니까? 그가 햇빛 속에 장막을 칠 곳, 즉 가까이 가지 못할 빛에 거하시는 그가(딤전 6:16) 그의 임재를 공공연히 빛 가운데 드러내시고자 할 곳으로 땅 외에 어느 곳도 생각할 수 없습니다. 그는 "땅에 나타나셨고 사람들 중에 사셨습니다"(바룩 3:38). 햇빛 속에 그의 장막을 치시는 것은 땅 위에, 분명하게 보이는 곳에, 즉 그가 이 목적을 위해 동정녀의 몸에서 나도록 스스로 예비하기를 기뻐하셨던 몸으로(히 10:5) 이 세상에 오시는 것을 의미합니다. 그것은 그 몸 안에서 본질상 보이지 않는 그가 보이게 되고, 따라서 모든 인류가 그 분의 성육신에서(요 1:14) 하나님의 구원하심을 볼 수 있게 하기 위함입니다(눅 3:6).

8. 그는 산들, 가장 높은 천사들을 넘어 달릴 때 그들에게 내려와 감추어졌던 비밀의 경륜(엡 3:9), 경건의 큰 비밀(딤전 3:16)을 계시하셨습니다. 그러나 그는 이 높고 유명한 산들, 즉 그룹과 스랍들, 보좌들, 주관들, 정사들, 권세들을 지나(골 1:16)

언덕들, 즉 가장 낮은 천사들에게까지 내려오셨습니다. 그러나 그가 그들 위에 그대로 계십니까? 그는 언덕들을 빨리 넘었습니다. 이는 그가 자신의 것으로 취한 것은 천사들이 아니라 아브라함의 자손이기 때문이었습니다(히 2:16). 그들의 지위는 천사들보다 훨씬 낮습니다.

그의 내려오심은 방금 말한 선지자가 아들에 관해 말한 것을 성취합니다: "그를 **천사**[3]보다 조금 못하게 하시고"(시 8:5). 인간은 하나님의 형상과 모양으로(창 1:26) 지음을 받고 천사와 같이 이성을 부여받았기 때문에 이것이 인간의 본질에 대한 찬양으로 이해될 수 있지만, 그는 지상적 육신 때문에 **천사**보다 약간 못합니다. 사도 바울이 그리스도에 대해 지적하는 바를 주의 깊게 들으십시오: "그는 근본 하나님의 본체시나 하나님과 동등됨을 취할 것으로 여기지 아니하시고 오히려 자기를 비워 종의 형체를 가지사 사람들과 같이 되셨고"(빌 2:6-7); "때가 차매 하나님이 그 아들을 보내사 여자에게서 나게 하시고 율법 아래에 나게 하신 것은 율법 아래에 있는 자들을 속량하시고"(갈 4:4-5).

여자에게서 나시고 율법 아래에 나신 그분은 아래로 내려오

---

3) 개역개정 성경에는 "하나님"으로 되어 있다.

실 때 산들, 즉 크고 높은 영들 위를 달릴 뿐 아니라 그들과 비교할 때 언덕이라고 불림이 마땅한 낮은 천사들을 넘어 달리셨습니다. 그러나 천국에서는 가장 작은 자도 땅에서 육으로 사는 모든 사람, 심지어 세례 요한보다 더 큽니다(눅 7:28). 이는 인간이 되신 하나님이 모든 통치와 권세 위에 높으시며 그들과 비교할 수 없을 만큼 월등히 우월하심을 우리가 고백하지만(엡 1:21), 그분이 위엄에 있어서는 그들을 능가하나 연약함에 있어서는 그들보다 못하기 때문입니다. 그러므로 산들을 달려 언덕들을 빨리 넘어왔을 때, 그는 높은 천사들뿐만 아니라 낮은 천사들에게도 자신을 열등한 자로 나타내셨습니다. 또 그는 하늘에 있는 영들에게 뿐만 아니라 그의 낮음으로 인간의 낮음을 뛰어넘어 흙집에 사는(욥 4:19) 낮은 자들에게까지 복종하셨습니다. 그는 나사렛에서 보낸 유년 시절에 마리아와 요셉에게 순종하였고(눅 2:51), 청년 시절에는 요단강에서 세례 요한에게 머리를 숙이셨습니다(마 3:13). 그러나 날이 기울고 있는데(눅 24:29) 우리는 아직 이 산들에서 내려오지 못하였습니다.

    **9.** 우리는 이 아름다운 모든 것들을 기꺼이 연구하고 비밀한 것들을 조사하기를 원하는 동시에, 설교가 간략함을 결여하는 것 또는 성급함 때문에 그토록 탁월하고 유망한 주제를

제대로 깊이 생각하지 못하게 되는 것을 염려해야 합니다. 만약 동의하신다면 오늘은 이 산에서 쉽시다. 우리가 여기 있어(마 17:4), 푸른 초장에서(시 23:2) 거룩한 천사들과 함께 그리스도 곁에 모여 달콤하고 부요한 꿀을 먹는 것이 좋기 때문입니다. 우리는 그의 목장의 양떼입니다(시 79:13). 우리 다 함께 "정한 동물들"처럼(신 14:5) 선한 목자로부터 먹은 것, 오늘 설교에서 욕심스럽게 삼킨 것을 새김질합시다. 그리고 교회의 신랑이신 우리 주 예수 그리스도의 긍휼로 이 본문의 남은 부분에 관한 또 다른 설교를 이해하기 위해 더욱 열심을 냅시다. 그분은 만물 위에 계셔서 세세에 찬양을 받으실 하나님이십니다(롬 9:5). 아멘.

# 교만

1

1. 오늘은 어제 설교에서 다루었던 구절을 다른 각도에서 해석해 보고자 합니다. 신부는 "보라 그가 산에서 달리고 작은 산을 빨리 넘어 오는구나"(아 2:8)라고 말합니다. 그녀는 산들을 넘어 가난한 자들에게 복음을 전하도록 아버지의 보냄을 받고(눅 4:18) 천사들의 일을 수행하기를 마다하지 않는 신랑에 대해 말합니다. 하나님이신 분이 모사(謀士)의 천사가 되었습니다(사 9:6). 천사들을 대리로 파견했던 분이 몸소 땅에 내려오셨습니다. 주님 자신이 구원을 알리셨습니다. 스스로 뭇 나라의 목전에서 그의 공의를 명백히 나타내셨습니다(시 98:2). 그러므로

바울의 말처럼 "모든 천사들은 섬기는 영으로서 구원 받을 상속자들을 위하여 섬기라고 보내심을 받았기" 때문에(히 1:14), 그들보다 우월하신 분이 그들 가운데서 그들 중 하나가 되어(창 3:22) 그들의 죄를 개의치 않고 풍성한 은혜를 베푸셨습니다.

그분은 "내가 온 것은 섬김을 받으려 함이 아니라 도리어 섬기려 하고 자기 목숨을 많은 사람의 대속물로 주려 함이니라"(마 20:28)고 말씀하셨습니다. 이것은 어떤 사람도 한 적이 없는 말입니다. 헌신적이고 신실한 섬김에서, 그분은 섬기도록 보냄을 받은 어떤 자보다 탁월하셨습니다. 그분은 자기 몸을 떡으로, 피를 음료로(요 6:56), 그리고 생명을 대속물로 주신 선한 종입니다. 선하시고 활력 넘치며, 뜨겁게 사랑하시고 지극히 인자하신 그분은 산들뿐만 아니라 작은 산들을 넘으셨습니다. 즉 그는 섬김의 신속함으로 승리하셨고 정복하셨습니다. 그는 하나님이 즐거움의 기름을 부어 그의 동료보다 뛰어나게 하신 분입니다(시 45:7). 그 안에서 그분은 장사같이 그의 길 달리기를 기뻐하셨습니다(시 19:5). 심지어 그분은 가브리엘을 넘어 그보다 앞서 동정녀에게로 오셨습니다. 가브리엘이 그것을 증언합니다: "은혜를 받은 자여 평안할지어다. 주께서 너와 함께 하시도다"(눅 1:28). 이것은 무엇입니까? 방금 하늘에 계셨던 분이 지금 태에 있습니다. 그는 바람 날개로 날아서(시 18:10), 심지어 먼저 날아서 왔습니다. 천사장이여, 당신을 앞서 보내셨던 그분이 오히려 당신보다 앞서 오셨습니다.

   2. 그는 오래 전에 천사로 족장들에게 나타나셨을 때에 산들 사이에 달리셨는데, 그것이 이 본문의 낱말과 더 잘 조화를 이루는 듯이 보입니다. 그것은 "산들 위"가 아니라 "산들 가운데" 달린다고 말합니다. 천사들로 하여금 달리게 하시는 분이 친히 그들 가운데 달리시는 것으로 등장합니다. 그것은 그분이 선지자들에게 말씀하시고 의인들에게 역사하실 때, 전자에게 말씀을 후자에게 행위를 공급하심과 같습니다. 나아가 그들 중 일부는 그분을 인격으로 대표하여, 각각이 천사가 아니라 여호와로 말하였습니다. 예를 들어 모세에게 말한 천사는 "나는 여호와의 것"이 아니라 "내가 여호와"라고 말하였고(출 10:2; 31:13), 이것을 자주 되풀이하였습니다.

 그러므로 그분은 산들, 즉 천사들 가운데서 달리셨으며, 그들 속에서 사람들에게 말씀하시고 자신의 임재를 계시하셨습니다. 그분은 사람들에게 그 자신으로가 아니라 천사들로, 자신의 본질로가 아니라 종속된 피조물로 내려오셨습니다. 이는 달리는 자는 이곳저곳을 가지만, 하나님께는 그런 일이 없기 때문입니다. 그러므로 자신으로서는 달릴 수 없는 분이 산들, 즉 천사들 가운데서 달리셨고, 작은 산들에까지, 즉 족장들과 선지자들과 땅 위의 다른 영적인 사람들에게까지 내려오셨습니다. 그분은 작은 산들을 빨리 넘어 위대하고 영적인 사람들에게 뿐만 아니라 평범한 사람들, 심지어 여자들에게까지 말씀하시고 자신을 나타내고자 하셨습니다.

2

작은 산들은 산들로 분류될 수 없는 공중의 권세자를 뜻할 수 있습니다. 그들은 교만으로 인해 덕의 고상함에서 떨어졌으나 회개함을 통해 아직 골짜기의 낮은 데 혹은 낮은 골짜기까지 내려앉지는 않았습니다. 시편 기자가 "산들이 여호와의 앞에서 밀랍같이 녹았도다"라고 한 것은(시 97:5) 이들에 관한 말입니다. 산들 가운데 달리신 분은 완전한 자들의 산과 회개하는 자들의 골짜기 사이에 위치한 이 교만하고 황무한 작은 산들을 넘으셨습니다. 그분은 지나가면서 그들을 쫓아내시고, 골짜기에 내려오셔서 곡식으로 덮으십니다(시 65:13). 선지자의 저주처럼 그 이래로 작은 산들은 끝없는 건조와 황무함에 처해집니다: "너희 위에 이슬과 비가 내리지 아니하며"(삼하 1:21). 이 말이 길보아 산들로 상징된 천사들에게 주어진 점을 분명히 하기 위해, 그는 "많은 상처 입은 자들이 넘어진 곳"이라고 말합니다(삼하 1:18-19). 처음부터 이스라엘 군대 중 얼마나 많은 사람들이 이 저주 받은 산들에서 넘어졌으며, 또 날마다 넘어지고 있습니까! 선지자는 하나님께 말할 때 이것들을 언급합니다: "죽임을 당하여 무덤에 누운 자 같으니이다 주께서 그들을 다시 기억하지 아니하시니 그들은 주의 손에서 끊어진 자니이다"(시 88:5).

3. 천상의 산들이 아닌 공중의 작은 산들이, 이슬도 비도 내리지 않기 때문에 황무하게 남는 것은 당연합니다. 은혜와 풍성한 축복의 근원이신 분이 작은 산들을 넘어 하늘의 소나기로 땅 위의 겸손한 자들을 흠뻑 적시기 위해 골짜기로 내려오십니다. 이는 그들로 회개의 열매를(눅 8:15) "어떤 것은 백 배, 어떤 것은 육십 배, 어떤 것은 삼십 배"(마 13:8, 23) 맺게 하기 위함입니다. 거기서 땅을 돌보사 물을 대어 심히 윤택하게 하셨습니다(시 65:9). 그분은 공중이 아니라 땅을 돌보셨습니다. 이는 "세상에는 여호와의 인자하심이 충만하기" 때문입니다(시 33:5). 거기서 그분은 온 세상에 구원을 베푸셨습니다(시 74:12). 그 일을 위의 공중에도 하셨습니까?

여기서 나는 뻔뻔스러운 거짓말로 마귀와 그의 졸개들의 구속을 위해 공중에서 영광의 주를 다시 못 박은(고전 2:8) 오리겐을 반대합니다. 한편 이 비밀의 계시를 받은 바울은 "그리스도께서 죽은 자 가운데서 살아나셨으매 다시 죽지 아니하시고 사망이 다시 그를 주장하지 못할 줄을 안다"라고 단언합니다(롬 6:9).

**4.** 실제로 공중을 달려 넘은 그분은 땅뿐 아니라 하늘도 돌보셨습니다. 성경은 말합니다: "여호와여 주의 인자하심이 하늘에 있고 주의 진실하심이 공중에 사무쳤으며"(시 36:5). 하늘 높이 구름에는 거룩한 천사들이 거합니다. 주님은 이들을 넘지 않으시고 그들 가운데 달리시며 그들 위에 두 발자국, 즉 긍휼과 진리를 새기십니다.

그러나 구름 아래, 탁하고 음울한 공중은 마귀와 그의 졸개들이 거하는 장소입니다. 신랑은 그들 사이에서 달리는 것이 아닙니다. 그들이 하나님의 길의 자취를 지니지 못하도록 그들을 넘어 지나가십니다. 마귀가 어떻게 진리를 소유할 수 있습니까? 마귀에 관한 복음서의 진리의 진술은 분명합니다: "그는 진리에 서지 못하고" 처음부터 거짓말쟁이입니다(요 8:44). 그가 처음부터 살인자였다는 것을 아는 사람은 그가 자비롭다고 말하지 않을 것입니다. 더 나아가 집의 가솔들은 주인을 닮습니다(마 10:25). 따라서 교회는 높은 곳에 거하시며 하늘과 땅의 낮은 자들을 돌보시는 신랑을 찬미하는 반면, 공중에 사는 교만한 영들에 관해서는 언급하지 않습니다. 이는 "하나님이 교만한 자를 물리치시고 겸손한 자에게 은혜를 주시기" 때문입니다(약 4:6).

    **5.** 신부는 그가 산들을 달리시며 작은 산들을 넘는 것을 봅니다. 그것은 다윗의 저주와 일치합니다: "여호와는 그 주변 즉 길보아 주변의 모든 산들을 돌보시되 길보아는 지나가소서"[4]. 마귀를 지칭하는 길보아에서 주님은 그 양 편에 있는 산들-위로 천사들, 아래로 인간들-을 돌보십니다.

## 3

    마귀는 하늘에서 떨어져 하늘과 땅 사이 공중에 거하게 되었습니다(엡 2:2). 이는 거기서 부러운 광경들을 보고 그 부러움 때문에 고통당하게 하기 위함입니다. 성경은 "악인은 이를 보고 한탄하여 이를 갈면서 소멸되리니"(시 112:10)라고 말합니다. 악인이 하늘을 올려다 볼 때 거룩한 광채로 빛나고 거룩한 찬송으로 되울리고 영광에 뛰어나며 은혜에 풍성한 무수한 산들을 보고 얼마나 비참함을 느끼겠습니까! 땅을 내려다 볼 때

---

[4] Responsory 4, Nocturn I, Vigils of Sundays after Pentecost, cf. 삼하 1:21.

하나님의 소유가 되고 믿음에 굳건하며 소망으로 고귀하며 사랑으로 커지며 덕을 이루며 선행의 열매로 가득하고 하늘의 이슬로부터 일상의 축복(창 27:28), 심지어 신랑의 달려옴을 받는 산 같은 많은 사람들을 보고 또 얼마나 더 비참하겠습니까! 그가 영광에 굶주린 채 주위의 빛나는 산들을 어떤 회오와 원한으로 응시할지 생각해 봅시다. 그는 자신과 추종자들을 완전히 황량하고 메마르고 선의 열매가 전혀 없는 것으로 여겨 멸시하며, 모든 이들을 조소한 자신이 이제 오히려 사람과 천사들의 조롱거리가 되는 것을 깨닫습니다: "주께서 지으신 리워야단이 그 속에서 노나이다"(시 104:26).

6. 이 모든 것은 그들의 교만 때문에 신랑이 그들을 넘어 주변의 산들 가운데를 달리시며, 낙원 중앙에서 솟아나는 샘물같이(창 2:6) 만물에게 물을 대시고 모든 생물을 축복으로 채우시기 때문입니다(시 145:16). 아주 가끔씩이라도 이 기쁨의 샘물에서 마실 수 있는 자들은 참으로 행복한 자들입니다. 비록 계속하여 그들 속에서 흐르지 않을지라도 적어도 지혜의 물(집회서 15:3) 생명의 원천(시 36:9)이 솟아나는 때가 있어, 그것이 그들 속에서도 "영원히 솟아나는 샘물"이 될 것입니다(요 4:14). 이 강의 분류(奔流)는 하나님의 성을 영구적으로 풍성하고 새롭게 합니

다(시 46:4).

그것이 때때로 지상의 산들에도 넘치기를 원합니다! 때로 그분이 내려와 그들 위를 달리시며, 이렇게 물을 받은 그들이 우리 골짜기들 위에 작은 방울이라도 떨어뜨려, 우리가 메마르고 황무한 상태로 머물지 않게 되기를 바랍니다! 불행과 가난과 치명적인 기근이 그 지역에 팽배합니다(눅 15:14). 이는 지혜의 샘이 산들 위로 넘치고 흘러내릴 때, 그것으로 조금도 적셔지지 못하였기 때문입니다: "그들이 지혜가 없어 멸망했고 생각이 모자라 파멸했습니다"(바룩 3:28).

7. "보라 그가 산에서 달리고 작은 산을 빨리 넘어 오는구나"(아 2:8). 그는 뛰어 넘기 위해 달립니다. 이는 그가 모든 이들에게, 하나님을 기쁘시게 하지 못하는 그들 중 많은 이들에게까지(고전 10:5) 자신을 내어주려 하지는 않기 때문입니다.

## 4

바울이 지혜로 말한 것과 같이 만약 이런 것들이 "우리를 깨우치기 위하여 기록되었다면"(고전 10:11), 우리도 그 신랑의 분별력 있고 신중한 경주를 본받아야 합니다. 그가 어떻게 천사들과 우리들 사이에서, 겸손한 자들 사이에서 달리시고 교만한 자를 넘으셨습니까? "여호와께서는 높이 계셔도 낮은 자를 굽어 살피시며 멀리서도 교만한 자를 아심이니이다"(시 138:6). 이것에 주목하여 신랑의 구속적 경주를 위해 우리 자신을 확실히 준비합시다. 만약 우리가 그의 권고를 받기에 무가치하다고 보신다면, 그는 역시 길보아의 산들처럼 우리를 지나가실지 모른다는 것을 두려워합시다.

"흙과 먼지에 불과한 네가 무엇을 자랑하느냐?"(집회서 10:9). 주님은 교만을 혐오하여 천사들까지도 뛰어 넘으셨습니다. 이렇게 천사들을 거부하신 것이 인간을 바로잡는 것이 되게 합시다. 왜냐하면 그것은 인간을 교훈하기 위해 기록되었기 때문입니다. 심지어 마귀의 사악함도 나의 선에 기여하게 합시다(롬 8:28). 나의 손을 악인의 피에 씻게 하십시오(시 58:10). "어떻게 해야 합니까?"라고 여러분은 묻습니다. 선지자 다윗은 영으로 감동하여 말할 때, 길보아라는 상징 아래 교만한 마귀에게 무섭고 두려운 저주를 퍼붓습니다: "여호와는 그 주변, 즉 길보아 주변의 모든 산들을 권고하시되 길보아는 지나가소서."

**8.** 이것을 읽고 나 자신에게 눈을 돌려 주의 깊게 살펴보면, 주님이 혐오하셔서 천사를 피하셨던 전염병에 나 자신도 전염되어 있는 것을 발견합니다. 반면에 그는 천사들이든 사람

들이든 간에 그 주변의 모든 산들을 권고하심으로 그들을 존귀하게 하십니다. 그래서 나는 두려움과 떨림으로 자신에게 이렇게 말합니다: "만약 이것이 천사에게 일어난 일이라면, 흙과 먼지에 불과한 나에게는 무슨 일이 일어나겠는가? 그는 하늘에서 우쭐해졌고, 나는 거름더미에서 우쭐해졌다. 가난한 자에게서보다 부자에게서 교만이 보다 관용할 만하지 않은가? 화로다 나여! 만약 그토록 권세 있는 존재가 그의 마음의 교만 때문에 냉혹하게 징계 받았고, 권세자들에게 어울리는 교만이 그에게 전혀 도움이 되지 않았다면, 비루하기 짝이 없는 나의 교만으로 인해 나에게는 무엇이 요구될 것인가?" 지금도 나는 벌을 받고 있습니다. 나는 심하게 매를 맞고 있습니다.

이 영혼의 침체, 마음의 우둔함, 좀처럼 드문 영적인 무기력이 어제와 그제 이래 나를 사로잡고 있는 데는 이유가 없지 않습니다. 나는 달음질을 잘하고 있었습니다(갈 5:7). 그러나 도중에 부딪치는 돌이 있었고(롬 9:32), 나는 그 돌에 걸려 넘어졌습니다. 교만이 내 속에서 발견되었고 주님이 분노하셔서 종을 떠나가셨습니다(시 27:9). 그 결과 나는 영혼의 황무함과 경건의 고갈로 고통당하고 있습니다. 어떻게 나의 마음이 이처럼 시들고(욥 6:2), 우유처럼 응고되고(시 119:70), 마른 땅과 같이(시 143:6) 되었습니까? 나는 눈물이 솟아나는 그 슬픔을 찾을 수 없습니다. 나의 마음의 완악함이 그와 같습니다(막 16:14). 시편이 진부하고, 독서가 불쾌하고, 기도에는 기쁨이 없으며, 이전에 익숙했던 관상을 회복할 수 없습니다. 성령의 충만은 지금 어디에 있습니까?(엡 5:18). 성령 안에서 마음의 그 평온함과 화평과 기쁨은 어디에 있습니까?(롬 14:17). 이것이 일을 싫어하고, 깨어 있지 못하고, 급히 화내고, 미움을 고집하고, 말과 식사에 무절제하고, 설교에 보다 무관심하고 둔한 이유입니다.

오호라! 주께서 내 주변의 모든 산들을 권고하시나, 나에게는 다가오시지 않도다. 내가 신랑이 넘은 그 작은 산들 중 하나는 아닙니까? 이는 내가 어떤 사람은 절제로 뛰어나고, 어떤 사람은 감탄할 만한 인내로 뛰어나고, 또 어떤 사람은 완벽한 겸손과 온유함으로 뛰어나고, 또 어떤 사람은 자비와 경건으로 뛰어난 것을 보기 때문입니다. 어떤 이는 관상에서 큰 기쁨을 얻고, 어떤 이는 그의 기도의 절박함으로 하늘 문을 두드려 그리로 들어가고(집회서 35:17), 또 어떤 이는 다른 덕목들에서 탁월합니다. 되풀이하지만 이들 모두는 뜨겁고, 기도에 열심이며, 그리스도 안에서 한 마음을 가지고 모두가 은혜와 하늘의 은사들로 부요합니다. 그들은 주님이 권고하시는 참된 영적 산들과 같으며,

신랑이 그들 사이를 달릴 때 자주 그를 영접합니다. 그러나 나는 내 속에서 이런 것들을 하나도 발견하지 못하고 있는데, 어떻게 나 자신을 모든 권고자들 중 가장 친절하신 분이 분노와 혐오로 지나쳐 버리는 길보아의 산들 중 하나로 보지 않을 수 있겠습니까?

9. 이런 생각은 눈의 오만에 종지부를 찍고(집회서 23:5), 은혜를 끌어들이며, 신랑의 달림을 위해 우리를 준비시킵니다. 내가 이것을 내 자신에게 적용한 것은 여러분도 나와 같이 할 수 있게 하기 위해서입니다(고전 4:6). 나를 본받는 자가 되십시오 (빌 3:17). 물론 내가 지금 말하는 것은 덕목의 실천이나, 훈련된 행위나, 거룩함의 영광이 아닙니다. 이는 내 속에 이런 은사들 중 하나라도 본받을 만한 것이 있다고 성급히 내세울 수 없기 때문입니다. 다만 내가 원하는 것은 여러분이 약간이라도 은혜가 미지근해지고 덕을 행하는 것이 피곤해지는 것을 감지할 때, 내가 내 자신을 그런 것들로 질책한 것처럼 여러분이 자신을 아끼지 않고 스스로를 질책하는 것입니다. 이것은 자신을 조심스럽게 평가하고, 자신의 생각과 뜻을 살피고, 교만이 은밀히 스며들지 않도록 모든 것에서 교만의 악을 가차 없이 파헤치는 사람의 행동 양식입니다. 진실로 나는 교만에 굴복하기보다 하나

님의 앞에 언제나 두려움으로 서야 하는 것을 아는 것만큼 은혜를 얻고 간직하고 회복하는 데 유효한 것은 없다는 것을 배웠습니다(롬 11:20).

"항상 경외하는 자는 복되거니와"(잠 28:14). 은혜가 미소 지을 때 두려워하고, 그것이 떠날 때도 두려워하고, 그것이 다시 돌아올 때도 두려워하십시오. 이것이 항상 경외하는 것입니다. 이 세 가지 두려움은 영혼 속에서 은혜가 부드럽게 임재할 때와 불쾌하여 물러날 때, 또는 진정되어 돌아올 때에 따라 서로 연속됩니다. 은혜가 임재할 때 여러분의 행동이 그것에 부적합하지 않도록 조심하십시오. 바울 사도는 "하나님의 은혜를 헛되이 받지 말라"(고후 6:1)고 경고합니다. 그는 제자에게 "네 속에 있는 은사를…가볍게 여기지 말라"고 하였고(딤전 4:14), 그 자신에 관하여는 "내게 주신 그의 은혜가 헛되지 아니하여"(고전 15:10)라고 말했습니다. 하나님의 계획의 비밀을 아는 이 사람은 은사를 무시하고 그 의도된 목적을 위해 그것을 사용하지 않는 것이 그 은사를 주신 분에 대한 모욕이 된다는 것을 알았고, 또 그것을 용서될 수 없는 교만으로 간주하였습니다. 그래서 그는 이 악에 맞서 열심히 자신을 지키고 다른 이들에게 그것을 주의하도록 교훈하였습니다.

여기에 또 다른 함정이 숨어 있습니다. 시편에서 보듯이 "사자가 자기의 굴에 엎드림같이 교만의 영이 거기에 은밀히 숨어"(시 10:9) 있습니다. 그것이 숨겨지면 숨겨질수록 더욱 위험하기 때문에 그것을 밝혀야 합니다. 교만은 만약 여러분의 행동을 막지 못한다면, 여러분의 의도를 공격하여 어떻게 여러분이 은혜의 결과를 여러분 자신에 의한 것으로 돌릴 수 있는지를 속삭이며 유혹합니다. 이런 유의 교만이 다른 어떤 교만보다 용서될 수 없다는 것은 의심의 여지가 없습니다. 이는 "우리의 수단이 높으며 여호와가 이 모든 것을 행함이 아니라"(신 32:27) 하는 것보다 더 가증스러운 것은 없기 때문입니다.

10. 그러므로 은혜가 임할 때 두려워해야 합니다. 그런데 그것이 떠난다면 어떻게 해야 할까요? 그때 훨씬 더 두려워해야 하지 않겠습니까? 확실히 훨씬 더 두려워해야 합니다. 왜냐하면 은혜가 떠날 때 여러분은 실패하기 때문입니다. 은혜를 주신 분이 말씀하시는 것을 들어 보십시오: "나를 떠나서는 너희가 아무것도 할 수 없음이라"(요 15:5).

그러므로 은혜가 물러갈 때 넘어지기 쉬운 자처럼 두려워하십시오. 하나님이 분노하시는 것을 알게 될 때 두려워 떠십시오. 목자가 여러분을 버렸기 때문에 두려워하십시오. 비록 그렇게 보이지 않을지라도, 비록 의식하지 못할지라도 교만이 그 원인인 것을 의심하지 마십시오. 이는 하나님은 여러분이 모르는 것을 아시며 여러분을 판단하시는 분이기 때문입니다(고전 4:4). "옳다 인정함을 받는 자는 자기를 칭찬하는 자가 아니요 오직 주께서 칭찬하시는 자니라"(고후 10:18). 하나님이 여러분에게서 은혜를 거두어 가실 때, 그가 어떤 식으로든 여러분을 칭찬하십니까? 겸손한 자에게 은혜를 주시는 분이(약 4:6) 겸손한 자에게서 은혜를 빼앗아 가실 수 있습니까? 그러므로 은혜를 빼앗기는 것은 교만의 증거입니다. 그러나 이미 교만이 있기 때문이 아니라, 은혜가 거두어지지 않으면 교만이 발생할 것이기 때문에 은혜가 거두어지는 때도 있습니다. 우리는 사도에게서 이것의 분명한 증거를 봅니다. 그는 마지못해 그의 육체의 가시를 지녔는데(고후 12:7), 그것은 그가 교만했기 때문이 아니라 그로 하여금 교만하지 못하게 하기 위함이었습니다. 그러나 이미 존재하든, 앞으로 생겨날 것이든 교만은 언제나 은혜가 거두어지는 이유가 됩니다.

11. 만약 은혜가 누그러져 돌아온다면, 우리는 재발을 피하기 위해 더욱더 두려워해야 합니다. 복음서 본문은 이렇게 가르칩니다: "보라 네가 나았으니 더 심한 것이 생기지 않게 다

시는 죄를 범하지 말라"(요 5:14). 여러분은 두 번째 타락이 첫 번째 타락보다 더 나쁘다는 말을 듣습니다. 그러므로 위험이 커질수록 두려움도 커져야 합니다. 만약 여러분의 마음이 이 삼중적 두려움으로 가득 차 있다면-은혜를 받을 때 두려워하고, 은혜가 거두어질 때 더욱 두려워하고, 은혜가 회복될 때 훨씬 더 두려워한다면 여러분은 참으로 복됩니다. 그렇게 하십시오. 그러면 여러분은 두 통이 아니라 세 통이 드는 것들로 아귀까지 채워진 그리스도의 잔칫집의 물 항아리가 될 것입니다(요 2:6-7). 그러면 여러분은 여러분의 물을 기쁨의 포도주로 바꾸시는 그리스도의 축복을 받을 것입니다. 그리고 온전한 사랑이 두려움을 내쫓을 것입니다(요일 4:18).

12. 두려움은 물입니다. 왜냐하면 그것은 육신적인 욕망의 열기를 식히기 때문입니다. 여호와를 경외하는 것이 지혜의 근본입니다(시 111:10). 그리고 다시 "그녀가 그에게 지혜의 물을 마시도록 주었습니다"(집회서 15:3). 만약 두려움이 지혜이며 지혜가 물이라면, 두려움도 역시 물입니다. 따라서 여호와를 경외하는 것이 생명의 샘입니다(잠 14:27). 게다가 우리의 마음은 물 항아리입니다. 성경은 그 각각이 두세 통 든다고 말합니다(요 2:6): 세 통, 세 가지 두려움.

계속하여 성경은 말합니다: "그들이 아귀까지 채우니"(요 2:7). 하나 둘의 두려움이 아니라 세 개가 모두 마음의 아귀까지 찹니다. 항상 마음을 다하여 주님을 두려워하십시오. 그러면 그 항아리를 아귀까지 채우게 됩니다. 하나님은 온전한 은사, 온전한 애정, 온전한 제사를 사랑하십니다. 하늘의 혼례식에 아귀까지 찬 항아리를 가져가십시오. 그러면 우리에게도 역시 "여호와를 경외하는 영이 그에게 강림하셨다"(사 11:2)라고 말해질 것입니다. 이처럼 두려워하는 자는 아무것도 소홀히 하지 않습니다. 어찌 태만이 충만 속에 끼어들 수 있겠습니까? 어떤 경우에도 아직 무엇을 더 가질 여지가 있는 것은 가득 찬 것이 아닙니다.

같은 이유로 이 두려움을 가지는 동시에 교만해질 수는 없습니다. 주님에 대한 두려움으로 가득 차면 교만이 들어올 여지가 없습니다. 다른 악들도 비슷하게 판단되어, 모두가 두려움의 충만으로 인해 필연적으로 배제됩니다. 그렇다면 마침내 만약 여러분의 두려움이 충만하고 완전하다면, 주님의 축복으로 사랑이 여러분의 물에 향취를 더할 것입니다. 이는 사랑이 없는 두려움은 형벌을 기대하기 때문입니다(요일 4:18). 사랑은 사람의 마음을 기쁘게 하는 포도주입니다(시 104:15). "온전한 사랑은 두려움을 내쫓으며"(요일 4:18) 물이 포도주가 됩니다. 그것은 교회의 신랑이신 우리 주 예수 그리스도, 만물 위에 계셔서 세세에 찬양 받으실 하나님께 찬송과 영광이 됩니다(롬 9:5). 아멘.

## 설교 55

# 신랑이 노루와
# 어린 사슴에 비교되는 비유

1

1. "내 사랑하는 자는 노루와도 같고 어린 사슴과도 같아서"(아 2:9). 이것은 바로 앞의 구절과 관련됩니다. 그녀는 방금 그가 달리고 넘는 것을 말하고 나서, 이제 그를 노루나 어린 사슴에 비유합니다. 사실 그 비유는 적절합니다. 왜냐하면 이런 종류의 동물들은 달리고 뛰는 데 민첩하고 재빠르기 때문입니다. 뿐만 아니라 그 말은 신랑과 관련되며, 신랑은 말씀입니다. 선지자는 하나님에 대해 "그의 말씀이 속히 달리는도다"라고 말하는데(시 147:15), 그것은 하나님의 말씀인 신랑이 달리고 넘는 것으로, 그래서 노루와 어린 사슴과 닮은 것으로 설명되는

이 본문과 잘 맞습니다. 이것이 비유의 이유입니다.

그 비유에서 작은 것이더라도 다른 요소를 놓치지 않으려면 노루가 발이 민첩할 뿐만 아니라 시각도 탁월하게 예리하다는 사실을 기억해야 합니다. 이것은 그 서술에서 신랑이 달릴 뿐만 아니라 넘는 것으로 설명되는 부분과 관계됩니다. 왜냐하면 오직 날카롭고 예리한 시각으로만 어디를 달려야 하고 무엇을 뛰어 넘어야 하는지를, 그것도 특히 달리는 중에 분별하는 것이 가능하기 때문입니다. 그렇지 않다면, 가장 빠르게 움직이는 동물로 잘 알려져 있는 어린 사슴만의 비유로도 달리는 자의 재빠름을 표현하기에 충분하였을 것입니다.

그러나 이 신랑은 사랑의 열정으로 연인의 품으로 돌진하는 듯이 보이는 한편, 자기가 어느 쪽으로 가야 할지를 압니다. 그는 신중하게 숙고하면서 조심스럽게 발을 옮깁니다. 그러므로 어린 사슴의 바유뿐만 아니라 노루의 비유도 필요합니다. 이는 전자는 구하고자 하는 소원을, 후자는 선택을 위한 결정을 표현하기 때문입니다. 그리스도는 의로우시고 긍휼하십니다(cf. 마카비하 1:24). 물론 그는 구세주인 동시에 재판장이십니다. 그는 사랑이시므로 모든 사람들이 구원받기를 원하시고 진리를 알게 되기를 원하십니다(딤전 2:4). 그는 재판장이시기 때문에 자기에게 속한 자가 누구인지, 그가 처음부터 택하신 자가 누구인지를 아십니다(요 13:18).

2. 그러므로 성령은 그 두 동물들로 이 두 가지 은사, 긍휼과 심판을 우리에게 위탁하고 있습니다. 그것은 우리가 믿음의 성실과 온전함을 증언함에 있어 선지자를 본받아 여호와의 긍휼과 심판을 찬송할 수 있게 하기 위함입니다(시 101:1). 그와 같은 것들을 꼬치꼬치 캐고 잘 아는 자들은 신랑에게 적절하고 유익하게 적용될 수 있는 이 동물들의 다른 특질들도 지적할 수 있습니다. 그렇지만 나는 이 비유를 설명하는 데는 이것으로 충분하다고 생각합니다.

성령께서 수사슴이 아닌 어린 사슴에서 비유를 끌어내신 것은 얼마나 아름답습니까? 그것으로 그는 육체를 따라 난 그리스도의 조상들과(롬 9:5) 구세주의 유아기를 상기시키십니다. 이는 우리에게 난 그 아기는(사 9:6) 어린 사슴처럼 보였기 때문입니다. 그러나 구세주의 오심을 기다리는 우리는 재판장의 심문을 두려워하고, 노루의 눈을 두려워하며, 선지자가 "내가 예루살렘에서 등불로 두루 찾아"(습 1:12)라고 말한 분을 두려워합니다. 그의 눈은 예리합니다. 그의 눈은 모든 것을 파헤칩니다. 그는 사람의 마음과 양심을 감찰하십니다(시 7:9).

예루살렘이 샅샅이 조사될진대, 바벨론에서는 무엇이 안전하겠습니까? 이 구절에서 예루살렘은 이 세상에서 신앙적인 삶을 사는 사람들을 가리킨다고 생각됩니다. 그들은 바르고 규모 있는 생활양식으로 천상의 예루살렘의 길을 모방하며, 바벨론의 시민들처럼 악의 혼란과 범죄의 소요 가운데 그들의 생명을 낭비하지 않는 자들입니다. 바벨론 시민들의 죄는 명백하며, 그 죄가 그들보다 앞서 심판으로 나아갑니다(딤전 5:24). 그들은 조사받을 필요도 없이 그들 자신을 그의 긍휼에 맡겨야 합니다. 그러나 나는 수도사이며 예루살렘 시민으로서, 수도사란 이름과 습관에 가려진 명백하게 감추어진 죄를 가지고 있습니다. 따라서 치밀한 조사로 그것들을 탐사하고, 말하자면 등불의 도움을 받아 그것들을 어둠에서 빛으로 가져와야 합니다.

2

**3.** 예루살렘을 조사하는 것에 관해 앞에서 말한 바를 확실히 하기 위해 시편을 인용할 수도 있습니다. 그 본문은 주의 인격으로 말합니다: "내가 정한 기약이 이르면 내가 바르게 심판하리니"(시 75:2). 내가 잘못 읽은 것이 아니라면, 그는 자기가 의로운 자들의 생활 방식과 행위를 논하고 조사할 것이라고

말씀하십니다. 우리는 때가 오면 엄밀한 조사를 받아 우리의 의의 많은 부분이 죄로 드러나게 될 것을 크게 두려워해야 합니다.

우리가 할 수 있는 일은 한 가지뿐입니다. 우리가 자신을 살피면 판단을 받지 않을 것입니다(고전 11:31). 하나님의 엄한 심판으로부터 나를 빼내고 숨기는 그 살핌은 얼마나 선합니까? 나는 살아 계신 하나님의 손에 빠져 들어가는 것을 참으로 무서워합니다(히 10:31). 나는 그의 노하신 얼굴 앞에 심판을 받아야 할 자가 아니라 이미 판단을 받은 자로 나타나고 싶습니다. "신령한 자는 모든 것을 판단하나 자기는 아무에게도 판단을 받지 아니하느니라"(고전 2:15). 나는 자신의 악한 행위들을 판단할 것이며 선한 행위들도 판단할 것입니다. 나는 선한 행위로 악행들을 고치고, 눈물로 그것들을 씻어내며, 금식과 다른 거룩한 훈련으로 그것들을 징계하고자 애쓸 것입니다. 나는 선행들과 관련하여 나 자신에 대해 겸손하게 생각할 것이며, 주님의 명령에 따라 나 자신을 할 일을 행한 데 불과한 무익한 종으로 간주할 것입니다(눅 17:10). 나는 곡식 대신 가라지나 쭉정이를 내놓지 않도록 노력할 것입니다(마 13:25-30). 나는 나의 습관과 일을 엄밀히 조사해서, 등불로 예루살렘을 살필 그분이 내 속에서 검사되지 않거나 조사되지 않은 것을 아무것도 발견하지 못하시도록 할 것입니다. 이는 그가 같은 것을 두 번 심판하지 않으시기 때문입니다.

**4.** 누가 나로 하여금 나의 모든 죄를 찾아내고 징계하여 노루의 눈을 두려워할 이유를 갖지 않고, 등불의 비췸에 얼굴을 붉힐 원인을 갖지 않게 할 수 있겠습니까? 지금 그는 나를 보고 있으나, 나는 보지 못합니다. 그 눈은 비록 그 자체는 불가시적일지라도, 가시적인 모든 것에 임재하십니다. 그는 나를 샅샅이 아십니다. 때가 오면 나도 역시 그가 지금 나를 아신 것같이 나를 알게 될 것입니다(고전 13:12). 그러나 지금 나는 부분적으로밖에 알지 못합니다. 나는 벽 뒤에 서서 살피시는 그분의 등장을 두려워합니다. 성경은 그의 시각의 예리함으로 그를 노루에 비교한 후에 이렇게 덧붙입니다: "보라, 그가 우리 벽 뒤에 서서 창으로 들여다보며 창살 틈으로 엿보는구나"(아 2:9). 그러므로 나는 숨겨진 것들을 살피시는 이 숨은 감찰자를 두려워합니다. 그러나 신부는 아무것도 두려워하지 않습니다. 왜냐하면 그녀는 자책할 아무것도 깨닫지 못하기 때문입니다(고전 4:4). 그의 친구이자 비둘기이며, 그의 어여쁜 자인 그녀가 무엇을 두려워하겠습니까?

여러분은 다음과 같은 구절을 읽습니다: "나의 사랑하는 자가 내게 말하여 이르기를"(아 2:10). 그는 나에게 말씀하지 않습니다. 그러므로 나는 그의 출현을 두려워합니다. 이는 나에게 신뢰할 만한 것이 없기 때문입니다. 그의 신부되는 여러분은 자신에 관해 무슨 말을 듣습니까? 여러분의 사랑하는 이가 무엇을 말씀하십니까? 그가 말씀하십니다: "일어나라. 서둘러라. 나의 사랑, 나의 비둘기, 나의 어여쁜 자야." 이것 역시 또 다른 설교를 위해 남겨 두겠습니다(설교 57). 나는 여러분이 교회의 신랑 되신 우리 주 예수 그리스도에 대한 사랑과 지식에서 자라가지 않을 때 또 다른 죄책감으로 괴로움을 당하지 않기 위해, 면밀한 관심을 요구하는 것들을 너무 간략하게 압축하지 않겠습니다. 주님은 만물 위에 계셔서 세세에 찬양을 받으실 하나님이십니다(롬 9:5). 아멘.

# 벽은 무엇인가?

1

1. "우리 벽 뒤에 서서 창으로 들여다보며 창살 틈으로 엿보는구나"(아 2:9). 이것은 달리고 넘어서 온 신랑이 신부의 처소에 도착하였으나 함부로 들어가기에는 너무 겸손하기 때문에, 벽 뒤에 서서 창문과 창살 틈으로 엿보고 있다고 말하는 것 같습니다. 그러나 천상의 신랑이 행동하고 성령이 설명하는 대로 영적인 의미에 따르면, 그는 좀 다른 방식으로 가까이 다가온 것으로 이해됩니다. 참된 영적 이해는 행동하는 자나 또는 그 행동을 설명하는 자가 나쁘게 되는 것을 용납하지 않습니다. 그러므로 영적인 의미를 따를 때, 그가 벽에 가까이 다가온 것

은 자신을 우리 육체와 결합하신 것입니다. 우리의 육체는 벽이며, 신랑의 접근은 말씀의 성육신입니다. 나는 그가 통하여 응시하는 것으로 말해지는 창과 창살 틈은 그가 우리의 모든 인간적 필요를 경험하는 수단인 신체적 감각과 인간적 감정으로 이해될 수 있다고 생각합니다. 이는 "그가 우리의 질고를 지고 우리의 슬픔을 당하였기" 때문입니다(사 53:4). 그러므로 그는 인간이 되었을 때, 우리의 신체적 느낌과 감각을 통로 또는 창으로 사용하셨습니다. 그것은 그가 인간의 불행을 스스로 경험하고 자비롭게 되기 위함이었습니다(히 2:17). 이런 것들은 그가 이미 아셨던 것이지만, 그 방법이 달랐습니다.

모든 덕의 주이신 그는 순종의 덕을 알고 있었지만, 그럼에도 사도는 "그가 받으신 고난으로 순종함을 배웠다"라고 증언합니다(히 5:8). 하나님의 인자하심은 영원 전부터 있었지만(시 103:17), 그는 그것을 통해 자비를 배웠습니다. 이 이방인의 사도는 그분이 자비롭게 되기 위해 모든 일에 우리와 똑같이 시험을 받았으나 죄는 없다고(히 4:15) 말한 데서 이것을 다시 가르치고 있습니다. 여러분은 그가 이미 이전에 그랬던 분이 되고, 그가 이미 이전에 알았던 바를 배우며, 우리의 불행을 세심하게 살피기 위해 우리 한가운데 통로와 창들을 들여다보시는 것을 아십니까? 그가 우리 연약함의 증거들과 그 자신의 몸의 죽음을 경험하셨을 때, 그는 우리의 부서지고 깨진 벽에서 많은 틈을 발견하셨습니다.

**2.** 이것이 신랑이 벽 뒤에 서서 창과 창살 틈으로 엿보는 것입니다. "서서"는 적절한 낱말입니다. 왜냐하면 육신의 죄를 결코 경험한 적이 없는 그 분만이 육체 가운데서 일어섰기 때문입니다. 우리는 이것을 알 수 있습니다. 이는 육체의 연약함으로 내려앉았던 그가 하나님의 능력으로 일으킴을 받았기 때문입니다. 그분 자신이 "마음에는 원이로되 육신이 약하도다"(마 26:41)라고 말씀하셨습니다. 나는 다윗이 이 비밀과 관련하여 그리스도에 대해 말한 것도 이 해석을 뒷받침한다고 생각합니다. 이는 그가 여호와의 선지자로서 예언하였고 모세에 관해 말하였지만, 그것은 그리스도를 관상한 것이기 때문입니다. 왜냐하면 그리스도는 "물과 피로 임하신" 이일지라도 물로서 온 참 모세이기 때문입니다(요일 5:6).

다윗은 성부 하나님을 지칭하여 "여호와께서 그들을 멸하리라 하셨으나 그가 택하신 모세가 그 어려움 가운데에서 그의 앞에 서서 그의 노를 돌이켜 멸하시지 아니하게 하였도다"(시 106:23)라고 말합니다. 나는 묻습니다: 어떻게 모세가 그 틈에 섰습니까? 만약 그가 깨졌다면 어떻게 설 수 있었습니까? 혹은 만약 그가 섰다면 어떻게 깨졌을 수 있습니까? 그 틈에 선 자가 누구인지 말해 보겠습니다. 나는 나의 주 예수님 외에 이 일을 할 수 있는 사람을 알지 못합니다. 그는 죽음 가운데 사셔서, 십자가상에서 몸이 찢겨진 채 신성으로 아버지와 함께 서 계셨습니다. 전자에서 그는 우리와 함께 간청하시며, 후자에서 그는 아버지를 달래셨습니다. 따라서 그가 벽 뒤에 서 계심은 그의 쓰러진 연약함이 육신에서 드러난 반면, 그분 안에 서 있던 것은 육신에 의해 숨겨져 있었음을 뜻합니다. 계시된 사람과 숨겨진 하나님은(사 45:15) 동일한 한 분이십니다.

## 2

**3.** 그는 그의 오심을 갈망하는 우리 각 사람을 위하여, 또 죄악된 것이 분명한 우리의 이 몸이(롬 6:6) 그의 얼굴을 우리에게서 숨기고 그의 임재를 가리는 동안 벽 뒤에 서 계십니다. 우리가 몸으로 있는 한 우리는 주와 따로 있습니다(고후 5:6). 그것은 우리가 몸을 가졌기 때문이 아니라, 우리가 죄의 혈통을 가진 이 몸 안에 있어 결코 죄가 없을 수 없기 때문입니다. 따라서 우리를 방해하는 것은 우리 몸이 아니라 우리의 죄입니다.

성경이 말하는 것을 들어 보십시오: "오직 너희 죄악이 너희와 너희 하나님 사이를 갈라놓았고"(사 59:2). 그러나 많은 악의 울타리가 개입되지 않고 오직 몸의 벽, 육신적인 죄의 장애만으로 고통당한다면 얼마나 좋겠습니까! 나 자신의 연약함을 통해 나의 본성이 물려받은 죄에 다른 많은 죄를 추가하였고 그것들에 의해 내가 신랑을 나와 너무 멀리 떨어지게 하였을까 두렵습니다. 진실을 말하자면 나에게 있어 그분은 하나의 벽 뒤가 아니라 많은 벽들 뒤에 서 계신다고 고백하지 않을 수 없습니다.

**4.** 신랑은 그의 신적인 위엄의 직접성과 능력의 위대함을 통해 모든 장소에 동일하게 임재하십니다(엡 1:19). 그러나 이성적인 피조물인 천사와 인간들과 관련하여 그분은 은혜를 주시거나 거두심으로써 어떤 이들에게는 가까이, 어떤 이들에게는 멀리 계신다고 말해집니다. 이는 "구원은 악인들에게서 멀기 때문입니다"(시 119:155). 그럼에도 시편 기자는 "여호와여 어찌하여 멀리 서시며"(시 10:1)라고 말합니다. 그분은 때때로 사랑하심으로 인해 성도들로부터 잠시 부분적으로 멀어지십니다. 그러나 죄인들을 대하실 때에는 자비가 아니라 분노 가운데 항상 멀리 계십니다.

죄인들에 관해 성경은 다음과 같이 말합니다: "그들의 교만은 끊임없이 일어나고"(시 74:23) 그의 길은 언제나 불결합니다. 시편 기자는 "주의 얼굴을 내게서 숨기지 마시고 주의 종을 노하여 버리지 마소서"(시 27:9)라고 기도합니다. 그는 하나님이 자비로 인해서도 돌아서실 수 있다는 것을 알았습니다. 그러므로 비록 모든 이들에게 그 거리가 동일하지 않고, 서로 다른 공덕에 따라 어떤 이들에게서는 더 멀리, 어떤 이들에게는 더 가까이 계시지만, 주님은 멀리 계시는 것처럼 보이는 때에도 실상 성도들과 택하신 자들 가까이에 계십니다. 다른 한편으로 비록 여호와께서 자기에게 진실하게 간구하는 모든 자에게 가까이 계시고(시 145:18) 또 마음이 상한 자에게 가까이 하시지만(시 34:18), 그들이 그가 벽 뒤에 서 계신다고 말할 수 있을 만큼 모든 사람에게 가깝게 계시지는 않을 것입니다. 그러나 그가 하나의 벽으로만 분리된 신부에게는 얼마나 가깝게 계십니까! 이런 이유 때문에 그녀는 막힌 담이 허물어지고 그녀가 죽어 벽 뒤에 있는 분, 그녀가 신뢰하는 분과 같이 있기를 갈망합니다(빌 1:23).

    **5.** 그러나 나는 죄인이기 때문에(눅 5:8) 담이 허물어지기를 원하지 않습니다. 나는 악인의 죽음이 악인 것을 알기 때문에 두려워합니다(시 34:21). 생명이 아무런 도움도 주지 못하는 곳에서 어찌 죽음이 악이 아닐 수 있습니까? 나는 더 나아가기

가 두렵습니다. 나는 내가 떠나면 그가 나를 영접하시기 위해 옆에 서 계시는 것을 확신하지 못하기 때문에 안식처의 입구에서 떨고 있습니다.

왜 그럴까요? 주님이 나의 출입을 지키지 않으신다면, 내가 안전하게 나아갈 수 있습니까?(시 121:8). 구속하시고 구원하시는 분이 옆에 계시지 않는다면(시 7:1), 나는 방해하는 악마들의 웃음거리가 될 것입니다. 바울의 영혼에는 이와 같은 것이 전혀 괴로움을 주지 않았습니다. 그는 사랑하는 자를 보고 안음에 있어 단 하나의 벽, 즉 그의 지체에서 그가 발견한 죄의 법으로만 (롬 7:23) 분리되어 있었기 때문입니다. 이것은 그가 육신의 정욕으로(요일 2:16) 땅 위에 사는 동안 피할 수 없는 것입니다. 그러나 이 벽의 장애에도 불구하고 그는 주님을 멀리 떠나 방황하지 않았습니다. 그는 갈망하여 부르짖었습니다: "이 사망의 몸에서 누가 나를 건져내랴?"(롬 7:24). 그는 죽음의 짧은 통로를 지나면 곧 생명에 이를 것을 알았습니다. 그래서 바울은 그가 이 한 법, 즉 육신의 정욕에 묶여 있다고 단언하였습니다. 그것은 그의 육체에 뿌리를 내리고 있기 때문에 그가 마지못해 견뎌야 할 것이었습니다. 나머지에 대해 그는 말합니다: "내가 자책할 아무것도 깨닫지 못하노라"(고전 4:4).

# 3

**6.** 바울과 같은 사람이 어디 있습니까? 때때로 육신의 정욕에 동의하여 죄의 종이 되지 않는 사람이 어디에 있습니까?(롬 6:16). 죄에 굴복한 사람은 그 악하고 불법적인 동의에 의해 그가 자신을 거스르는 또 다른 벽들을 세웠다는 것을 알아야 합니다. 이런 유의 사람은 그를 위해 신랑이 단순히 벽 뒤에 서 있다고 자랑할 수 없습니다. 왜냐하면 한 벽이 아니라 두 벽이 사이에 가로막혀 있기 때문입니다. 만약 그 동의가 행동으로 옮겨졌다면 더욱더 자랑할 수 없을 것입니다. 이는 그 때는 제삼의 벽, 악한 행위 자체가 신랑의 접근을 가로막고 방해하기 때문입니다.

만약 죄의 반복이 습관이 되거나 "악한 자가 이를 때에는 멸시도 따라오고"라는 말씀대로(잠 18:3) 그 습관이 멸시를 초래하면 어떻게 됩니까? 만약 여러분이 이와 같이 죽는다면, 여러분은 한 벽으로가 아니라 여러 벽으로 가로막혀 있는 신랑에게 이르기 전에 먹이를 기다리며 부르짖는 자들에게 수없이 삼킴을 당하지 않겠습니까?(집회서 51:3). 첫 번째 것은 육신의 정욕입니다. 두 번째 것은 동의이며, 세 번째 것은 행동입니다. 그리고 네 번째 것은 습관이며, 다섯 번째 것은 멸시입니다. 그렇다면 육신의 욕망이 여러분을 유혹하여 동의하게 하지 않도록, 여러분은 전력을 다하여 그것의 첫 움직임을 거부하십시오. 그러면 그 악의 모든 구조가 사라질 것입니다. 그렇게 될 때 신랑이 다가오는 것을 막는 것은 오직 몸의 한 벽뿐이며, 여러분은 기쁨으로 "그기 우리 벽 뒤에 서 있도다"(아 2:9)라고 선언할 수 있을 것입니다.

7. 여러분은 항상 고백의 창과 창살 틈을 열어 놓아야 합니다. 이는 그가 그것들을 통해 친절한 눈빛으로 여러분의 내적 삶을 꿰뚫어 보시기 때문입니다. 그가 꿰뚫어 보시는 것이 여러분에게는 배움이 됩니다. 창살 틈은 책을 쓰는 사람들이 종이 위에 빛을 비추는 데 사용하는 좁은 창문과 비슷합니다. 나는 사무적인 서류들을 작성하는 일을 하는 사람들이 사무총장이라고 불리는 이유가 여기에 있다고 생각합니다.

뉘우침에는 두 종류가 있습니다. 하나는 우리의 일탈에 대한 슬픔에서 오며, 나머지 하나는 하나님의 은사에 대한 기쁨에서 옵니다. 나는 언제나 마음의 걱정과(고후 2:4) 더불어 죄를 고백할 때마다 나 자신을 위해 어떤 창살 틈을 여는 것 같은 느낌을 갖습니다. 나는 그 벽 뒤에 서 계신 성실한 감찰자가 기쁨으로 그것을 통해 보시는 것도 의심하지 않습니다. 왜냐하면 하나님은 상하고 통회하는 마음을 멸시하지 않으실 것이기 때문입니다(시 51:17). 심지어 이렇게 권고하시기도 합니다: "네가 의롭게 되기 위해 너의 허물들을 고백하라"(사 43:26).

때로 마음이 하나님의 은혜와 자비에 대한 생각에서 사랑으로 확장되어 마음이 이끄는 대로 찬송과 감사의 노래를 부르게 된다면, 내가 신랑을 위해 창살 틈이 아닌 넓은 창문을 활짝 연 것같이 느껴집니다. 그것을 통해 그는 찬양의 제사로(시 50:23) 영광을 받으실수록 더욱 큰 즐거움으로 들여다보실 것입니다. 그가 이 두 고백 모두를 인정하시는 것을 성경에서 쉽게 찾을 수 있습니다. 여러분은 이미 그것을 알고 있습니다. 본질적인 것들을 추구하는 데도 시간이 부족한 여러분들에게 피상적인 것들로 부담을 주고 싶지 않습니다. 그 본질적인 것들이란 이 사랑의 노래의 위대한 비밀들과 그것이 교회와 그녀의 신랑 예수 그리스도 우리 주님께 드리는 찬양입니다. 그분은 만물 위에 계셔서 세세에 찬양을 받으실 하나님이십니다(롬 9:5). 아멘.

## 설교 57

# 마리아, 나사로, 마르다

1

1. "나의 사랑하는 자가 내게 말하여 이르기를"(아 2:10). 은혜가 어떻게 표현되었는지를 바라보고, 하나님의 은혜로우심의 수준에 주목하십시오. 신부의 경건함과 총명함을 연구하십시오. 그녀가 얼마나 빈틈없는 눈으로 신랑이 오는 것을 지켜보고 그에 관한 모든 것을 세밀히 살피는지를 보십시오. 그가 오고, 그가 빨리 오고, 그가 가까이 오고, 그가 여기 있으며, 그가 주위를 돌아보고, 그가 말씀하십니다.

신부는 이런 상세한 것들 중 어느 것도 빠뜨리지 않고 빈틈없이 주시하고 있습니다. 그는 천사들 가운데 오시고, 족장들 가운데 더 빨리 오시고, 선지자들에게서 가까이 오시고, 성육신으로 여기 계시며, 기적으로 주위를 돌아보시고, 사도들로 말씀하십니다. 또는 그는 자비를 베풀고자 하는 사랑과 소원으로 오시고, 돕고자 하는 열심에서 더 빨리 오시고, 우리의 낮음을 취하심으로써 가까이 오시고(빌 2:8), 그의 동시대인들에게 함께 계시고, 미래 세대들을 내다보시며, 하나님 나라에 대해 사람들을 가르치고 확신시킴으로써 말씀하십니다(행 19:8). 그와 같은 것이 신랑의 오심입니다. 구원의 기쁨과 선물이 그와 함께 오며(사 33:6), 그의 주변의 모든 것이 즐거움을 발하고, 유쾌하고 건강하게 하는 비밀들로 유익을 줍니다. 그리고 사랑하는 그녀는 계속하여 깨어 있으면서 이 모두를 지켜봅니다.

주님이 오셔서 그녀가 깨어 있는 것을 보실 때, 그녀는 얼마나 행복하겠습니까?(눅 12:37). 그분은 그녀를 지나치거나 무시하지 않고 서서 그녀에게 말씀하실 것입니다. 그분은 사랑하는 자로서 사랑의 말씀을 하실 것입니다. 본문에 나온 대로 나의 사랑하는 자가 내게 말씀하십니다(아 2:10). 사랑하는 자로서 그는 책망의 말이 아닌 사랑의 말을 하러 오십니다.

**2.** 그녀는 주님이 오시는 때를 알지 못한 채 시대를 분별할 줄 몰라 주님께 책망을 받는 사람들 중에도 속하지 않습니

다(마 16:3). 그녀는 총명하고 경험이 풍부하며 주의를 게을리 하지 않으므로 그가 오는 것을 멀리서도 알아차리고, 그가 달려오며 낮아짐을 통해 그녀의 낮은 인격으로 가까이 다가오시기 위해 교만한 자를 넘어 오시는 것을 지켜보았습니다(아 2:8). 그녀는 최상의 주의를 기울여 이것을 관찰하였습니다. 그리고 그가 마침내 멈추어 벽 뒤에 숨었을 때에도 그녀는 그의 임재를 인식하였고, 그가 창과 창살 틈으로 엿보고 있는 것을 정확히 알았습니다.

이제 그녀는 자신의 큰 경건과 거룩한 열심에 대한 보상으로서 그분의 말을 듣습니다. 만약 그분이 바라보기만 하고 말을 하지 않았다면, 그녀는 그분의 바라봄이 사랑이 아닌 꾸지람을 함축한다고 의심할 수도 있었을 것입니다. 그분은 말없이 베드로를 보셨습니다. 그는 주님이 말없이 보셨기 때문에 울었을 것입니다(눅 22:61-62). 그러나 그분이 본 다음에 말씀하셨기 때문에 그녀는 울지 않을 뿐 아니라 행복과 자랑으로 소리칩니다: "나의 사랑하는 자가 내게 말하여 이르기를."

주님의 바라보심 자체는 언제나 불변하지만, 그것이 항상 동일한 결과를 낳는 것은 아닙니다. 그것은 각 사람의 공덕에 따라 어떤 이들에게는 두려움을, 다른 이들에게는 위로와 평안을 가져다줍니다. 이는 "그가 땅을 보신즉 땅이 진동하는" 반면(시 104:32), 그분이 마리아를 바라보실 때는 그녀에게 은혜가 넘쳤기 때문입니다. 마리아는 "그가 그의 여종의 비천함을 돌보셨음이라 보라 이제 후로는 만세에 나를 복이 있다 일컬으리로다"(눅 1:48)라고 말하였습니다. 이것은 두려움으로 떠는 자가 아닌 행복한 여자의 말입니다. 그는 동일하게 신부를 보지만, 그녀는 베드로처럼 떨거나 울지 않습니다(눅 22:62). 이는 그녀가 베드로와 달리 땅의 일을 생각하는 자가 아니기 때문입니다(빌 3:19). 오히려 그는 그녀를 바라보고 말씀하신 데서 애정을 드러내심으로 그녀의 마음을 기쁨으로 넘치게 하십니다.

　　**3. 그의 말, 책망하는 자가 아닌 사랑하는 자의 말을 들어 보십시오.**

## 2

그는 "나의 사랑, 내 어여쁜 자야 일어나서 함께 가자"(아 2:10)라고 말합니다. 이 말을 듣기에 합당한 양심은 복됩니다. 우리 중에 신랑이 다가오는 모든 세세한 모습들을 매순간 유심히 살필 만큼 빈틈없고, 그의 권고와 오심의 때에 그토록 주의하여, 그가 와서 문을 두드릴 때 즉시 그에게 문을 열어 줄 사람이 누가 있다고 생각하십니까?(눅 12:36).

그의 말이 거룩한 교회에만 적용되는 것은 아닙니다. 왜냐하면 이것과 관련하여 우리는 모두 보편적으로, 차별 없이 그 축복을 우리의 기업으로 소유하도록 부름을 받았기 때문입니다(벧전 3:9). 그러므로 시편 기자는 "주의 증거들로 내가 영원히 나의 기업을 삼았사오니 이는 내 마음의 즐거움이 됨이니이다"(시 119:111)라고 말하였습니다. 나는 그 기업으로 그가 자신을 하늘에 계신 하나님의 아들로 보았다고 생각합니다(마 7:21). 이는 자녀이면 또한 상속자 곧 하나님의 상속자요 그리스도와 함께 한 상속자이기 때문입니다(롬 8:17). 그리고 그는 이 기업에서 그가 큰 선물 곧 하나님의 증거들을 얻었다고 자랑합니다. 내가 나에 관한 주의 증거를 단 하나라도 가질 수 있다면! 왜냐하면 시편 기자는 하나가 아니라 많은 증거들을 자랑하기 때문입니다. 심지어 그는 다른 곳에서 "내가 모든 재물을 즐거워함같이 주의 증거들의 도를 즐거워하였나이다"라고 말합니다(시 119:14). 주님의 증거 외에 무엇이 마음의 즐거움이며, 무엇이 마음의 참되고 안전한 보장입니까? 사도 바울은 "옳다 인정함을 받는 자는 자기를 칭찬하는 자가 아니요 오직 주께서 칭찬하시는 자니라"(고후 10:18)고 말합니다.

**4.** 왜 우리는 이 거룩한 칭찬들과 증거들을 계속하여 사취당하고, 부모의 기업을 빼앗깁니까? 우리는 마치 그가 자기의 뜻을 따라 진리의 말씀으로 우리를 낳지 않기라도 한 것처럼(약 1:18), 그분이 어떤 식으로든 우리를 칭찬하신 것이나 또는 우리에게 호의적인 말을 하셨다는 것을 기억하지 못합니다. 성령이 친히 우리의 영과 더불어 우리가 하나님의 자녀인 것을 증언하신다는 사도의 말은 어떻습니까?(롬 8:16). 우리가 우리의 기업을 빼앗긴다면 어떻게 자녀이겠습니까?

우리의 빈곤 자체가 우리의 태만과 무관심을 입증합니다. 이는 만약 우리 중 누구라도 지혜자의 말을 따라 그를 지으신 주님을 찾아 아침 일찍 일어나고 지극히 높으신 분의 존전에서 간구하는 데 마음을 쏟는다면(집회서 39:5), 만약 그가 동시에 선지자 이사야의 충고를 따라 주님의 길을 예비하고 우리 하나님의 대로를 평탄하게 하기 위해 모든 성실로 노력한다면(사 40:3), 만약 그가 시편 기자와 함께 "내 눈이 항상 여호와를 바라보며(시 25:15)", "내가 항상 내 앞에 주를 모신다"라고 말할 수 있다면, 그 사람은 여호와께로부터 복을 받고 구원의 하나님께 긍휼을 얻을 것이기 때문입니다(시 24:5). 그는 자주 주님의 방문을 받을 것이며, 비록 영으로 방문하시는 그가 수줍은 연인처럼 은밀하게 오신다 할지라도, 결코 그 때를 알지 못한 채 지나치지 않을 것입니다(눅 19:44).

항상 조심하며 깨어 있는 영혼은 그가 오는 것을 멀리서도 볼 것이며(눅 14:32), 신부가 그녀의 사랑하는 자가 다가올 때 분명하게 보았던 모든 것을 보게 될 것입니다. 이는 그가 "나를 간절히 찾는 자가 나를 만날 것이니라"고 말하였기 때문입니다(잠 8:17). 그녀는 서둘러 오는 연인의 갈망을 알 것이며, 그가 가까이 와서 실제로 임재하실 때 그것을 즉시 깨달을 것입니다. 그녀는 벽의 창과 창살 틈을 통해 태양 광선같이 날카롭게 그녀를 응시하는 그를 행복한 눈으로 발견할 것입니다. 그리고 마침내 그녀는 기쁨에 찬 사랑의 음성을 들을 것입니다: "나의 사랑, 나의 비둘기, 나의 어여쁜 자야."

3

**5.** "누가 지혜가 있어 이런 말들을 깨달으며"(호 14:10), 그 각각을 올바르게 구별하여 표시하고 그것들을 사람들이 이해할 수 있게 설명할 수 있습니까? 만약 여러분이 나에게 그것을 기대한다면, 나는 여러분이 이런 일들에 보다 익숙하고 경험이 풍부한 전문가에게 그것을 듣기 원합니다. 그러나 이런 유의

사람은 침묵 가운데 인지한 것을 겸손한 침묵으로 숨기고, 보다 안전한 길로서 그 비밀을 자신만 간직하고자 할 것입니다. 그러나 나는 말해야 할 의무가 있는 사람으로서, 침묵할 수 없는 사람으로서, 나 자신이나 혹 다른 이들의 경험에서 이 주제에 관해 내가 아는 바를 말씀드리겠습니다.

만약 내가 외적으로 어떤 사람에게나 또는 내적으로 성령에 의해 의로운 것을 견지하고 합리적인 것을 지지하도록 경고를 받는다면, 이 유익한 충고는 나에게 신랑의 신속한 오심의 전조, 즉 천상의 방문자를 적절히 맞아들이게 하는 준비가 될 것입니다. 이는 선지자가 "의가 주의 앞에 앞서 가며"(시 85:13), 혹은 하나님께 "의와 공의가 주의 보좌의 기초라"고(시 89:14) 말하였기 때문입니다. 만약 그 충고가 겸손이나 인내, 형제 사랑과 권위에 대한 순종, 특히 거룩함과 화평과 마음의 청결을 위한 노력의 필요에 관한 것이라도 비슷한 소망이 나를 기쁘게 할 것입니다. 왜냐하면 성경은 "여호와여… 거룩함이 주의 집에 합당하며"(시 93:5), "그의 장막은 살렘에 있음이여"(시 76:2), "마음이 청결한 자는 하나님을 볼 것이다"(마 5:8)라고 말하기 때문입니다. 그러므로 이런 것들 또는 다른 덕목이 마음에 떠오를 때, 언제나 그것은 나에게 모든 덕의 주님이 나의 영혼을 권고하려

하신다는 것을 뜻합니다.

    **6.** 비록 "의인이 친절함으로 나를 치거나 책망할지라도"(시 141:5) 나는 의인의 열심과 자비심이 떨어지는 해 위로 올라가시는 자를 위해 대로를 수축할 것을 알기 때문에(시 68:4), 비슷한 추론을 끌어낼 것입니다. 의인이 책망함으로 그의 동료가 일으켜 세워지고, 실수가 멀리 던져지며, 주님이 그 위로 올라가시며 그것이 다시 일어나지 않도록 발아래 짓밟으실 때, 그 떨어짐은 행복한 것입니다.

 그러므로 우리는 죄를 멸하고, 마음을 치유하며, 하나님을 위해 영혼에 길을 내는 의인의 책망을 무시하지 말아야 합니다. 경건이나 미덕이나 도덕적 완전을 증진하는 모든 충고를 무관심하게 들어서는 안 됩니다. 왜냐하면 그것을 통해서도 하나님의 구원이 계시되기 때문입니다(시 50:23). 그리고 만약 그 충고가 달콤하고 듣기 좋게 들린다면, 혹은 듣고자 하는 열심 때문에 반감이 사라진다면, 여러분은 신랑이 오실 뿐 아니라 소원을 가지고 서둘러 오시는 것으로 믿어도 좋습니다. 그의 소원은 여러분의 소원을 일깨웁니다. 여러분이 열심을 가지고 그의 말씀을 받고자 하기 때문에 그는 서둘러 여러분의 마음에 들어가십니다. 이는 우리가 먼저 그를 사랑한 것이 아니라, 그가 먼저 우리를 사랑하셨기 때문입니다(요일 4:10). 게다가 만약 불같은 충고를 들은 결과 여러분의 양심이 죄에 대한 기억으로 불같이 타오른다면, 그 때는 성경이 그에 대해 말하는 것을 기억하고 그가 가까이 계심을 알아야 합니다: "불이 그의 앞에서 나와"(시 97:3). "여호와는 마음이 상한 자를 가까이 하십니다"(시 34:18).

7. 만약 여러분이 그 충고로 마음이 슬픔으로 가득 찰 뿐 아니라 주님을 향하여 돌아서서 그의 의로운 규례들을 지키기로 맹세하고 결심한다면(시 119:106), 그리고 특히 여러분 자신이 그의 사랑으로 뜨거워지는 것을 느낀다면, 여러분은 다시 그가 임재하시는 것을 알 것입니다. 이는 그에 대해 이 두 가지, 즉 불이 그 앞에서 발하는 것과 그 자신이 불이라는 것이 기록되어 있기 때문입니다. 모세는 그를 소멸하는 불이라고 말하였습니다(신 4:24). 그러나 그 앞에서 발하는 불은 열만 있을 뿐 사랑이 없기 때문에 그 둘은 서로 다릅니다. 그것은 끓어오르게 하지만 좋이지는 않으며, 움직이지만 앞으로 나아가지는 않습니다. 그것은 오직 여러분을 깨우치고 준비시키기 위해서, 여러분이 자신이 어떤 존재인지를 깨닫게 하도록 앞서 보내어집니다. 그 목적은 후에 여러분이 하나님의 역사가 여러분에게 이루는 바를 더욱 달콤하게 맛볼 수 있게 하기 위함입니다. 하나님

인 불은 삼키는 불이지만 품격을 떨어뜨리지는 않습니다. 그것은 유쾌하게 타오르며, 적절하게 황폐화시킵니다. 그것은 황폐하게 하는 숯불이지만(시 120:4), 악에 대해 분노하는 불로서 오직 영혼을 치료하는 기름을 생산합니다.

그러므로 주님이 여러분을 변화시키는 능력 위에와 여러분을 불타게 하는 사랑에 임재하시는 것을 인식하십시오. 주님의 오른손이 그 능력을 보여 주셨습니다(시 118:16). 그러나 하나님의 오른손에서 나오는 이 변화는(시 77:10) 오직 영혼에서와 거짓이 없는 사랑의 열정에서만 일어남을 기억하십시오(고후 6:6). 그러면 여러분은 "내 마음이 내 속에서 뜨거워서 작은 소리로 읊조릴 때에 불이 붙으니"(시 39:3)라고 말할 수 있는 사람이 될 것입니다.

8. 더 나아가 이 불이 죄의 모든 오점과 악한 습관의 녹을 소멸하였을 때, 양심이 깨끗하여지고 잔잔해질 때, 그것에 이어 즉시 기이하게 마음이 넓어지고 지성을 조명하여 성경을 이해하고 비밀들을 알게 하는—첫째는 우리 자신의 만족을 위해, 둘째는 우리 이웃을 가르칠 수 있도록 주어진—빛이 주입될 때 이 모든 것은 그의 눈이 여러분을 바라보고 여러분의 고결함을 빛같이, 여러분의 성실을 정오의 빛같이 양육하시는 것을 의

미합니다(시 37:6). 이사야가 말한 대로 "그리하면 네 빛이 새벽 같이" 비칠 것입니다(사 58:8). 그러나 이 허물어지는 몸의 벽이 서 있는 한, 이 강렬한 광선은 열린 문으로가 아니라 갈라진 틈을 통해서 들어올 것입니다. 여러분이 다른 것을 기대한다면, 그것은 여러분의 마음이 아무리 청결하다고 하더라도 틀린 것입니다. 왜냐하면 가장 위대한 관상가인 바울도 "우리가 지금은 거울로 보는 것같이 희미하나 그 때에는 얼굴과 얼굴을 대하여 볼 것이요"라고 말하기 때문입니다(고전 13:12).

**9.** 인자와 긍휼이 가득한 이 바라봄 후에, 하나님의 뜻을 부드럽게 심어 주는 은근한 목소리가 들립니다. 그것은 사랑 자체로서 쓸데없는 잡담이 결코 아니며, 하나님의 길을 따르도록 우리를 초대하고 촉구합니다. 신부 역시 영혼들의 복지를 위해서 일어나 서두르라는 그 부름을 듣습니다.

# 4

마음이 하나님의 사랑으로 뜨거워져서, 그를 사랑할 사람들을 그에게로 모으고 싶은 열정과 소원으로 가득 차서 설교를 위해 관상의 여가를 기꺼이 포기하는 것은 참되고 순수한 사랑의 특징입니다. 그런 후에 적어도 부분적으로 그 소원을 만족시키고, 마음은 그것의 성공적인 중단에 비례하는 열심을 가지고 여가에 되돌아와 마침내 관상의 양식으로 원기를 회복하여, 그것의 승리에 새로운 힘과 열정을 추가하게 됩니다.

그러나 종종 마음은 이 두 경쟁적인 매력 중 어느 하나에 지나치게 집착하여 하나님의 뜻으로부터 잠시라도 떠나게 될까 두려워, 이런 변화들 사이에서 이리저리 흔들리고 심하게 동요됩니다. "내가 누울 때면 말하기를 내가 언제나 일어날까"(욥 7:4)라는 욥의 말은 이것을 의미하는 것 같습니다. 그는 아침이 되면 저녁이 되기를 고대하였습니다. 그것은 내가 기도할 때 일을 등한히 하는 것으로 나 자신을 책망하고, 또 일할 때 기도를 소홀히 하는 것으로 나 자신을 책망하는 것입니다.

여기에서 한 거룩한 사람이 행위의 열매와 관상의 고요 사이에서 심하게 흔들리는 것을 봅니다(빌 1:22). 그는 언제나 선한 일에 관여하고, 상상의 죄까지도 회개하면서 매 순간 눈물로 하나님의 뜻을 찾습니다. 이 사람을 위한 유일한 구제책인 마지막 수단은 하나님께 기도하며 우리에게 무엇을, 언제, 어느 정도 하기를 원하시는지 끊임없이 보여 주시기를 간구하는 것입니다.

나는 여기에 나온 세 낱말이 설교와 기도와 관상과 관련된다고 생각합니다. 이는 그녀가 설교와 상담과 섬김으로 신랑의 이익을 위해 열심과 충성으로 일하는 그의 "친구"라고 불리기 때문입니다. 그녀가 그의 "비둘기"라고 불리는 것도 적절합니다. 이는 비록 그녀가 죄로 인해 한숨과 탄식으로 기도할지라도, 그녀는 결코 긍휼의 선물을 받는 데 실패하지 않기 때문입니다. 그녀가 그의 "어여쁜 자"라고 불리는 것도 적절합니다. 이는 천상에 대한 갈망으로 빛나 적당하고 편하게 할 수 있는 때에 그녀는 거룩한 관상의 아름다움으로 옷 입기 때문입니다(시 93:1).

**10.** 한 영혼에게 부여된 이 세 은사가 한 집에 사는 그 세 사람, 구세주의 가까운 친구들과도 연결될 수 있는지 보십시오(눅 10:39-40). 내가 말하는 것은 일하는 마르다, 쉬고 있는 마리아, 돌 아래서 신음하며 부활의 은혜를 탄원하는 나사로입니다. 이것은 신랑의 길을 관찰하는 신부의 능숙함과 빈틈없음에 근거합니다. 그가 오는 때와 속도는 그녀에게 숨겨질 수 없습니다. 어떤 돌연한 방해도 그녀로 하여금 그가 멀리 있을 때, 그가 가까이 있을 때, 그가 임재하실 때를 알지 못하도록 방해할 수 없습니다. 그러므로 그녀는 신랑의 부드러운 눈길을 받고 그의 사랑의 말로 기쁨을 얻어 "신랑의 음성을 듣고 크게 기뻐할"만 합니다(요 3:29).

**11.** 우리 중 어떤 이의 영혼이 만약 그가 비슷하게 깨어 있다면 비슷하게 친구로서 인사 받고, 비둘기로서 위로받고, 어여쁜 자로서 포옹 받게 될 것입니다. 이 세 은사가 마땅한 질서와 정도로 통합되어 있어 그가 자기의 죄로 인해 얼마나 근심하며, 하나님을 기뻐하며, 동시에 그의 이웃을 도울 힘을 소유하고 있는지를 신랑이 볼 수 있는 사람이면, 그는 누구든지 완전한 자로 간주될 것입니다. 그는 하나님을 기쁘시게 하며, 스스로 주의하고, 그의 친구들을 섬길 것입니다. 그러나 누가 이 모두에 해당합니까?

그것들이 우리 각 사람에게, 세 가지 모두가 아니더라도 적어도 하나씩은 있어 하나님을 기쁘시게 합시다. 일상의 허드렛일을 하는 마르다에게서 우리는 구세주의 친구를 봅니다. 우리는 자신의 죄에 대하여 방금 죽은 풋내기 수도사들 속에서 신음하는 비둘기(사 59:11) 나사로를 발견합니다. 그들은 새로운 상처들로 고통하며 심판의 두려움으로 신음합니다. "죽임을 당하여 무덤에 누운 자같이, 주께서 다시 기억하지 아니하시는 자들같이"(시 88:5). 그래서 그리스도의 명령으로 큰 돌덩이처럼 그들을 짓누르는 두려움의 짐이 제거되어 그들이 다시 용서의 소망으로 숨 쉴 수 있기까지 그들은 아무것도 되지 못합니다. 우리는 오랜 시간 동안 하나님의 은혜와 함께 일하면서 보다 낫고 행복한 상태에 도달한 사람들 사이에서 관상하는 마리아를 발견합니다. 이제 그들은 용서에 대한 확신으로 더 이상 그들의 죄의 슬픈 기억들을 생각하지 않고, 하나님의 법을 즐거워하여 주야로 그것을 묵상합니다(시 1:2). 심지어 그들은 때로 수건을 벗은 얼굴로(고후 3:18) 말할 수 없는 기쁨 가운데 신랑의 영광을 보며, 주의 영에 의해 영광에서 영광으로 그의 모습과 같이 변화됩니다.

다음 설교에서는 신부를 잠에서 깨우는 것을 금지했던 그가 어떤 목적으로 그녀에게 일어나 서두를 것을 재촉하는지 살펴보겠습니다. 그분이 우리와 함께 계셔서 우리에게 이 비밀의 뜻을 알려주시기를 기원합니다. 그분은 교회의 신랑, 예수 그리스도 우리 주, 만물 위에 계셔서 세세에 찬양을 받으실 하나님이십니다(롬 9:5).

## 설교 58

# 영혼의 가지치기

1

1. "나의 사랑, 내 어여쁜 자야 서둘러 일어나서 오라"
[1](아 2:10). 이렇게 말하는 사람은 누구입니까? 신랑입니다. 그는 방금 전에 사랑하는 자를 잠에서 깨우지 말라고 당부하지 않았습니까? 그런데 왜 그녀에게 일어날 뿐 아니라 서두르라고 명령하십니까? 복음서의 한 사건이 떠오릅니다. 주님이 잡히시던 밤(고전 11:23), 그는 함께 있던 제자들이 장시간의 경계로 피곤하여졌을 때 그들에게 자고 쉬라고 말씀하신 후에 곧 "일어나라

---

1) 개역개정 성경에는 "나의 사랑, 내 어여쁜 자야 일어나서 함께 가자"로 되어 있다.

함께 가자 보라 나를 파는 자가 가까이 왔느니라"(마 26:45, 46)고 말씀하셨습니다.

여기서도 신랑은 신부를 깨우지 말라고 금한 것과 거의 동시에 그녀를 깨우며 말합니다: "일어나라, 서둘러라, 오라." 이 갑작스런 뜻의 변화 또는 계획의 변화는 무엇을 의미할 수 있습니까? 우리는 신랑이 처음에 무엇을 원하다가 나중에 그것을 거부하는 변덕스러운 마음을 가지고 있다고 생각해야 합니까? 그렇지 않습니다. 오히려 여러분은 여기서 내가 이전에 거룩한 무위와 필수적인 행동에 관해 말한 것을 기억하시기 바랍니다.

우리는 항상 보다 설득력 있고 직접적인 일과 의무의 요구들에 쫓기기 때문에, 현세의 삶에서 계속적인 묵상이나 장기적인 휴식을 누릴 수 없습니다. 그러므로 신랑은 신부가 그의 가슴에서 잠시 동안 쉬는 것을 볼 때, 주저하지 않고 그녀를 이끌어 보다 유익해 보이는 무엇으로 인도합니다. 그것은 그녀가 원하지 않거나, 또는 그가 자신이 금한 것을 스스로 하는 것이 아닙니다. 오히려 만약 신부가 신랑의 이끌림에 끌려간다면, 그것은 그녀도 그가 가진 갈망을 가지기 때문입니다. 그녀는 그것을 그로부터 받습니다. 그것은 선행에 대한 갈망이며, 신랑을 위해 열매를 맺고자 하는 갈망입니다. 왜냐하면 그녀에게 신랑은 생명이며, 죽는 것도 유익하기 때문입니다(빌 1:21).

    **2. 그 갈망은 뜨겁습니다**: 그것은 그녀에게 서둘러 일어나라고 강권합니다: "서둘러 일어나서 오라"(아 2:10). "가라"가 아니라 "오라"는 말을 들은 것은 그녀에게 적잖은 위로가 됩니다. 이는 그 말에서 그녀가 보내지기보다 초대받고 있으며, 신랑이 그녀와 함께 있으리란 것을 알 수 있기 때문입니다. 무엇 때문에 그녀가 자기의 벗인 그와 함께 있는 것을 어렵게 생각하겠습니까? 그녀는 말합니다: "청하건대 나에게 담보물을 주소서 나의 손을 잡아 줄 자가 누구리이까"(욥 17:3). 혹은: "내가 사망의 음침한 골짜기로 다닐지라도 해를 두려워하지 않을 것은 주께서 나와 함께 하심이라"(시 23:4). 이미 발생한 일이 그녀의 뜻이므로, 그녀는 자기의 뜻을 거슬러 일어난 것이 아닙니다. 그것은 거룩함으로 나아가려는 열심입니다. 그녀는 자기에게 배당된 일을 향한 열심 및 시기적으로 적절하다는 생생한 의식을 가지고 있습니다.

  그는 "나의 신부여, 일할 수 없는(요 9:4) 겨울이 지나고(아 2:11) 일할 때가 되었습니다"(시 119:126)라고 말합니다. 홍수로 땅을 덮고, 경작을 막고, 씨 뿌리기를 방해하거나 뿌려진 것을 못 쓰게 하는 비가 그쳤습니다; "겨울도 지나고 비도 그쳤고 지면에는 꽃이 피고"(아 2:11-12). 그것은 봄의 따스함이 있으며, 일할 때가 되었으며, 추수와 열매가 멀리 있지 않음을 보여 줍니다.

그런 후에 그녀가 어디에서 무엇을 먼저 해야 하는지를 제안합니다: "가지 칠 때가 되었도다"(아 2:12).[2] 그는 그녀를 포도나무들을 재배하는 곳으로 인도합니다. 만약 그 나무들이 농부에게 더 많은 수확을 얻게 하려면 열매 맺지 못하는 가지들이 제거되고, 유해하고 불필요한 가지들이 잘려져야 합니다. 이상은 그것의 문자적인 의미입니다.

## 2

3. 이런 유의 역사적 서술이 주는 영적인 의미가 무엇인지 살펴봅시다. 나는 포도나무들이 영혼 또는 교회들이며, 그것이 왜 그런지도 말하였습니다. 보다 완전한 영혼이 아론처럼 야심에 의해서가 아니라 하나님의 부르심으로 이런 사역을 맡게 된다면(히 5:4), 보다 미숙한 영혼들을 감독하고, 바로잡고, 가르치고, 구원하도록 초대받습니다. 이 초대는 형제의 구원을 위한 열정과 하나님의 집의 아름다움을 위한 열정과(시 26:8), 보다

---

2) 개역개정판에는 "지면에는 꽃이 피고 새가 노래할 때가 이르렀는데"로 되어 있다.

큰 상급과 보다 큰 의의 열매와(고후 9:10), 그의 이름의 찬송과 영광을 위한 열심을 가지고(빌 1:11) 사랑스럽게 우리를 이끄는 내적인 자비의 충동입니다. 다른 이들을 영적으로 지도하는 일이나 설교하는 의무를 맡은 사람은 그 자신이 종종 하나님의 참사랑으로 감동되는 것을 느끼므로, 신랑이 임재하며 그를 매번 포도원으로 초대하시는 것을 분명히 믿을 수 있습니다. 그 초대의 목적은 뽑아내고 파괴하며, 건설하고 심게 하는 데 있습니다(렘 1:10).

**4.** 그러나 해 아래 모든 일이 그렇듯이 이 일을 위해서도 모든 때가 다 좋고 적절하지는 않기 때문에, 그 초대하시는 분은 가지 칠 때가 되었다고 덧붙입니다(아 2:12). 사도는 그 때가 지금이라는 것을 알았습니다: "보라 지금은 은혜 받을 만한 때요 보라 지금은 구원의 날이로다 우리가 이 직분이 비방을 받지 않게 하려고 무엇에든지 아무에게도 거리끼지 않게 하고"(고후 6:2-3). 그는 가지를 칠 때가 된 것을 알고서 결점이 있고 불필요한 모든 것, 조금이라도 거리낌을 주고 구원의 열매를 방해할 수 있는 모든 것은 잘려져야 한다고 경고하였습니다. 그래서 그는 신실한 포도원지기에게 말하였습니다: "경책하며 경계하며 권하라"(딤후 4:2). 첫 번째와 두 번째 말은 가지치기와 근절을 가

리키고, 마지막 것은 심는 것을 가리킵니다. 이것은 신랑이 바울의 입을 통해 일을 해야 할 때에 관해 말한 것입니다(갈 6:10).

비록 다른 상징과 낱말을 사용하셨지만, 그가 새 신부에게 계절을 지키는 것에 관해 직접 말씀하신 것을 들어 보십시오: "너희가 넉 달이 지나야 추수할 때가 이르겠다 하지 아니하느냐 그러나 나는 너희에게 이르노니 눈을 들어 밭을 보라 희어져 추수하게 되었도다"(요 4:35); "추수할 것은 많되 일꾼이 적으니 그러므로 추수하는 주인에게 청하여 추수할 일꾼들을 보내 주소서 하라"(마 9:37-38). 그래서 그가 첫 번째 경우에 지금이 영혼들을 추수할 때인 것을 보여 준 것과 같이, 두 번째 경우에서도 마찬가지로 그는 영적인 포도나무, 영혼 또는 교회들을 가지 칠 때가 왔다고 선언하십니다. 그는 이렇게 서로 다른 낱말들을 사용하심으로써 서로 다른 실재들 사이를 구별하여, 우리가 추수는 일반 사람들로, 포도나무는 공동체를 이루고 사는 거룩한 사람들의 회중으로 이해하기를 원하셨을 것입니다.

5. 그가 지났다고 말하는 겨울은 유대인들이 예수님을 죽이기 위해 음모를 꾸몄기 때문에 주 예수님께서 그들 가운데 드러나게 다니지 못하셨던 때를 뜻하는 것으로 보입니다(요 11:54). 그는 제자들 중 몇 명에게 말씀하셨습니다: "내 때는 아

직 이르지 아니하였거니와 너희 때는 늘 준비되어 있느니라"(요 7:6); "너희는 명절에 올라가라 나는 아직 올라가지 아니하노라" (요 7:8). 그러나 그는 후에 나타내지 않고 은밀히 올라가셨습니다(요 7:10).

겨울은 그 때부터 성령이 오시기까지 지속되었습니다. 신자들의 마비된 심장은 성령에 의해 불에 의한 것처럼 뜨거워졌습니다. 주님이 이 목적을 위해 그를 보내신 것입니다(행 2:3; 눅 12:49).

베드로가 몸만큼이나 추운 마음을 가지고 숯불 곁에 앉아 있던 때가 겨울이었음을 부인하겠습니까? 복음서는 "그 때가 추운 고로"라고 말합니다(요 18:18). 베드로의 마음을 사로잡은 추위는 대단하였습니다. 그것은 불이 그에게서 옮겨졌기 때문이었으니 당연한 것이었습니다. 조금 전 그는 불 가까이에 있었기 때문에 적지 않은 열심을 가지고 마음이 뜨거웠을 때 불을 잃을 것이 두려워 칼을 뽑아 하인의 귀를 베었습니다(마 26:51). 그러나 그 때는 아직 가지 칠 때가 아니었습니다. 그러므로 그는 "네 칼을 도로 칼집에 꽂으라"는 말씀을 듣습니다(마 26:52). 그 때는 어둠의 때와 권세였습니다. 그때 칼을 휘두르려는 제자는 누구든지 칼로 망하고 아무런 추종자나 열매를 맺지 못하든지, 혹은 그 자신이 두려움의 칼에 몰려 부인하며 망하게 되든지 둘 중 하나가 될 것이 분명하였습니다. 이는 주님이 즉시 덧붙여 말씀하셨기 때문입니다: "칼을 가지는 자는 다 칼로 망하느니라"(마 26:52). 미리 경고를 받아 다른 형제들을 굳게 하도록 그 임금이 친히 격려의 말로 무장시켰던 그들 중 으뜸가는 자가 떨고 굴복하였다면, 나머지 다른 사람들 중 누가 두려운 죽음 앞에서 낙담하지 않고 서 있겠습니까?

6. 그러나 그도 그들도 아직 위로부터 오는 능력을 덧입지 않았습니다(눅 24:49). 그러므로 그들이 포도원에 들어가 혀를 호미로 사용하고, 성령의 검으로 포도나무들을 가지치고, 더 많은 열매를 맺도록 가지들을 다듬는 것은 안전하지 않았습니다(요 15:2). 심지어 주님 자신도 수난을 받으실 동안 침묵을 지키시고(마 26:63), 심문을 받으실 때 아무 대답도 하지 않으셨습니다(마 27:12). 그는 선지자가 말한 대로 "듣지 못하는 자 같아서 입에는 반박할 말이 없는" 자가 되었습니다(시 38:14). 그는 말씀하셨습니다: "내가 말할지라도 너희가 믿지 아니할 것이요 내가 물어도 너희가 대답하지 아니할 것이니라"(눅 22:67-68). 그는 가지 칠 때가 아직 되지 않은 것을, 포도나무가 농부의 수고에 응답하지 않을 것을, 그것이 믿음이나 선행의 어떤 열매도 맺지

않을 것을 아셨습니다. 왜? 아직은 불신자들의 마음의 때가 겨울이었기 때문입니다. 겨울의 악한 비가 아직 땅에 넘치고, 흩어진 말씀의 씨를 양육하기보다는 오히려 물에 잠기게 하여, 포도나무를 재배하고자 하는 노력을 좌절시키는 데 더 극성이었기 때문이었습니다.

**7.** 지금 말하는 비가 무슨 비라고 생각하십니까? 급한 구름이 사나운 바람과 함께 땅 위에 쏟아 붓는 비입니까? 아닙니다. 그것은 광포한 사람들이 땅에서 하늘로 오르게 하는 비입니다. 그들의 "입은 하늘에 두고 그들의 혀는 땅에 두루 다니며"(시 73:9), 땅을 풀과 씨앗에 부적당한 황무한 늪으로 만듭니다. 이것은 우리가 보고 만질 수 있는 것, 우리 몸에 유익을 주는 풀이나 씨를 말하는 것이 아닙니다. 하나님은 소에 대해 염려하지 않으시는 것과 같이 그것들에 관해 조금도 염려하지 않으십니다(고전 9:9). 그렇다면 무엇입니까? 그들은 사람의 손이 아닌 하나님의 손이 뿌리고 심은 것, 믿음과 사랑에서 발아하고 뿌리를 내리며(엡 3:17) 선하고 시기적으로 적절한 비를 맞아 구원의 열매를 맺는 것, 다시 말해 그리스도께서 위하여 죽으신 영혼들입니다. 악한 비를 내리는 구름들에게 화 있을 진저, 그들은 진창만 만들 뿐 열매를 맺게 하지 못합니다.

## 3

서로 차이 때문에 다른 열매를 맺는 좋은 나무와 악한 나무가 있는 것처럼(좋은 나무는 좋은 열매를, 악한 나무는 악한 열매를 맺음. 마 12:33), 구름도 마찬가지라고 생각합니다: 좋은 구름이 내리는 비는 선하고, 악한 구름이 내리는 비는 악합니다. 하나님이 "내가 또 나의[3] 구름에게 명하여 그 위에"-포도원 위에-"비를 내리지 못하게 하리라"고 말씀하셨을 때(사 5:6), 구름과 비에서도 이 차이를 우리에게 암시하지 않으셨는지 생각해 보십시오. 만약 그의 것이 아닌 악한 구름이 존재하지 않는다면, 왜 그가 분명하게 "나의 구름"이라고 지적하시겠습니까? 그들은 "없이 하소서, 없이 하소서, 그를 십자가에 못 박게 하소서"(요 19:15)라고 말했습니다.

사나운 폭풍우의 구름! 맹렬한 비! 비옥하게 하기보다는 파괴하는 데 더 적합한 불의의 창수!(시 18:4). 그 뒤를 바싹 따른 비는 퍼붓는 정도는 덜 격렬하였을지라도, 악함이나 쓰디씀에는 조금도 덜하지 않았습니다: "그가 남은 구원하였으되 자기는 구원할 수 없도다 그가 이스라엘의 왕이로다 지금 십자가에서 내

---

[3] 개역개정 성경에는 "나의"가 포함되어 있지 않다.

려올지어다 그리하면 우리가 믿겠노라"(마 27:42).

철학자들의 바람 같은 수다는 좋은 비가 아니었습니다. 그것은 비옥이 아니라 황폐함을 낳습니다. 더욱 나쁜 것은 열매 대신 가시덤불과 엉겅퀴를 생산한(창 3:18) 이단설의 왜곡된 교리들이었습니다. 악한 구름이었던 바리새인들의 전통(마 15:3) 역시 구세주가 정죄한 악한 비였습니다.

나는 모세가 좋은 구름이었지만 그가 내린 모든 것이 선하였다고 보지 않습니다. 그렇지 않다면, 나는 "내가 그들에게" 즉 유대인들에게 "선하지 못한 율례와"(그것은 확실히 모세를 통해 왔습니다) "능히 지키지 못할 규례를 주었고"(겔 20:25)라고 말한 사람과 모순될 것입니다. 예를 들어 안식을 명령하면서도 안식을 주지는 못하는 안식일의 문자적 준수; 강요된 제사 의식; 돼지고기를 비롯하여 모세가 부정하다고 정죄한 바 이와 비슷한 많은 것들의 식용 금지-이런 것들은 전적으로 모세의 구름에서 내리는 비였습니다. 나는 그것이 나의 밭이나 정원에 내리는 것을 싫어합니다. 그것이 적절한 시기에 내린다면 좋겠지만, 만약 제 철이 아닌 때 내린다면 그것을 더 이상 좋은 비로 생각하지 않습니다. 이는 조용하게 내리는 부드러운 비라도 시기가 맞지 않을 때는 해롭기 때문입니다.

8. 이런 해로운 물이 넘치고 땅이 그 속에 잠기는 한 포도원은 아직 철을 맞지 못하였으며, 신부가 포도나무 가지를 치도록 초대받을 수도 없습니다. 그러나 물이 빠지고 마른 땅이 나타나고(지혜서 19:7) 꽃이 피는 것은 가지를 칠 때가 가까이 왔다는 것을 보여 줍니다.

이것이 언제였습니까? 그리스도의 육신이 부활로 다시 꽃 핀 때입니다. 그것은 지면에 핀 것 중 처음이자 가장 위대한 꽃이었습니다. 이는 그리스도가 첫 열매이시기 때문입니다(고전 15:20). 그는 **"들의 꽃이요** 골짜기의 백합화이며"(아 2:1),[4] 꽃을 의미하는 나사렛의 요셉의 아들이었습니다(눅 3:23). 그러므로 그는 첫 번째 꽃으로 등장하였습니다.

그러나 그가 유일하지는 않았습니다. 자던 성도들의 몸이 많이 일어났으며(마 27:52), 우리 땅에서 모두 꽃과 같이 빛난 모습으로 등장하였기 때문입니다. 그들은 심지어 "거룩한 성에 들어가 많은 사람에게 보이기도" 하였습니다(마 27:53). 그들의 기적은 믿음의 열매를 생산한 꽃들이었습니다. 이는 불신앙의 비가 부분적으로 그치고 없어졌을 때(아 2:11), 곧 주님이 그의 산업

---

4) 개역개정성경에는 "사론의 수선화요 골짜기의 백합화로다"로 되어 있다.

을 위해 따로 떼어 둔 "흡족한 비"가 뒤따랐고 꽃들이 나타났기 때문입니다(시 68:9). 여호와께서 번영을 주시므로 우리 땅이 꽃들을 내었습니다(시 85:12). 어느 날에는 삼천 명이, 다른 날에는 오천 명이 믿었습니다(행 2:41; 4:4). 짧은 기간에 그 숫자는 믿는 자의 큰 무리로 자라났습니다. 악의에 찬 장마 전선이 피어난 꽃들을 압도할 수 없었으며, 그들이 약속한 열매를 미리 멸할 수도 없었습니다.

9. 그것은 믿는 사람 모두가 위로부터 오는 능력을 덧입었을 때(눅 24:49) "믿음을 굳건하게 하여" 일어났고(벧전 5:9), 사람들의 위협을 두려워하지 않았기 때문입니다. 그들은 많은 적들로부터 곤란을 당하였으나 하나님의 일을 행하고 선포하는 일을 그만 두거나 포기하지 않았습니다. 그들은 시편의 말씀을 영적으로 성취하였습니다: "밭에 파종하며 포도원을 재배하여 풍성한 소출을 거두게 하시며"(시 107:37).

시간이 흐르면서 폭풍이 잔잔해지고 땅에 다시 평화가 찾아왔을 때, 포도나무들은 자라고 번식하였고 널리 퍼져서 그 수를 셀 수 없이 되었습니다(시 40:5). 그리고 나서 마침내 신부는 심기 위해서가 아니라 이미 심은 것들을 가지치기 위하여 포도원으로 초대를 받았습니다. 시기도 적절하였습니다. 이는 그 일을 하는 데 평화의 시기가 필요하기 때문입니다. 그녀가 박해를 받고 있다면 그 일이 어떻게 가능하겠습니까?

가지를 친다는 것은 두 날 가진 칼을 잡고 열방에 보수하고 민족들을 벌하며 그들의 왕들은 사슬로, 그들의 귀인은 쇠고랑으로 결박하고 기록한 판결대로 그들에게 시행하는 것입니다!(시 149:8-9). 평화의 때에도 이 모든 것들은 좀처럼 평화롭게 시행될 수 없습니다!

4

10. 그의 포도원에 관해 주의해야 할 점들을 생각해 봅시다. 자신에게서 불필요한 것들을 완전히 제거하여 더 이상 가지를 쳐야 할 것이 없다고 생각하는 사람이 있습니까? 가지를 친 것이 다시 자라나고, 추방되었던 것이 돌아오고, 꺼졌던 것이 다시 불붙으며, 잠자던 것이 다시 깨어날 것입니다.

그러므로 한 번 가지를 치는 것은 거의 소용이 없습니다. 가능하다면 항상 가지를 쳐야 합니다. 만약 여러분이 자신에게 정직하다면, 언제나 가지를 쳐야 할 것을 발견할 것입니다. 여러분이 이생에서 이룬 진보와 상관없이 만약 억눌린 것에 불과한 악들을 죽은 것으로 간주한다면, 여러분의 판단은 그릇된 것입니다. 여러분이 좋아하든 그렇지 않든 여부스 족이 여러분의 경내에 살고 있습니다(삿 1:21). 그들은 정복될 수는 있지만 멸절될 수는 없습니다. 사도는 말하였습니다: "내 속에 선한 것이 거하지 아니하는 줄을 아노라"(롬 7:18). 감히 바울보다-이는 그것을 말한 사람이 바울이므로-여러분 자신을 더 신뢰하든지, 아니면 그에게 동의하여 여러분 속에 악이 없지 않음을 시인하십시오.

덕은 악의 한가운데 있으므로 조심스럽게 가지를 쳐야 할 뿐 아니라 주변의 땅을 깨끗이 해야 합니다. 그렇지 않으면 악이 사방에서 엄습하여 갉아 먹으므로, 그것은 점차 시들고 여러분이 알지 못하는 사이에 악이 더 크게 자라 그것을 질식시킬 것입니다(마 13:7). 큰 위험에서 우리가 할 수 있는 유일한 일은 계속 예리하게 주시하다가 싹이 나오자마자 사정없이 잘라 내는 것입니다. 덕과 악은 함께 자랄 수 없습니다. 하나가 융성하려면, 다른 하나는 저지되어야 합니다. 불필요한 것들을 제거할 때 건전한 것들이 번성할 것입니다. 탐욕을 통제하고 선한 것을 증진시키십시오. 가지치기를 우리 자신에게 적용합시다. 탐욕을 제거하여 덕이 튼튼히 자라게 합시다.

**11.** 가지치기는 언제나 필요합니다. 나는 우리에게 겨울이 지나갔다고 확신합니다. 여러분은 내가 무슨 겨울을 의미

하는지 아십니다. 사랑이 없는 두려움을 말합니다. 두려움은 모든 사람을 지혜로 이끌 수 있지만 아무도 온전하게 하지 못하기 때문에, 여름이 겨울을 몰아내듯이 차고 넘치는 사랑이 그것을 몰아냅니다(요일 4:18). 여름은 자비를 뜻합니다. 만약 그것이 왔다면, 혹은 이미 그것이 왔기 때문에 그것은 필수적으로 겨울의 모든 비를, 죄에 대한 쓰라린 기억과 심판의 두려움 때문에 여러분에게서 흐르는 모든 불안의 눈물을 마르게 합니다.

이 비는 이제 그쳤습니다. 여러분 모두는 아니지만 많은 이들에 대해 나는 이렇게 말할 수 있습니다. 왜냐하면 이제 부드러운 비의 증거로 꽃들이 나오기 때문입니다. 부드러운 비라 함은 여름에 상쾌하고 부요하게 하는 소나기가 내리기 때문입니다. 그런데 자비의 눈물보다 더 달콤한 것이 무엇입니까? 자비는 슬픔 때문이 아니라 사랑 때문에 웁니다. 그것은 갈망으로 울고, 우는 자들과 함께 웁니다(롬 12:15). 이와 같은 비는 내가 기쁘게 여기는 여러분의 순종의 행위를 촉촉하게 적신다고 자신합니다. 불평이 그것을 오염시키지 않고, 슬픔이 그 위에 드리우지 않습니다. 다만 영적인 기쁨이 그것을 유쾌하고 빛나게 합니다. 그것은 여러분이 항상 지니고 다니는 꽃과 같습니다.

12. 그러므로 겨울이 지나고, 비가 그치고, 우리 땅에

다시 꽃이 나오고, 영적 은혜의 봄과 같은 따스함이 가지를 칠 때를 가리킨다면, 우리가 해야 할 일은 모든 힘을 이 거룩하고 필수적인 일에 쏟는 것 외에 무엇이겠습니까? 선지자의 충고를 따라 우리의 길과 행위를 조사합시다(애 3:40). 그리고 각 사람이 스스로 고칠 것이 없다는 것을 발견하기보다는 자신이 발견한 것을 고침으로써 스스로 진보를 이루었는지 판단합시다. 여러분에게 새로운 시험이 필요하다는 것을 안다면, 여러분의 노력은 헛되지 않았습니다. 그것을 되풀이할 필요가 있다고 생각할 때 여러분의 시험은 결코 여러분을 속이지 않습니다. 그러나 만약 여러분이 필요에 자극되어 한다면, 여러분은 항상 그것을 할 것입니다. 그러므로 여러분에게 언제나 필요한 것은 하늘의 도움과 교회의 신랑 되신 예수 그리스도 우리 주님의 긍휼입니다. 그분은 만물 위에 계셔서 세세에 찬양을 받으실 하나님이십니다(롬 9:5). 아멘.

# 설교 59

# 비둘기의 소리

1

1. "비둘기의 소리가 우리 땅에 들리는구나"(아 2:12). 하늘로부터 나신 분이(요 3:31) 마치 땅에서 난 이처럼 두 번째로 땅에 대해 흡족하고 친밀하게 말씀하십니다. 그는 땅에 꽃이 핀 것을 알릴 때 "우리"를 덧붙여 우리 땅이라고 말한 신랑입니다. 그가 다시 "비둘기의 소리가 우리 땅에 들리는구나"라고 말씀하십니다(아 2:12). 특이하고 심지어 하나님답지 않은 이 말이 어찌 의미를 갖지 않을 수 있습니까? 나는 어디에서도 그가 하늘에 대해서나 땅에 대해서 이렇게 말하는 것을 보지 못하였습니다. 하늘의 하나님이 "우리 땅에"라고 말씀하시는 것을 듣는 것

이 얼마나 큰 행복인지요! "뭇 백성들아 이를 들으라 세상의 거민들아 모두 귀를 기울이라"(시 49:1), "여호와께서 우리를 위하여 큰일을 행하셨도다"(시 126:3). 그는 땅을 위하여, 땅에서 자기에게로 이끄시기를 기뻐한 신부를 위하여 큰일을 하셨습니다.

그는 "우리 땅에"라고 말씀하십니다. 이것은 지배의 언어가 아니라 교제와 친밀한 우정의 언어입니다. 그는 주가 아닌 신랑으로서 말씀하십니다. 생각해 보십시오! 그는 창조주로서 우리 중 하나가 되셨습니다! 그렇게 말하는 이는 사랑으로서 지배를 모릅니다. 이것은 사랑의 노래이며, 다른 이들에 의해서가 아니라 사랑하는 이들에 의해서만 불리도록 의도되었습니다. 하나님도 사랑하십니다. 그러나 그것은 그 자신과 뚜렷이 구별된 어떤 은사를 통해서가 아니라, 그 자신이 사랑의 근원이십니다. 그러므로 그가 사랑을 소유한 것이 아니라 자신이 사랑이기 때문에, 그것은 훨씬 더 뜨겁습니다. 그는 사랑하는 자들을 종이라고 부르는 것이 아니라 친구라고 부르십니다(요 15:15). 주인이 친구가 되셨습니다. 만약 그것이 사실이 아니었다면, 그는 제자들을 친구라고 부르지 않으셨을 것입니다.

**2.** 위엄마저도 사랑에 굴복하는 것을 보십니까? 사랑은 어떤 사람도 높이거나 멸시하지 않습니다. 그것은 서로를 사

랑하는 모든 사람을 동등하게 여기며, 높은 자나 낮은 자를 그 속에서 하나로 결합시킵니다. 그것은 그들을 동등하게 할 뿐 아니라 하나로 만듭니다. 혹 여러분은 하나님이 이 사랑의 법에 예외가 되어야 한다고 생각해 왔을지 모릅니다. 그러나 주와 합하는 자는 그와 더불어 한 영이 됩니다(고전 6:17). 왜 이것을 의아하게 여깁니까? 그가 우리 중 하나와 같이 되셨습니다(창 3:22). 더 분명히 말하면, 그는 "우리 중 하나같이"가 아니라 "우리 중 하나"가 되셨습니다. 그가 사람과 같이 되는 것으로는 충분하지 않습니다. 그는 사람입니다. 그래서 그는 우리 땅에 대해 소유물로가 아니라 고향으로서 권리를 주장합니다. 왜 그것을 주장하지 못합니까? 거기서부터 그의 신부가 나오고, 거기서부터 그의 몸의 실체가 나오고, 거기서부터 신랑 자신이 나오고, 거기서부터 그 둘이 한 육체가 됩니다(엡 5:31). 한 육체라면 어찌 또 한 고향이 될 수 없습니까?

"하늘은 여호와의 하늘이라도 땅은 인생에게 주셨도다"(시 115:16). 그러므로 그는 인간으로서 땅을 물려받고, 주로서 그것을 다스리시고, 창조주로서 그것을 관리하시고, 신랑으로서 그것을 함께 누리십니다. 그는 "우리 땅에"라고 말씀하심으로써 그것에 대한 소유권을 부인하고, 그것에 참여하는 것을 부끄러워하지 않았습니다. 이런 것들은 "우리 땅에"라고 말하는 신랑의 선한 말에서 영감으로 얻은 생각들입니다.

2

3. "비둘기의 소리가 우리 땅에 들리는구나." 이것은 겨울이 지나갔다는 것뿐만 아니라 가지를 칠 때가 가까웠다는 것을 말해 주는 표시이기도 합니다. 이것은 문자적인 의미입니다. 대개 비둘기의 소리가 달콤한 소리로는 들리지 않지만, 그것은 달콤한 것들을 암시합니다. 만약 그 작은 새를 산다면, 그 값은 쌀 것입니다. 그러나 만약 그것을 토론의 대상으로 삼는다면, 그 값은 비쌀 것입니다. 목소리가 노래보다 울음에 더욱 가까운 그 새는 우리가 순례자라는 것을 상기시켜 줍니다. 나는 자신을 위해 박수를 치게 하지 않고 내 속에 뉘우침을 일으키는 스승의 소리를 기꺼이 경청합니다.

만약 여러분이 회개를 설교한다면, 여러분은 비둘기와 같습니다. 만약 그것을 설득력 있게 하려면, 웅변술을 의지하기보다 회개를 몸소 보여 주어야 합니다. 많은 다른 경우에도 그렇지만, 무엇보다 이 일에 있어서 행동으로 보이는 모범이 말보다 더 효과적입니다. 여러분이 가르치는 가치들을 스스로 의식적으로 수용한다면, 여러분의 설교는 자연히 권위를 지니게 됩니다. 행동은 말보다 더 크게 말합니다. 여러분이 설교하는 바를 행하십시오. 그러면 여러분은 쉽게 다른 사람을 바로잡을 뿐 아니라 여러분 자신을 무거운 책망에서 자유롭게 할 것입니다. 여러분은 "그들은 무거운 짐을 묶어 사람의 어깨에 지우되 자기는 이것을 한 손가락으로도 움직이려 하지 아니한다"라는 비판의 과녁이 되지 않을 것입니다(마 23:4). 또 "다른 사람을 가르치는 네가 네 자신은 가르치지 아니하느냐"(롬 2:21)라는 말을 들을까 두려워하지도 않을 것입니다.

**4.** "비둘기의 소리가 우리 땅에 들리는구나." 하나님을 섬기는 데 대한 보상이 단지 젖과 꿀이 흐르는 땅이었던 동안(신 6:3), 사람들은 그들 자신을 땅 위의 순례자로 보지 못하였고(히 11:13), 고향을 기억하는 듯이 비둘기처럼 울지도 않았습니다. 오히려 그들은 살진 것과 단 것을 실컷 먹으면서(느 8:10), 유배지를 고향과 혼동하였습니다. 그래서 오랫동안 비둘기의 소리가 우리 땅에 들리지 않았습니다. 천국의 약속이 알려지게 되자, 그 사람들은 비로소 여기에 영구한 도성이 없다는 것을 깨달았습니다(히 13:14). 그들은 갈망하며 오실 이를 찾기 시작하였습니다. 우리 땅에 비둘기의 소리가 처음으로 분명하게 들린 때

는 그 때였습니다. 이제 거룩한 영혼은 그리스도의 임재를 열렬히 사모하는 동안, 그 나라의 지연을 고통스럽게 견디고 멀리서 신음하고 한숨을 쉬면서 사모하는 본향을 바라봅니다.

이 땅에서 이와 같이 행동하는 모든 사람이 순결하고 탄식하는 비둘기의 자리에 있다고 생각하십니까? 그 때부터 "비둘기의 소리가 우리 땅에 들립니다." 그리스도의 부재가 어찌 나로 하여금 자주 눈물을 흘리게 하지 않을 것이며 날마다 탄식하게 하지 않겠습니까? "주여 나의 모든 소원이 주 앞에 있사오며 나의 탄식이 주 앞에 감추이지 아니하나이다"(시 38:9). 여러분이 알다시피 "나는 탄식함으로 피곤합니다." 그러나 "밤마다 눈물로 내 침상을 띄우며 내 요를 적시나이다"(시 6:6)라고 말할 수 있는 자는 행복합니다. 이 탄식들이 나뿐만 아니라 "주의 나타나심을 사모하는 모든 자"에게서 발견되어야 합니다(딤후 4:8). 그분은 "혼인집 손님들이 신랑과 함께 있을 동안에 슬퍼할 수 있느냐 그러나 신랑을 빼앗길 날이 이르리니 그 때에는 금식할 것이니라"(마 9:15)고 말씀하십니다. 이것은 마치 그 때에는 비둘기의 소리가 들릴 것이라고 말씀하시는 것 같습니다.

5. 그대로 되었습니다: 그 날이 왔습니다. "피조물이 다 이제까지 함께 탄식하며 함께 고통을 겪고 있으며"(롬 8:22),

"하나님의 아들들이 나타날 것을 고대하고" 있습니다(롬 8:19). "그뿐 아니라 또한 우리까지도 속으로 탄식하여 양자 될 것 곧 우리 몸의 속량을 기다립니다"(롬 8:23). 이는 우리가 몸 가운데 사는 것이 주와 떨어져(고후 5:6) 순례하는 것을 의미하는 줄 알기 때문입니다. 이 탄식들은 또한 헛되지 않습니다. 이는 하늘의 응답이 자비롭기 때문입니다: "여호와의 말씀에 가련한 자들의 눌림과 궁핍한 자들의 탄식으로 말미암아 내가 이제 일어나"(시 12:5).

탄식의 소리는 조상들의 시대에도 들렸었지만 드물었으며, 각 사람의 탄식은 자신 속에만 있었습니다. 그래서 그들 중 한 사람은 말하였습니다: "나의 비밀은 나에게만 있도다 나의 비밀은 나에게만 있도다"(사 24:16). "나의 탄식이 주 앞에 감추이지 아니하나이다"(시 38:9)라고 말한 사람도 그것이 감추어져 있음을 보여 주었습니다. 왜냐하면 그것은 하나님 외에 모든 이들에게 숨겨져 있었기 때문입니다. 그러므로 그 시대에는 "비둘기의 소리가 우리 땅에 들리는구나"라고 말할 수 없었습니다. 그것이 아직 대중에게는 알려지지 않은 소수의 비밀이었기 때문입니다.

그러나 "위의 것을 찾으라 거기는 그리스도께서 하나님 우편에 앉아 계시느니라"(골 3:1)는 공적인 선포가 있었을 때, 비둘기의 탄식은 모든 사람에게 관련되게 되었습니다. 탄식의 이유는 모든 이들에게 동일하였습니다. 이는 선지서에 기록된 대로 모든 사람이 하나님을 알았기 때문입니다: "이는 작은 자로부터 큰 자까지 다 나를 알기 때문이라 여호와의 말씀이니라"(렘 31:34).

## 3

6. 만약 탄식하는 자들이 많다면, 그가 하나를 말함은 무엇을 의미할까요? 그는 단수형으로 비둘기의 소리라고 말합니다. 왜 비둘기들의 소리가 아닐까요? 바울은 "오직 성령이 말할 수 없는 탄식으로 우리를 위하여 친히 간구하시느니라"(롬 8:26)고 말한 데서 그것을 설명하는 것 같습니다. 사람들로 하여금 탄식하게 하시는 이가 탄식하시는 것으로 소개됩니다. 여러분이 아무리 많은 숫자의 탄식을 듣더라도 그 모든 입술을 통해 들리는 것은 그의 소리입니다. 그가 각 사람의 필요를 위해 그 울부짖는 입에 모든 소리를 만드시는데, 왜 그의 소리가 아닙니까? 공익을 위하여 각 사람에게 성령의 나타남이 주어집니다(고전 12:7). 사람의 목소리는 그분을 나타나게 하고 그분의 임재를 가리킵니다.

성령이 어떻게 소리를 가지는지 들어 보십시오: "성령이 임의로 불매 네가 그 소리는 들어도 어디서 와서 어디로 가는지 알지 못하나니"(요 3:8). 죽은 자들에게 죽음을 가져오는 율법 조문을(고후 3:6) 가르쳤던 죽은 선생은 이것을 알지 못하였지만, 살려 주는 영을 통해(고전 15:45) "사망에서 생명으로 옮긴"(요일 3:14) 우리는 압니다. 그가 우리에게 주신 빛에 의해서, 매일의 분명한 경험에 의해서 우리의 소원과 탄식이 그로부터 와서 하나님께로 가며, 거기서 하나님의 눈에 긍휼을 얻게 되는 것을 확신합니다. 언제 하나님이 자신의 영의 소리를 소용없게 만드신 적이 있습니까? 그는 "성령의 생각을 아시나니 이는 성령이 하나님의 뜻대로 성도를 위하여 간구하시기" 때문입니다(롬 8:27).

7. 비둘기는 탄식으로만 아니라 순결로도 칭찬받습니다. 비둘기가 동정녀 탄생을 위한 희생 제물로 드려질 가치가 있었던 것은 이 덕목 때문이었습니다. 성경은 "산비둘기 한 쌍이나 어린 집비둘기 둘"이라고 말합니다(눅 2:24). 비록 다른 곳에서 성령이 비둘기로 지칭되지만, 비둘기는 탐욕스러운 새이기 때문에 아직 탐욕을 모르는 어린 비둘기가 아니면 주님을 위한 제물로 적합하지 않습니다.

비둘기에게는 나이가 언급되어 있지 않습니다. 이는 그것의 순결이 모든 나이에 인정되기 때문입니다. 그것은 하나의 짝으로 만족합니다. 짝을 잃은 암컷은 다른 짝을 찾지 않습니다. 이것은 한 번 이상 결혼하려는 사람들의 경향에 반대합니다. 비록 이것이 무절제에 대한 치유책으로서 용서될 수 있는 경미한 허물이지만, 그것에 따른 무절제는 수치입니다. 자연이 새에게서 이룬 고결함을 이성이 사람으로 하여금 이루게 하지 못한다는 것은 부끄러운 일입니다.

비둘기는 과부로 보내는 동안 불굴의 열정으로 신성한 과부 생활의 의무들을 이행합니다. 여러분은 어디서나 그 새가 홀로 있는 것을 보며, 어디서나 그것이 탄식하는 소리를 듣습니다. 여러분은 그것이 푸른 가지에 앉아 있는 것을 결코 보지 못합니다. 그것은 여러분에게 관능적인 즐거움을 가진 푸르고 유독한 가지들을 피하라고 교훈합니다. 그것은 산등성이와 나무의 꼭대기를 찾아다니므로, 우리에게 땅의 즐거움을 피하고 하늘의 즐거움을 사랑하도록 가르칩니다.

8. 어떤 이는 이것에서 순결에 대한 설교 역시 비둘기의 소리라고 생각할 수 있습니다. 태초에서부터 이 소리가 땅에 들린 것은 아니었습니다. 태초의 소리는 다른 소리였습니다: "생육하고 번성하여 땅에 충만하라"(창 9:1). 순결에 대한 이 부

름은 부활한 자들의 본향, 사람들이 "장가가고 시집가는 일이 없이" 하늘의 천사들처럼 사는 곳이(눅 20:35-36) 아직 개방되지 않았을 때는 의미가 없었을 것입니다. 자녀를 낳지 못하는 이스라엘 사람들이 저주 아래 있을 때, 족장들 자신이 일부다처제를 시행하였던 때, 형제가 자식 없이 죽은 형제를 위해 자녀를 낳도록 법으로 강요되었던 때(마 22:24)는 그 소리를 위한 적절한 때가 아니었습니다. 그러나 하늘 비둘기의 입이 천국을 위하여 스스로 고자 된 자들을 칭송하였을 때(마 19:12), 그리고 또 다른 순결한 비둘기로부터 순결에 대한 충고가 모든 곳에 널리 전해졌을 때(고전 7:25) 처음으로 "비둘기의 소리가 우리 땅에 들리는구나"라고 말해질 수 있었습니다.

4

**9.** 우리 땅에 꽃들이 피고, 비둘기의 소리가 들립니다. 진리는 눈과 귀에 의해 확언됩니다. 소리가 들리고, 꽃이 보입니다. 우리의 이전의 해석에 따르면(설교 51:2), 꽃은 소리와 합쳐 믿음의 열매를 맺는 기적을 상징합니다. 비록 믿음이 들음에서 날지라도(롬 10:17), 그것은 보는 것에 의해 강화됩니다. 소리가 되울리고, 꽃들이 만개하고, 진리가 신자들의 예배에 의해 땅에

서 솟아났습니다(시 85:11). 말씀과 표적이 똑같이 믿음을 증언하였습니다.

이런 증언들은 꽃이 말씀의 증거를 확증함으로, 눈이 귀의 증거를 확증함으로 믿기 쉽게 되었습니다. 들리는 것이 보이는 것을 확증하여, 그 둘-눈과 귀-의 증거(마 18:16)가 유효하게 됩니다. 이것이 바로 주님이 이렇게 말씀하신 이유입니다: "너희가 가서 보고 들은 것을 요한에게 알리라"(눅 7:22). 그는 요한의 제자들에게 말씀하고 있었습니다. 그는 그들에게 이보다 더 간략하게, 또는 더 분명하게 믿음의 확신에 대해 표현할 수 없었을 것입니다.

얼마 후 그 신앙은 동일하고 간결한 논리에 의해 전 세계로 퍼졌습니다. 그는 "너희가 듣고 보는 것"이라고 말씀하셨습니다(마 11:4). 짧지만 살아 있고 활력이 있는 말씀!(히 4:12). 나는 내가 귀와 눈으로 이해한 바를 염려 없이 선포합니다. 구원의 나팔 소리가 울리고, 기적들이 빛을 발하고, 세상이 믿습니다. 말해진 것이 능력의 표적으로 입증될 때 확신됩니다. 성경은 사도들이 "나가 두루 전파할 새 주께서 함께 역사하사 그 따르는 표적으로 말씀을 확실히 증언하시니라"(마 16:20)고 말하며, 그가 산 위에서 해같이 빛난 모습으로 변화되었을 때도 하늘에서 소리가 나서 그에 대해 증언하였다고 말합니다(마 17:5). 요단강에서도 그의 신분을 밝히는 비둘기와 그에 대해 증언하는 소리가 있었다고 말합니다(마 3:17). 그러므로 소리와 표적, 이 둘은 어디서나 동등하게 거룩한 관용으로 서로 협력하면서 믿음을 고취시킵니다. 이는 그 두 창문에 의해 마음으로 들어가는 넓은 입구가 진리를 위해 열려지기 때문입니다.

10. 본문은 계속됩니다: "무화과나무에는 푸른 열매가 익었고"(아 2:13). 그것들을 먹지 맙시다. 그것들은 익지 않아서 먹기에 부적당하기 때문입니다. 그것들은 모양은 좋은 무화과를 닮았으나 맛은 그렇지 못하며, 위선을 의미하는 것으로 생각됩니다. 그러나 그것들을 던져 버려서는 안 됩니다. 다른 때에 그것들을 필요로 할 수 있습니다. 어떤 경우에도 그것들은 "자라기 전에 마르는 지붕의 풀과 같이"(시 129:6) 완전히 익기 전에 저절로 떨어질 것입니다.

나는 이것을 위선자들에 대한 것으로 생각합니다. 이 혼인 노래에 그들이 언급된 데는 이유가 없지 않습니다. 그것들은 먹기에 부적당하지만 다른 용도로 쓰일 수 있습니다. 먹을 수 있는 것들 외에 많은 것들이 혼인 잔치에 필요하기 때문입니다. 이것은 그냥 지나칠 수 없는 문제이므로 다른 날 보다 자유로운 때

충분히 논의하기를 원합니다. 여러분의 영적인 복지를 위해, 교회의 신랑이신 우리 주 예수 그리스도의 찬송과 영광을 위해 내가 느끼는 바를 표현할 수 있는 기회와 능력을 얻도록 기도해 주시기 바랍니다. 그분은 만물 위에 계셔서 세세에 찬양을 받으실 하나님입니다. 아멘(롬 9:5).

# 무화과나무와 푸른 열매

1

1. "무화과나무에는 푸른 열매가 익었고"(아 2:13). 꽃이 피었고 비둘기의 소리가 들리기 때문에 가지를 칠 때가 되었다고 그는 말하였습니다. 그는 지금 다시 푸른 무화과를 들어 그것을 확언합니다. 이는 계절의 표시가 꽃과 비둘기의 소리에서뿐만 아니라 무화과나무에서도 보이기 때문입니다. 무화과나무가 푸른 열매를 맺을 때 공기는 더없이 부드럽습니다. 무화과는 꽃이 없으나 다른 나무들이 꽃을 피울 때 싹을 냅니다. 그리고 열매가 뒤따라 나온다는 것을 알리기 위해 꽃이 피었다 지듯이, 푸른 무화과 싹은 설익은 채 떨어져서 다른 것들이 무르익을 수

있는 여지를 만들어 놓습니다. 그러므로 신랑은 만약 적절한 때를 맞는 일을 놓치지 않는다면, 신부가 포도원으로 가는 도중에 지체하지 않도록 계절의 표시들을 사용하여 그녀를 촉구합니다. 이것이 문자적인 의미입니다.

2. 영적인 의미는 어떻습니까? 여기서 생각하는 것은 무화과나무가 아니라 사람들입니다. 하나님의 관심은 사람에게 있지 나무에게 있지 않습니다(고전 9:9). 무화과나무는 육체 가운데 연약하고 지적으로 제한되고 마음이 얕은 사람들을 상징합니다. 비교를 계속하자면 그들의 첫 열매는 푸르고 세속적입니다. 이는 세속의 경향이 하나님의 나라와 그의 의를 먼저 구하는 것이 아니라(마 6:33), 바울 사도가 말한 대로 세상일에, 아내를(아내는 그들의 남편을) 기쁘게 하는 데 더욱 관심을 기울이기 때문입니다(고전 7:33). 결혼한 자들은 육신에 고난이 있을 것입니다(고전 7:28).

그러나 마지막 날에 만약 그들이 선한 증언을 하고(딤전 6:12) 특히 자신의 세속성을 자선을 베풂으로써 보상한다면, 그들이 믿음의 열매에 이르게 될 것을 부인하지 않습니다(단 4:27). 무화과나무의 싹이 열매로 불릴 자격이 없는 것처럼, 그 사람들의 첫 열매는 열매라고 불릴 수 없습니다. 만약 후에 그들이 회개에 합당한 열매를 맺는다면(눅 3:8)-먼저는 신령한 사람이 아니요 육의 사람이므로(고전 15:46), 그들에게 이렇게 말할 것입니다: "너희가 그 때에 무슨 열매를 얻었느냐 이제는 너희가 그 일을 부끄러워하나니"(롬 6:21).

**3.** 이 구절을 일반 사람들에게 적용하는 데 염려가 없지 않습니다. 이는 한 사람이 뚜렷하게 언급되기 때문입니다. 그는 많은 나무들을 언급하여 "무화과나무들에게…익었고"라고 하지 않고 한 그루의 나무를 말하였습니다: "무화과나무에는 푸른 열매가 익었고.." 그것은 유대 민족을 의미하는 것 같습니다.

주님은 복음서에서 자주 이 상징을 사용하십니다. 예를 들면 "한 사람이 포도원에 무화과나무를 심은 것이 있더니"(눅 13:6); "무화과나무와 모든 나무를 보라"(눅 21:29); 그리고 나다나엘에게 "네가 무화과나무 아래에 있을 때에 보았노라"(요 1:48)고 말씀하셨습니다. 무화과나무에서 열매를 얻지 못하였을 때 그 나무를 저주하셨습니다(막 11:13-14).

무화과나무는 적절한 상징입니다. 이는 비록 그것이 건전한 족장의 뿌리에서 싹을 틔웠지만 하늘에 이르려 하지 않았고, 땅에서 몸을 들려 하지 않았고, 가지를 내고 꽃을 피우고 풍성한 열매를 맺음으로써 뿌리에 응답하지 않았기 때문입니다. 자라지 못하고 비틀리고 마디진 나무여, 너는 네 뿌리에 얼마나 부적합한가! 이는 그 뿌리는 거룩하기 때문입니다(롬 11:16). 그 뿌리에 거룩한 무엇이 너의 가지에 있는가? "무화과나무에는 푸른 열매가 익었고!" 무가치한 씨앗이여, 네가 그 숭고한 뿌리에서 이런 것들을 낸 것은 아니었으리. 그 뿌리가 담고 있는 것은 성령으로 된 것이며(마 1:20), 따라서 모든 면에 있어 정제되고 달콤합니다.

이 푸른 열매들은 어디서 옵니까? 실제로 그 민족이 조야하지 않은 것으로 무엇을 가지고 있습니까? 그들의 행위, 경향, 이해도, 심지어 하나님을 예배하는 의례까지 조야하였습니다. 그들의 행위는 분쟁으로 요약되고, 그들이 지향한 것은 오로지 부였으며, 그들의 총명은 문자주의로 어두웠고, 그들은 소와 양의 피로 예배하였습니다.

**4.** 어떤 이는 이 민족이 푸른 무화과 맺기를 멈춘 적이 없으므로 가지 치는 것이 언제나 필요하였는데, 그것은 그 두 사건이 동시적이기 때문이라고 말합니다. 그것은 사실이 아닙니다. 여인이 해산의 진통을 하고 있을 때가 아닌 해산을 하였을 때 아이를 낳았다고 말합니다. 그리고 나무가 꽃을 피우기

시작할 때가 아니라 꽃들이 만개하였을 때 나무에 꽃이 피었다고 말합니다. 여기서도 무화과나무가 푸른 열매를 맺었다고 할 때, 그것은 조금이 아니라 그 전체로 열매 맺기가 완성되었을 때를 말합니다.

그 민족에게 있어 이 절정이 언제였는지 알고자 하십니까? 그들의 악의가 완성된 것은 그들에게 준 그의 예언에 따라 그들이 그리스도를 죽인 때였습니다: "너희가 너희 조상의 분량을 채우라"(마 23:32). 그래서 그분은 처형대에서 그의 영혼이 떠나려 하였을 때 "다 이루었다"라고 말씀하셨습니다(요 19:30). 그것이 무화과나무에게 가져온 결말은 얼마나 놀라운지요. 그것은 영원히 열매를 맺지 못하도록 정죄되었습니다. 이 마지막 열매들은 이전 것들보다 얼마나 더 악한지요!(마 12:45). 처음에 그들은 무가치하였으나, 후에는 유해하고 유독하게 되었습니다. 사람들의 몸을 치유하고 영혼을 구원한 분을 미워한 것은 얼마나 조야하고 음흉한 성향이었는지요! 여호와의 행하신 일에서조차 여호와를 인정하지 않은(시 28:5) 그들의 총명은 얼마나 조잡하고 소(牛)와 같은 것이었는지요!

**5.** 유대인들은 내가 그들의 총명을 짐승과 같다고 말한 데서 심한 모욕을 느낄지 모릅니다. 이사야서를 읽어 보십시

오. 거기엔 훨씬 더 심한 말이 있습니다: "소는 그 임자를 알고 나귀는 그 주인의 구유를 알건마는 이스라엘은 알지 못하고 나의 백성은 깨닫지 못하는도다"(사 1:3). 유대인이여, 나는 당신네 선지자보다 당신에게 더 친절하게 말하였습니다. 나는 당신을 짐승과 같은 수준에 두었지만, 그는 당신을 짐승보다도 못하다고 하였습니다. 더구나 그 선지자는 자신의 인격으로 말하는 것이 아니라 하나님의 인격으로 말하였습니다. 하나님은 자신이 하나님이시라는 것을 그 하시는 일로 선포하십니다: "만일 내가 내 아버지의 일을 행하지 아니하거든 나를 믿지 말려니와 내가 행하거든 나를 믿지 아니할지라도 그 일은 믿으라"(요 10:37-38).

이것을 통해서도 그들은 깨닫지 못하였습니다. 귀신을 내쫓은 것이나 바람과 바다가 순종한 것이나 죽은 자를 살린 것 등 어느 것도 그들에게서 짐승과 같은, 아니 짐승보다 심한 우둔을 몰아낼 수 없었습니다. 이 무섭고 비참한 무지에서 그들은 위엄의 주님께 신성모독적인 손을 대는 두렵고 어처구니없는 죄를 범하였습니다. 그 순간부터 무화과나무는 푸른 열매를 맺었다고 말할 수 있습니다. 이는 유대인의 율법 제도가 옛 예언에 따라 새 곡식으로 말미암아 묵은 곡식을 치우게 될 것과 같이(레 26:10) 종국에 이르고 있었기 때문입니다. 이런 것들은 다르지 않

습니다: 푸른 무화과가 떨어지고 그 다음에 나오는 좋은 무화과에게 자리를 내어 줍니다. 그는 신부에게 말하였습니다: "무화과가 푸른 열매들을 계속하여 맺는 한 나는 그것이 동시에 좋은 열매를 맺을 수 없다는 것을 알기 때문에 너를 부르지 않았다. 이제 먼저 나와야 했던 것들이 이미 나왔기 때문에, 그리고 나쁜 열매들이 버려질 때 좋고 유익한 열매들이 나오기 때문에 내가 너를 부르는 것이 시기상조가 아니다."

2

6. 그가 "포도나무는 꽃을 피워 향기를 토하는구나"(아 2:13)라고 말합니다. 그것은 열매가 맺히고 있다는 좋은 표시입니다. 이 향기는 뱀을 몰아냅니다. 포도나무가 꽃을 피울 때 독한 파충류는 그 꽃들의 향기를 견디지 못하여 그 장소를 떠난다고 합니다. 우리의 수련 수도사들이 이것에 주목하고, 받은 영에 대해 숙고하며, 자신 있게 행동하기를 바랍니다. 귀신들은 첫 열매를 견디지 못합니다. 초기의 열정이 이 일을 성취할 수 있을진대, 완성된 완전은 무엇을 하겠습니까? 열매는 꽃에 달려 있으며, 그 맛의 질은 그 향기가 얼마나 강한가에 따라 결정됩니다.

"포도나무는 꽃을 피워 향기를 토하는구나." 이것은 (복음이) 시초에 어떠하였는지를 말합니다: 설교를 듣고 새 생명이 탄생하였고, 믿는 자들을 위해 새 은혜가 부어졌습니다(롬 6:4); 그들은 이방인들 가운데 선한 행실로 살았고(벧전 2:12), 어디에서나 그리스도의 향기를 뿜었습니다(고후 2:15). 향기는 선한 증거를 의미합니다. 그것은 꽃에서 향기가 나듯이 올바른 행위에서 나옵니다. 이 구절을 유아기 교회의 신실한 영혼들에게 적용하고 싶습니다. 이는 그들이 많은 영적인 포도나무들처럼, 외인에게서도 선한 증거를 얻을 만큼(딤전 3:7) 이런 유의 꽃과 향기를 가득 지닌 것으로 보이기 때문입니다. 그들은 왜 그랬을까요? 그것은 믿지 않는 자들이 도전을 받고 신자들의 바른 행실을 숙고함으로 하나님께 영광을 돌리게 되며(벧전 2:12), 생명의 향기가 그들을 생명으로 이끌게 하기 위함이었습니다. 그들이 자기의 명성에서 자신의 영광이 아니라 다른 사람들의 구원을 구하였다면, 그들이 향기를 토하였다고 말해지는 것은 잘못된 것이 아닙니다. 그렇지 않다면 그들은 경건을, 예를 들어 허식과 탐욕에 의해 이익의 방도로(딤전 6:5) 삼았을 것입니다. 그것은 향기를 주는 것이 아니라 향기를 파는 것이 될 것입니다. 그러나 그들이 행한 모든 일은 사랑 가운데 행해졌기 때문에(고전 16:14), 그들은 향기를 판 것이 아니라 선물로 주었습니다.

7. 포도나무가 영혼을, 꽃이 선행을, 향기가 훌륭한 명성을 의미한다면 열매는 무엇을 의미합니까? 그것은 순교를 의미합니다. 포도나무의 열매는 순교자의 피입니다. 시편 기자는 말합니다: "그러므로 여호와께서 그의 사랑하시는 자에게는 잠을 주시는도다 보라 자식들은 여호와의 기업이요 태의 열매는 그의 상급이로다"(시 127:2-3). 나는 그것을 "포도나무의 열매"라고 말할 뻔했습니다. 어떻게 무죄한 자의 피, 의인의 피를 가장 순수한 포도의 피로 말하지 않겠습니까?(신 32:14). 그것은 소렉의 포도원(cf. 사 5:2; 삿 16:4. 히브리어로 소렉=특상품 붉은 포도주)의 고난의 포도즙 틀에서 밟혀져 나온 연단 받은 귀한(사 28:16) 붉은 새 포도주가 아닙니까? 이는 "경건한 자들의 죽음은 여호와께서 보시기에 귀중한 것이기" 때문입니다(시 116:15). 이것이 내가 "포도나무는 꽃을 피워 향기를 토하는구나"를 해석한 방법입니다.

8. 본문을 은혜의 때에 적용하고자 한다면, 이것이 그 방법입니다. 그러나 만약 우리가 그것을 조상들과 관련짓고자 한다면-"만군의 여호와의 포도원은 이스라엘 족속"이므로(사 5:7), 그 의미는 이러할 것입니다: 선지자와 족장들이 사람으로 태어나 죽게 될 그리스도의 향기를 들이마셨다.

그러나 그 다음 그들이 그와 동일한 향기를 내뿜은 것은 아닙니다. 왜냐하면 그들은 스스로의 마음속에서 인식한 분을 육체 가운데 드러내지 않았기 때문입니다. 그들은 향기를 토하거나 비밀을 밝힌 것이 아니라 때가 이르기까지 그것의 계시를 기다렸습니다. 누가 비밀한 가운데 감추어진 채 아직 몸의 형태로 드러나지 않은 하나님의 지혜를 이해할 수 있었겠습니까?(고전 2:7). 그러므로 그때 포도나무들은 향기를 토하지 않았습니다.

그러나 많은 세대가 지난 후 동정녀 탄생에 의해 그들로부터 그리스도가 세상에 났을 때(롬 9:5) 그들은 향기를 토하였습니다. "우리 구주 하나님의 자비와 사람 사랑하심이" 나타났을 때(딛 3:4), 그의 부재 시에 그를 기다렸던 사람이 거의 없었으나 이제 세상이 그의 임재를 즐거워하기 시작하였을 때, 이 영적인 포도나무들은 향기를 토하였습니다. 예를 들어 야곱을 만지면서 그리스도를 느꼈던 사람이 있었습니다. 그는 "내 아들의 향취는 여호와께서 복 주신 밭의 향취로다"(창 27:27)라고 말하였습니다. 그러나 그는 이것을 말하였을 때 그 행복을 자신만 가진 채 다른 사람들과 나누지 않았습니다.

"때가 차매 하나님이 그 아들을 보내사 여자에게서 나게 하시고 율법 아래에 나게 하신 것은 율법 아래에 있는 자들을 속량하시고"(갈 4:4-5). 그때 그 안에 있던 향기가 곧바로 모든 곳으로 퍼져가서, 교회는 그것을 땅 끝에서부터(시 61:2) 인지하고 "네 이름이 쏟은 향기름 같다"라고 외쳤고(아 1:2-3), 처녀들은 기름의 향기가 있는 곳으로 달려갔습니다. 그렇게 포도나무가 향기를 토하였고 이 생명의 향기를(고후 2:16) 속에 담은 다른 이들 역시 그때 그것을 토하였습니다. 어떻게 그들이 그렇게 하지 않을 수 있겠습니까? 그들로부터 그리스도가 사람으로 오셨습니다(롬 9:5). 그러므로 포도나무들이 향기를 토한다고 말할 수 있었던 것은 신자들이 모든 곳에서 사람들로부터 좋은 평판을 들었거나, 조상들의 예언과 계시가 세상에 알려졌고 그들의 향기가 모든 땅으로 스며들었거나(시 19:6) 둘 중 하나 때문이었습니다. 그것은 바울 사도가 말한 것과 같습니다: "크도다 경건의 비밀이여, 그렇지 않다 하는 이 없도다. 그는 육신으로 나타난 바 되시고 영으로 의롭다 하심을 입으시고 천사들에게 보이시고 만국에서 전파되시고 세상에서 믿은 바 되시고 영광 가운데서 올려지셨느니라"(딤전 3:16).

3

**9.** 무화과나무나 포도나무가 우리의 삶을 향상시킬 것

을 가지고 있지 않다면 이상할 것입니다. 나는 이 구절이 도덕적인 의미를 지니고 있다고 생각합니다. 나는 우리 안에 있는 하나님의 은혜에 의해(롬 12:3) 우리 가운데 무화과나무들과 포도나무들 모두를 가지고 있다고 생각합니다. 무화과나무들은 성격이 온유한 자들이며, 포도나무들은 성령으로 뜨거운 자들입니다(롬 12:11). 공동체와 조화를 이루며 우리 가운데 사는 사람, 불평 없이 형제들과 뒤섞일 뿐 아니라 어떤 경우에라도 친절한 태도로 모든 사람들을 위해 사랑의 수고를 아끼지 않는 사람을 (빌 2:16) 어떻게 무화과나무라고 말하지 않을 수 있겠습니까? 만약 그가 먼저 푸른 열매를 맺는다면, 그는 그것들을 떨어뜨려야 합니다. 예를 들어 심판의 두려움이 온전한 사랑에 의해 쫓겨나며(요일 4:18), 죄의 쓰라림이 참다운 회개에 굴복하고, 은혜가 주입되고 한량없이 눈물을 쏟아야 합니다. 푸른 무화과처럼 달콤한 열매에 앞서 나오는 비슷한 다른 것들도 생각해볼 수 있습니다.

  **10.** 한 가지만 덧붙이겠습니다: 지식과 예언과 방언 등의 은사들도 푸른 무화과 열매로 간주될 수 있는지 생각해 보십시오. 그것들은 푸른 열매들처럼 떨어지고, 사도가 말한 대로 더 나은 것들에 자리를 내어 주어야 합니다: "예언도 폐하고 방

언도 그치고 지식도 폐하리라"(고전 13:8). 총명이 믿음도 배제할 것이며, 소망 뒤에는 보는 것이 뒤따릅니다. 보는 것을 누가 바라겠습니까?(롬 8:24).

언제까지든지 떨어지지 않는 것은 오직 사랑뿐입니다(고전 13:8). 그것은 마음을 다하고 목숨을 다하고 힘을 다하고 뜻을 다하여 하나님을 사랑하는 사랑입니다(눅 10:27). 나는 그 사랑을 푸른 열매로 보지 않습니다. 또 그것은 무화과에 속한 것이 아니라 오히려 포도나무에 속한 것인 듯이 보입니다. 포도나무들은 그들 자신을 상냥하게보다는 엄숙하게 드러내며, 그들은 마음의 열정으로 행동하고 훈련을 받으며, 엄하게 잘못된 것을 바로 잡아 시편 기자의 말을 자신들의 것으로 적절하게 만듭디: "여호와여 내가 주를 미워하는 자들을 미워하지 아니하오며 주를 치러 일어나는 자들을 미워하지 아니하나이까"(시 139:21), "주의 집을 위하는 열성이 나를 삼키고"(시 69:9). 전자는 이웃 사랑에서 탁월하며, 후자는 하나님 사랑에 탁월해 보입니다. 그러나 우리는 여기 이 포도나무와 무화과나무 아래, 하나님의 사랑과 이웃의 사랑의 그늘 아래 잠시 쉬도록 합시다.

나의 이웃 되신 주 예수님, 내가 당신을 사랑할 때 그 두 사랑은 모두 나의 것입니다. 이는 당신이 사람으로 나에게 자비를 베푸셨으며(눅 10:36-37), 그럼에도 불구하고 당신은 만물 위에 계셔서 세세에 찬양을 받으실 하나님이시기 때문입니다. 아멘(롬 9:5).

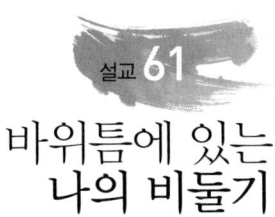

# 설교 61
# 바위틈에 있는 나의 비둘기

1

1. "나의 사랑, 나의 어여쁜 자야 일어나서 함께 가자" (아 2:13). 신랑은 사랑의 말을 반복함으로써 그의 사랑의 위대함으로 주의를 끕니다. 반복은 애정의 표시이며, 그가 그의 사랑하는 자를 포도원에서 일하도록 다시 초대하기 때문에, 그것은 영혼들의 구원에 관한 그의 관심을 보여 줍니다. 여러분은 포도나무가 영혼을 의미한다는 말을 들었습니다. 그 다음에 나오는 것이 무엇인지 보십시오. 그는 이 전체 작품에서 그녀가 포도원에 가서 사랑의 포도주에 가까이 다가갈 때를 제외하고 아직 한 번도 공공연히 신부를 말하지 않았습니다. 그녀가 그것에 이르

고 완전하게 될 때, 그녀는 영적인 혼인을 경축할 것입니다. 그리고 그들은, 사도가 말한 대로 한 육체가 아니라 한 영 안에서 둘이 될 것입니다: "주와 합하는 자는 한 영이니라"(고전 6:17).

2. 신랑은 계속하여 "바위틈 낭떠러지 은밀한 곳에 있는 나의 비둘기야 내가 네 얼굴을 보게 하라"(아 2:14)고 말합니다. 그는 사랑하며, 사랑의 언어를 계속하여 말합니다. 두 번째로 그는 그녀를 다정하게 그의 비둘기라고 부르며, 그녀를 그의 것으로 주장합니다. 그리고 그녀가 간절하게 그에게 구하고 싶었던 것을 이제 그가 그녀에게 요구합니다. 즉 그가 그녀를 보고 목소리를 듣고자 합니다. 그런데 그는 신랑처럼 행동하나, 매우 수줍어 사람들의 눈을 피해 외딴 장소 "바위틈 낭떠러지 은밀한 곳"에서 그의 즐거움을 누리기 원하는 사람 같습니다. 그래서 우리는 신랑이 이렇게 말한다고 상상할 수 있습니다: "나의 사랑, 우리가 지금 당신에게 재촉하는 이 포도원의 일이 사랑의 일을 막거나 방해하게 될까 두려워하지 말아요. 그것은 우리 둘 다 똑같이 소원하는 그 사랑의 일을 위해 분명히 기회를 제공할 것이오. 포도원에는 물론 벽이 있으며, 이 벽들은 수줍은 사람들을 환영하는 은신처요."

이것은 말장난에 불과합니다. 왜 내가 그것을 장난이라고 할

까요? 이는 이 모든 말 속에는 진지함이 없기 때문입니다. 성령이 그 안에서 우리의 연약한 이해를 돕지 않는다면(롬 8:26), 이런 외적인 소리는 조금도 들을 가치가 없습니다. 그러므로 우리가 바깥에서 빈둥거림으로써 정욕의 유혹에 사로잡힌 것처럼 보이게 하지 맙시다. 오히려 겸손하게 가까이에 있는 사랑에 대한 설교에 귀를 기울입시다. 그리고 사랑하는 이들에 대해 생각할 때, 한 남자와 한 여자를 생각하지 말고 말씀과 영혼을 생각하십시오. 만약 내가 그리스도와 교회를 말한다면, 교회란 낱말이 한 영혼이 아니라 통일체 혹은 많은 이들의 합일을 의미한다는 것 외에 그 적용은 동일합니다. 또 "바위틈"을 악한 일들을 숨기는 장소로 생각해서는 안 됩니다. 그렇지 않으면 어둠의 권세로부터 오는 의심이 여러분을 사로잡을 것입니다.

3. 어떤 저자는 이 구절을 다르게 해석하여, 바위틈에서 그리스도의 상처를 봅니다.[1] 그것은 옳습니다. 이는 그리스도가 바위이기 때문입니다(고전 10:4). 부활과 그리스도의 신성에 대한 우리의 믿음을 강화하는 그 틈은 선합니다. 사도는 "나의 주님, 나의 하나님"(요 20:28)이라고 외쳤습니다. 바위틈이 아니

---

1) Gregory the Great, *In Cantica*, II, 15; PL 79; 499D; & Aponius: *Explanatio in Cantica*, IV [ed H Bottino-I. Martini (Rome 1843) p. 82].

라면, 이 영감 어린 말이 어디서 나왔겠습니까? 그 틈 안에서 "참새도 제 집을 얻고 제비도 새끼 둘 보금자리를 얻었습니다"(시 84:3). 그 틈 안에서 비둘기는 안전하며, 매가 맴도는 것을 두려움 없이 지켜봅니다. 이것이 그가 "바위틈 낭떠러지 은밀한 곳에 있는 나의 비둘기야"(아 2:14)라고 말한 이유입니다. 비둘기가 대답합니다: "여호와께서 나를 높은 바위 위에 두시리로다"(시 27:5), 그가 "내 발을 반석 위에"(시 40:2) 두셨도다.

## 2

지혜로운 자는 반석 위에 집을 짓습니다. 거기서 폭풍과 홍수의 두려움을 피할 수 있기 때문입니다(마 7:24). 반석 위가 좋지 않습니까? 반석 위에 높이 있어, 반석 위에서 안전한 채, 나는 반석 위에 굳건히 서 있습니다. 나는 적들로부터 안전하며, 받침이 튼튼하므로 넘어지지 않습니다. 이 모두는 내가 땅에서 들려졌기 때문입니다(요 12:32). 땅 위의 모든 것은 불확실하고 썩어질 것들입니다.

우리의 본향은 하늘에 있으며(빌 3:20), 우리는 넘어지거나 내던져질 것을 두려워하지 않습니다. 영속성과 안전성을 가진 바위는 하늘에 있습니다. "바위는 너구리의 피난처로다"(시

104:18). 실제로 구세주의 상처를 제외하고, 연약한 자들이 안전하게 쉴 수 있는 곳이 어디입니까? 나의 처소의 안전은 그의 구원의 능력의 위대함에 달려 있습니다. 세상은 분노하며, 육신은 짓누르며, 사탄은 유혹합니다. 그러나 나는 반석 위에 있기 때문에 넘어지지 않습니다(눅 6:48). 나는 중한 죄를 지었고 양심은 불안하나 당황하지 않습니다. 왜냐하면 나는 주님의 상처를 기억할 것이기 때문입니다. "그가 상함은 우리의 죄악 때문이라"(사 53:5). 그리스도의 죽음으로도 용서받지 못할 치명적인 죄가 있습니까? 그러므로 그토록 강력하고 효과적인 약이 나의 마음에 들어온다면, 아무리 독한 병도 나를 쓰러뜨릴 수 없습니다.

**4.** 그러므로 가인처럼 "내 죄벌이 지기가 너무 무거워 용서를 바랄 수 없나이다"(창 4:13)라고 말하는 것은 잘못입니다. 만약 그가 그리스도의 지체 중 하나이고 그리스도의 공로에 참여한다면, 지체는 머리에 속한 것을 소유하기 때문에 그의 것을 그 자신의 것으로 생각하고 그 자신의 것으로 주장할 수 있습니다. 그러므로 나로 말할 것 같으면, 나는 나 자신에게서 부족한 모든 것을 긍휼이 넘쳐흐르는 주님의 마음으로부터 스스로 충당합니다.

그것들이 솟아나는 틈은 부족하지 않습니다. 그것들은 그의 손과 발을 찔렀고(시 22:16), 창으로 그의 옆구리를 찔렀습니다(요 19:34). 나는 이 상처의 틈들을 통해 반석에서 꿀을, 굳은 반석에서 기름을 맛볼 수 있습니다(신 32:13). 나는 여호와의 선하심을 맛보아 알 수 있습니다(시 34:8). 그는 평안을 생각하고 있었으나(렘 29:11) 나는 그것을 알지 못하였습니다(창 28:16). 그러나 그를 찌른 못이 나에게 여호와의 뜻을 보게 하는 열쇠가 되었습니다.

어찌 내가 그 틈으로 보지 않겠습니까? 하나님께서 진실로 그리스도 안에 계셔서 세상을 자기와 화목하게 하시는 사실을 (고후 5:19) 그 못이 부르짖고, 그 상처가 부르짖습니다. 그 몸이 쇠사슬에 매이고(시 105:18), 그의 마음이 심히 아팠던 것은(시 55:4) 그가 더 이상 나의 연약함을 동정하지 못하는 자가 되지 않기 위함입니다(히 4:15). 그의 마음의 비밀이 그의 몸의 틈들을 통하여 드러났습니다. 그 위대한 사랑의 비밀이 드러났고(딤전 3:16), 우리 하나님의 부드러운 긍휼 역시 드러났습니다. 이로써 돋는 해가 위로부터 우리에게 임하였습니다(눅 1:78). 그의 마음이 그의 상처를 통하여 드러났습니다!

주여, 당신이 "선하사 사죄하기를 즐거워하시며 인자함이 후하신"(시 86:5) 증거를 당신의 상처보다 더 분명하게 보여 주는 곳이 어디이겠습니까? 심판받고 정죄 받는 자들을 위해 자기

목숨을 내어 주는 자보다 더 큰 긍휼을 보여 주는 사람은 없습니다(요 15:13).

5. 그러므로 나의 공덕은 주님의 긍휼입니다. 그가 긍휼이 없지 않는 한 나는 확실히 공덕을 상실하지 않습니다. 그리고 만약 주님이 긍휼이 크시다면(삼하 24:14), 나도 역시 공덕이 큽니다. 그러나 내가 나의 많은 잘못을 깨닫는다면 어떻게 됩니까? 그 때는 잘못이 많은 곳에 은혜가 더욱 넘칩니다(롬 5:20). 만약 주님의 인자하심이 영원부터 영원까지 이른다면(시 103:17), 나는 내 편에서 주님의 인자하심을 영원히 노래할 것입니다(시 89:1). 그러나 이것이 내 자신의 의가 되겠습니까? "주여, 내가 오직 주의 의만 명심하겠나이다"(시 71:16). 이는 하나님이 당신을 나의 의로 만드셨으므로(고전 1:30), 그것도 나의 것이기 때문입니다. 주님의 의가 우리 둘 다를 위해 부족하지 않을까 두려워하지 마십시오. 이것은 선지자가 말한 것, 두 사람을 덮기에는 짧은 이불이 아닙니다(사 28:20).

"주의 의는 영원한 의요"(시 119:142). 영원보다 더 긴 것이 무엇입니까? 풍성하고 영원한 의는 주님과 나 둘 다를 덮기에 충분할 것입니다. 내게 있어 사실 그것은 많은 죄를 덮으나 주님, 당신에게 있어 그것은 인자의 보고이며 풍성한 선입니다(롬 2:4).

이런 것들이 그 반석의 틈들에 나를 위해 저장되어 있습니다. 그것들 속에 저장된 당신의 풍성한 인자는 어찌 그리 큰지요!(시 31:19). 그러나 그것이 망하는 자들에게는 감추어져 있습니다(고후 2:15). 왜 거룩한 것이 개에게, 진주가 돼지에게 주어져야 합니까?(마 7:6). 그러나 하나님은 우리에게 그것들을 그의 성령으로 보이시고(고전 2:10), 심지어 우리를 그 열린 틈으로 성소에 들어가도록 인도하셨습니다(히 9:12). 그것은 얼마나 풍성한 인자요, 충만한 은혜요, 완전한 덕입니까!

6. 나는 풍성하게 갖추어진 이 창고로 가겠습니다. 선지자의 충고를 따라 나는 성읍을 떠나 바위 사이에 살겠습니다(렘 48:28). 나는 그 틈의 가장 높은 곳에 거하는 비둘기처럼 될 것입니다. 이는 모세처럼 그 반석의 틈에서 내가 여호와께서 지나가실 때 적어도 그의 등을 볼 수 있기 위함입니다(출 33:22-23). 이는 성소뿐만 아니라 지성소에까지 들어가는 사람 외에 그가 서 계실 때 그의 얼굴을, 변함이 없는 하나님의 영광을 볼 수 있는 사람은 아무도 없기 때문입니다.

## 3

그의 등을 보는 것은 작은 은총이 아니며, 결코 무시될 수 없습니다. 헤롯으로 하여금 그를 멸시하게 합시다. 그러나 그가 더욱 비천하게 헤롯을 향해 자신을 나타낼수록, 나는 그를 점점 덜 멸시할 것입니다. 이는 주님의 등을 보는 것이 무언가 즐거운 것을 내포하기 때문입니다. 하나님이 혹시 돌이켜 용서하시고(욜 2:14) 그 뒤에 복을 끼치실지 누가 압니까? 하나님께서 그의 얼굴을 보이시고 우리로 구원을 얻게 하실 때가 있을 것입니다(시 80:3). 그러나 그 동안에 그가 그의 아름다운 복으로(시 21:3), 그가 뒤에 남겨 두시는 데 익숙한 것들로 우리를 영접하시기를 기원합니다. 언젠가 그는 위엄과 영광으로 그의 얼굴을 보이실 것입니다. 지금은 그로 하여금 그의 은혜로운 관심의 "등"을 보이게 합시다. 그는 그의 나라에서 크시지만, 십자가에서는 너무도 온유하십니다. 후자를 보는 데서 그가 나를 만나시고, 전자를 보는 데서 그가 나를 충만히 채우시길 기원합니다. 시편 기자는 말합니다: "주의 앞에는 충만한 기쁨이 있고"(시 16:11). 그 각각은 구원을 보는 것이며, 부드럽고 친근합니다; 그러나 전자는 위대함 가운데 후자는 낮아짐 가운데, 전자는 영광 가운데 후자는 엷은 그림자 가운데 그렇습니다.

**7.** 시편 기자는 그 다음에 말합니다: 그의 등은 파르스름한 금과 같습니다. 왜 그가 죽어갈 때 창백해지지 않겠습니

까? 반짝이는 구리보다 파르스름한 금이 더 낫습니다. "하나님의 어리석음이 사람보다 지혜롭기" 때문입니다(고전 1:25).

금은 말씀이며, 금은 지혜입니다. 이 금이 스스로 빛이 바래어져 하나님의 형상을 감추고, 종의 형상을 드러내셨습니다. 그것은 또 교회의 빛도 바래게 하였습니다: "내가 햇볕에 쬐어서 거무스름할지라도 흘겨보지 말라"(아 1:6). 그때 그녀의 등은 파리한 금과 같습니다. 왜냐하면 그녀가 거무스름한 십자가에 얼굴을 붉혔으며, 고난의 쓰라림을 두려워하지 않았으며, 추악한 상처에서 도망치지 않았기 때문입니다. 그녀는 심지어 그것들을 즐거워하고(사 42:1), 그녀의 종말이 의인과 같기를 바랍니다(민 23:10).

따라서 그녀는 "바위틈 낭떠러지 은밀한 곳에 있는 나의 비둘기야"라는 말을 듣습니다. 그것은 그녀의 모든 애정이 그리스도의 상처들에 사로잡혀 있기 때문입니다. 그녀는 끊임없는 관상으로 그것들 안에 거합니다. 이것에서부터 순교의 인내가 나옵니다. 이것을 위해 지존자에 대한 그녀의 신뢰는 막대합니다. 순교자는 그의 핏기 없고 상처 난 얼굴을 그분의 상처로 인해 자신이 나음을 입은(사 53:5) 그분 앞에 들기를 두려워할 필요가 없습니다. 빛이 바래어진 채라도, 그의 죽음과 같은 영광스러운 죽음을 그 앞에 내어 놓는 것을 두려워할 필요가 없습니다.

주님이 친히 그에게 "내가 네 얼굴을 보게 하라"(아 2:14)고 말씀하시는데, 왜 두려워해야 합니까? 그가 왜 그렇게 말씀하실까요? 그것은 내 생각에 그가 자신을 보여 주시기를 원하는 것 같습니다. 그는 보기보다 오히려 보이기를 원하십니다. 그가 보지 못하는 것이 무엇이 있습니까? 그에게는 아무것도 숨겨질 수 없고, 어떤 사람도 자신을 숨길 수 없습니다. 그분에게 사람이 자신을 보여 드려야 할 필요가 없습니다. 오히려 그가 자신을 보이기를 원하십니다. 그 친절한 사령관은 신실한 병사가 눈과 얼굴을 들어 그의 상처를 봄으로써 힘을 얻게 되기를 원하십니다. 그는 그 자신의 모범으로 그에게 인내할 수 있는 보다 큰 용기를 주시기를 원합니다.

8. 주님의 상처를 바라보는 동안, 순교자는 자신의 상처를 느끼지 못할 것입니다. 순교자는 온 몸이 갈기갈기 찢겨도 여전히 기쁨과 승리에 차 있을 것입니다. 심지어 칼이 그의 옆구리를 깊이 찔러도 그는 용감하고 의기양양하게 그의 몸에서 흘러나오는 거룩한 피를 볼 것입니다.

그때 순교자의 영혼은 어디에 있습니까? 안전한 곳에 있습니다: 바위틈에, 예수의 가슴 안에, 그가 들어가도록 열린 상처 안에! 그 자신의 힘으로 견디도록 버려졌다면 그는 칼이 꿰뚫는 것을 느꼈을 것이고, 그 고통을 참지 못하고 굴복하여 믿음을 버렸을 것입니다. 그러나 그는 이제 바위틈 안에 살기 때문에(렘 48:28), 그가 바위처럼 견디는 것은 조금도 이상하지 않습니다. 영혼이 몸을 떠났으므로 몸의 고통을 느끼지 못한다면, 그것도 역시 이상하지 않습니다. 무감각이 이러한 상태를 초래하는 것이 아니라, 사랑이 그렇게 합니다. 이는 감각들이 상실되는 것이 아니라 속박되기 때문입니다. 그리고 고통이 없는 것이 아니라, 무시됩니다. 그러므로 그 반석으로부터 순교자의 용기가 나오고, 그것으로부터 명백하게 주님의 잔을 마실 수 있는 힘이 나옵니다(마 20:22).

취하게 하는 잔, 그것은 얼마나 멋진 것인지요!(시 23:5). 승리한 병사에 못지않게, 바라보는 사령관에게도 그것은 멋지고 달콤합니다. 이는 여호와로 인하여 기뻐하는 것이 우리의 힘이기 때문입니다(느 8:10). 왜 그가 그토록 용감한 증언을 듣는 것을 기뻐하시지 않겠습니까? 그는 심지어 간절함으로 그것을 바라며 말씀하십니다: "네 소리를 듣게 하라"(아 2:14). 그는 그의 약속을 따라 은혜를 되갚는 데 더디지 않습니다: 누구든지 사람들 앞에서 그를 시인하면 그는 곧 그의 아버지 앞에서 그 사람을 시인하십니다(마 10:32).

이 설교를 여기서 끝내야겠습니다. 왜냐하면 정한 시간을 넘기지 않고서는 지금 설명되는 본문에서 아직 다루지 못한 것들을 여기서 다 다룰 수 없기 때문입니다. 나는 말과 행위 모두에서 교회의 신랑, 우리 주 예수님을 기쁘시게 하기 위해 다음 시간에 그것을 다루겠습니다. 그분은 만물 위에 계셔서 세세에 찬양을 받으실 하나님이십니다. 아멘(롬 9:5).

# 비둘기가 거하는 틈의 의미

1. "바위틈 낭떠러지 은밀한 곳에 있는 나의 비둘기야" (아 2:14). 비둘기는 바위틈만 아니라 벽의 틈에서도 안전한 피난처를 찾습니다. 만약 우리가 "벽"을 돌을 모아 놓은 것으로가 아니라 성도들의 교제로 해석한다면, 우리 함께 벽의 틈들이 교만 때문에 떨어져 그들 뒤에, 산 돌들로 수리되어야 할 폐허처럼 사람들로 채워져야 할 빈 공간을 남긴 그 천사들이 있던 자리가 아닌지 살펴봅시다. 사도 베드로는 "보배로운 산 돌이신 예수께 나아가 너희도 산 돌같이 신령한 집으로 세워지고"(벧전 2:4-5)라고 말합니다.

혹은 천사들의 보호가 주의 포도원의 벽, 즉 예정 받은 자들의 교회의 벽을 나타낸다고 이해하는 것도 틀리지 않은 것 같습니다. 이는 바울이 이렇게 말하기 때문입니다: "모든 천사들은 섬기는 영으로서 구원 받을 상속자들을 위하여 섬기라고 보내심이 아니냐"(히 1:14). 선지자는 말합니다: "여호와의 천사가 주를 경외하는 자를 둘러 진치고"(시 34:7). 만약 그것이 용납된다면, 그것은 교회가 나그네로 있는 동안 두 가지에서 위로를 받는다는 것을 의미할 것입니다: 과거로부터 그리스도의 고난의 기억과, 미래에 성도들 가운데 환영받을 것에 대한 생각과 확신(골 1:12). 과거와 미래에 대한 이러한 일견에서 교회는 한없는 갈망으로 그 두 사건을 관상합니다. 그 각각은 완전한 즐거움을 주며, 환난의 고통과 슬픔으로부터 피난처가 됩니다(시 32:7).

그녀(교회)의 위안은 완전합니다. 이는 그녀가 무엇을 소망해야 하는지를 알 뿐 아니라, 그녀의 확신의 근거도 알기 때문입니다. 그녀의 기대는 그리스도의 죽음에 기초한 것으로 기쁨이 넘치고 의심이 없습니다. 그녀가 그 대속의 가치를 상고할 때 그 보상의 위대함에 어찌 위압되겠습니까? 그녀는 얼마나 기쁘게 마음속으로 그의 대속의 거룩한 피가 그녀에게로 흐른 그 틈들을 상고하는지요! 그녀는 얼마나 기쁘게 그 틈들을 탐험하는

지요! 그것들은 새롭게 하는 수양관과 방들로서 아버지의 집에 너무도 많고 다양하게 있습니다(요 14:2). 아버지는 아들들의 공적의 다양성에 따라 아들들을 그곳에 두십니다. 그녀가 그것을 하는 동안, 그녀는 영으로 위에 있는 천상의 거처에 들어가면서 다만 기억 속에서 휴식합니다. 그러나 때가 되면 그녀는 그 폐허들을 채우고(시 107:6), 몸과 마음 모두로 그 틈들에 거할 것입니다. 그때 그녀는 그녀의 무수한 지체들의 임재와 함께 이전의 거주자들에게 버림받은 그 빈 숙소들을 밝힐 것입니다. 하늘의 벽에 더 이상 틈들이 보이지 않을 것이며, 그것의 완전과 완성으로 다시 행복하게 회복될 것입니다.

## 2

**2.** 나는 이 틈들이 발견되는 것이 아니라 부지런하고 독실한 심령에 의해 만들어진다고 말하고 싶습니다. 어떻게 그럴 수 있습니까? 그것은 생각과 간절한 열망을 통해서입니다. 그 독실한 벽은 비교적 부드러운 재질로서 영혼의 소원에 굴복하고(사 26:8), 순수한 관상에 굴복하며, 잦은 기도에 굴복합니다. 이는 "의로운 자의 기도는 구름을 꿰뚫기" 때문입니다(집회서 35:17). 물론 그것은 날아가는 새가 날개를 치는 것과 같이 이 물

질적 환경의 광활한 대기를 쪼개는 것이 아니며, 예리한 칼과 같이 하늘의 빽빽하고 높은 천장을 찌르는 것도 아닙니다.

그러나 하나님의 영광을 선포하는(시 19:1) 살아 있고 이성적인 거룩한 하늘이 있습니다. 그 하늘은 은혜로운 승인과 함께 기쁘게 우리의 기도를 들으며, 우리가 가치 있는 의도로 그들에게 호소할 때마다 우리의 헌신을 감지하고 다정하게 우리를 그들의 가슴으로 이끕니다. 이는 "두드리는 이에게는 열릴 것이기" 때문입니다(마 7:8). 그러므로 우리가 그 천상의 벽 어디에나 우리가 원하는 곳에 한 장소를 파내는 것은 심지어 죽을 수밖에 없는 생을 사는 동안에도 우리 각자가 할 수 있는 일입니다: 우리가 원하는 때 언제나 족장들을 방문하는 것, 선지자들에게 경의를 표하는 것, 사도들의 모임에서 어울리는 것, 순교자들의 합창대에 들어가는 것, 심지어 가장 작은 천사에서부터 그룹과 스랍들에 이르기까지 축복받은 영들의 위계와 처소를 통해 경건이 고무시키는 신속한 마음으로 달리는 것.

만약 우리가 성령이 뜻하시는 대로 내적으로 감동되어(고전 12:11) 우리의 주의가 우리를 끄는 곳에 서서 두드린다면, 그 문은 즉시 우리에게 열릴 것이며, 한 틈이 그 거룩한 산들-혹은 오히려 그 거룩한 심령들-가운데 만들어질 것입니다. 그들은 자발적으로, 그리고 사랑으로 우리를 감싸 우리로 하여금 잠시 동안 그들과 안식할 수 있게 할 것입니다. 이와 같이 행동하는 모든 영혼의 얼굴과 소리는 하나님을 기쁘시게 합니다: 그 얼굴은 아름다움으로, 그 소리는 찬양으로. 이는 찬양과 아름다움이 그 앞에 있기 때문입니다(시 96:6).

그는 이렇게 갖추어진 자에게 말씀하십니다: "내가 네 얼굴을 보게 하라, 네 소리를 듣게 하라"(아 2:14). 이 소리는 관상하는 자의 마음의 경이이며, 이 소리는 감사의 소리입니다. 하나님은 이런 틈들에서 그의 기쁨을 발견하십니다. 그것들로부터 감사의 소리, 경이와 사모의 소리가 울려납니다.

3. 자주 이 벽의 한 곳에 틈을 만드는 일을 하는 마음은 행복합니다. 그러나 반석에 그렇게 하는 마음은 더욱더 행복합니다! 이는 반석에도 틈을 만드는 것이 허락되기 때문입니다. 그러나 이것을 위해 마음은 보다 예리한 날과 보다 열심 있는 목적과 보다 높은 수준의 공적을 반드시 가져야 합니다. "누가 이 일을 감당하리요"(고후 2:16). 그런데 이렇게 말한 사람은 분명히 그러했습니다: "태초에 말씀이 계시니라 이 말씀이 하나님과 함께 계셨으니 이 말씀은 곧 하나님이시니라 그가 태초에 하나님과 함께 계셨고"(요 1:1-2). 그가 그 말씀의 내면적 존재에 몰

입되었고 그의 가슴의 숨겨진 깊은 곳에서부터 신적인 지혜의 가장 거룩한 본질을 끌어 낸 것 같지 않습니까?

비밀에 싸여 이 세대의 통치자들이 알지 못하였던 지혜를 온전한 자들 가운데서 말한 사람은 어떻습니까?(고전 2:6-8). 그 경건한 탐구자는 예리하고 거룩한 호기심으로 첫째 하늘과 둘째 하늘을 지나 마침내 셋째 하늘에서 이 지혜를 얻지 않았습니까?(고후 12:2). 그는 그것을 숨기지 않고, 그것을 이해할 수 있는 자들에게 정선된 언어로 신실하게 전하였습니다. 그러나 그도 역시 사람들에게 말로 표현할 수 없는 말을 들었습니다(고후 12:4). 그러므로 하나님이 바울의 그 부드러운 사랑을 위로하시면서 그에게 말씀하시는 것을 상상해 보십시오: "왜 너는 인간이 너의 생각을 듣고 이해할 수 없는 것을 걱정하느냐? 내가 네 소리를 듣게 하라"(아 2:14). 이것을 다시 말하면, "만약 네가 인지하는 것이 인생들에게 계시될 수 없을지라도, 그럼에도 불구하고 위로를 받아라. 왜냐하면 너의 소리는 하나님의 귀를 즐겁게 할 수 있기 때문이다"라는 말입니다. 이 거룩한 영혼은 지금은 우리에 대한 사랑으로 정신이 온전하다가, 황홀경에 들어가면 하나님께 완전히 부착됩니다(고후 5:13).

거룩한 다윗은 마치 사람에 대해 이야기하듯 하나님께 이야

기합니다: "사람의 생각은 주를 찬송하게 될 것이요, 그 남은 생각은 주를 위한 잔치가 될 것입니다"(시 76:10). 그러므로 그는 공적으로 주를 찬송하는 데서 선지자의 말과 보기를 통해 나올 수 있는 선지자적 생각을 즉시 밝히며, 그것을 백성 가운데 선포하였습니다. 그리고 그는 나머지를 자신과 하나님을 위해 남겨 두고 기쁨과 즐거움으로 함께 잔치를 열었습니다(시 45:15). 그 인용 구절에서 그가 전하고자 원한 것은 바로 이것입니다. 그가 열심 있고 탐구하는 마음으로 지혜의 비밀로부터 배울 수 있었던 모든 것 중 적절한 것은 무엇이든지 그는 열성어린 설교로 사람들의 구원을 위해 그들에게 전하였습니다. 그러나 그들이 이해할 수 없었던 나머지를 그는 하나님을 찬송하는 데 잔치 때와 같은 기쁨으로 사용하였습니다. 사람들을 교훈하는 데 사용될 수 없는 것이 하나님께 대한 달콤하고 은혜로운 찬송이 되는 것은 거룩한 관상에 조금도 미흡하지 않습니다.

3

**4.** 관상에는 두 종류가 있습니다. 하나는 천성의 영광의 상태와 행복에 관한 것으로서 그 도성의 많은 시민들은 활동이나 휴식이라는 형태로 여기에 참여하며, 다른 하나는 왕 자신

의 위엄과 영원성과 신성에 관한 것입니다. 전자는 벽에 존재하며 후자는 반석에 존재합니다. 후자에 틈을 내는 것이 더 어렵지만 그 소산은 더 달콤합니다. 또 위엄을 탐구하는 자에 대한 성경의 위협을 두려워할 필요도 없습니다(잠 25:27). 단순히 순수하고 단순한 눈으로 그것을 보십시오(눅 11:34). 그러면 여러분은 영광에 압도되지 않고 그 안으로 들어가게 될 것입니다. 그러나 그것은 여러분이 자신의 영광을 구하지 않을 때에만 가능합니다(잠 25:27). 이는 각 사람이 자신의 영광을 구할 때, 그는 탐욕으로 눌린 머리를 하나님의 영광을 향해 들 수 없기 때문입니다. 하나님의 영광이 아니라 그 자신의 영광이 바로 그를 누릅니다. 그러나 우리는 이것들을 제하여 버리고, 지혜와 지식의 보화가 감추어져 있는 반석을 팝시다(골 2:3).

아직도 반석 자체가 하는 말을 듣기를 주저합니까: "내 안에서 일하는 자들은 범죄하지 아니할 것이다"(집회서 24:22). "내게 비둘기같이 날개가 있다면 날아가서 편히 쉬리로다"(시 55:6). 속이고 교만하고 헛된 영광을 구하는 자들이 넘어지는 곳에서(갈 5:26) 온유하고 단순한 자들은 쉼을 얻습니다(마 11:29). 교회는 비둘기이며, 그러므로 안식합니다. 그녀가 비둘기인 것은 순수하며 탄식하기 때문입니다(cf. 사 59:11). 그녀는 마음에 심겨진 말씀을 온유함으로 받기 때문에 비둘기입니다(약 1:21). 그녀는 말씀 안에서, 즉 반석 안에서 휴식합니다. 이는 반석이 말씀이기 때문입니다.

그러므로 교회는 그 반석의 틈들 안에서 삽니다. 그것들을 통해 그녀는 신랑의 영광을 응시하며 바라봅니다. 그녀는 영광에 의해 압도되지 않습니다. 왜냐하면 그녀는 하나님의 위엄을 탐구하는 것이 아니라 그의 뜻을 탐구하기 때문입니다. 그의 위엄과 관련된 것도 때로 감히 관상을 하지만, 그것은 탐구에서가 아니라 경외심에서입니다. 그러나 만약 때때로 그녀가 황홀한 가운데 그것에 몰두한다면, 그것은 하나님의 고상한 것들을 무례하게 침범하는 사람의 뻔뻔함이 아니라 사람을 일으켜 세우시는 하나님의 손 때문입니다(눅 11:20). 그러므로 사도는 황홀경에 들어갔던 것을 상기할 때 그것의 대담함을 송구스럽게 여깁니다(고후 12:2). 그렇다면 어떤 다른 사람이 감히 신의 위엄에 대한 경외로운 탐구를 스스로 시도하겠습니까? 어떤 무례한 관상자가 무서운 비밀들을 억지로 알려 하겠습니까? 그러므로 침략자로 묘사되는 위엄의 탐구자들은 황홀한 가운데 그것에 들어가는 자들이 아니라 억지로 그 안으로 밀고 들어가는 자들입니다. 그들이 영광에 압도당하는 것은 이해할 만합니다.

**5.** 하나님의 위엄을 탐구하는 것은 두려운 일입니다. 그러나 그의 뜻을 탐구하는 것은 의무적인 만큼 안전합니다. 나는 범사에 그의 뜻에 순종해야 하는데, 어떻게 그의 영광스러운 뜻의 비밀을 살피지 않을 수 있습니까? 관상은 달콤함 자체입니다. 그것의 근원은 그의 풍성한 인자와 긍휼을 보는 것입니다(출 34:6; 롬 2:4). 우리가 본 영광은 아버지의 독생자의 영광입니다(요 1:14). 이런 식으로 현시된 영광은 친절하고 부성적(父性的)입니다. 이 영광은 비록 내가 힘을 다하여 그것에 기댈지라도 나를 압제하지 않을 것입니다(잠 25:27). 오히려 나에게 강한 감동을 줄 것입니다.

"우리가 다 수건을 벗은 얼굴로 거울을 보는 것같이 주의 영광을 보매 그와 같은 형상으로 변화하여 영광에서 영광에 이르니 곧 주의 영으로 말미암음이니라"(고후 3:18). 우리는 하나님과 같아질 때 변형됩니다. 그러나 하나님은 사람이 감히 그의 위엄의 영광에서 그와 같아지는 것을 금하시고 그의 뜻의 겸손함에서 그와 같아지게 하십니다. 나의 영광은 이것이니(고후 1:12), 곧 언젠가 나도 그로부터 이런 말을 듣는 것입니다: "내가 내 마음에 맞는 사람을 만났도다"(행 13:22).

신랑의 마음은 아버지의 마음입니다. 그것은 어떻게 설명됩니까? 그리스도께서 말씀하셨습니다: "너희 아버지의 자비로 우심같이 너희도 자비로운 자가 되라"(눅 6:36). 이것이 그가 교회에게 "내가 네 얼굴을 보게 하라"고 하셨을 때, 그가 보기를 갈망한 모습입니다: 사랑과 온유의 모습. 그녀로 하여금 그 반석을 향해 완전한 신뢰로 이 얼굴을 들게 합시다. 그녀는 그의 형상을 지니고 있습니다. 시편 기자는 말합니다: "그들이 주를 앙망하고 광채를 내었으니 그들의 얼굴은 부끄럽지 아니하리로다"(시 34:5). 어떻게 겸손한 얼굴이 겸손한 자에 의해, 거룩한 자가 충실한 자에 의해, 소박한 자가 온유한 자에 의해 수치를 당할 수 있습니까? 덕이 덕으로부터 혹은 빛이 빛으로부터 움츠러들지 않는 것처럼, 신부의 순수한 얼굴은 반석의 순수함으로부터 움츠러지지 않을 것입니다.

4

**6.** 그러나 전체로서의 교회는 반석에 틈을 만들기 위해 가까이 다가갈 수 없기 때문에-하나님의 뜻의 비밀을(엡 1:9) 조사하는 것이나 하나님의 깊은 것을 통달하는 것이(고전 2:10) 교회 내 모든 사람이 할 수 있는 것이 아니므로, 그녀는 반석의 틈뿐 아니라 벽의 틈에도 거하는 듯합니다. 그녀는 그녀의 완전한

지체들을 통하여 반석에 거합니다. 그들은 청결한 양심으로 지혜의 비밀을 탐구하고, 마음의 명민함으로 그것을 통달합니다.

벽의 틈들로서, 스스로 반석을 팔 수 없거나 파고자 하지 않는 자들로 하여금 벽을 파게 합시다. 그들은 성도들의 영광을 정신적으로 바라보는 데 만족합니다. 그러나 어떤 사람에게는 이것조차 불가능하다면, 그로 하여금 그의 앞에 예수와 그가 십자가에 못 박히신 것을 두게 합시다(고전 2:2). 그러면 그는 그의 편에서 노력 없이 그가 수고하여 파지 않은(요 4:38) 반석의 틈에 거할 수 있습니다. 유대인들은 그 틈들을 수고하여 팠습니다. 주님은 불신자의 수고를 사용하여 그를 믿는 자로 만드실 것입니다. 들어오라는 초청을 받은 자는 거절당할 것을 두려워할 필요가 없습니다.

이사야 선지자는 말합니다: "너희는 바위틈에 들어가며 진토에 숨어 여호와의 위엄과 그 광대하심의 영광을 피하라"(사 2:10). 아직 연약하고 활기가 없는 영혼, 땅을 팔 힘이 없고 빌어먹자니 부끄러운 사실을 복음을 가지고 고백하는 영혼을 위해서는 그가 스스로 반석에 틈을 팔 수 있을 만큼 강하고 활기 있게 될 때까지 숨을 수 있도록 땅에 난 구멍이 있습니다.

7. 만약 우리가 땅에 난 구멍이 "그들이 내 수족을 팠

나이다"(시 22:16)라는 말씀과 관련된다고 이해한다면, 의심의 여지없이 그곳에 있는 상처 입은 영혼은 신속히 건강을 회복할 것입니다. 그리스도의 상처를 인내하며 관상하는 것보다 양심의 상처를 낫게 하고 마음을 청결하게 하는 데 더 나은 것이 무엇입니까?

완전히 청결하게 되고 치유될 때까지는 아무도 "내가 네 얼굴을 보게 하라, 네 목소리를 듣게 하라"는 말을 적절하게 들을 수 없을 것입니다. 숨으라는 명령을 받은 사람이 어떻게 얼굴을 보여 주고 목소리를 높일 수 있습니까? 그는 진토에 숨으라는 말을 들었습니다(사 2:10). 그것은 얼굴이 아름답지 않으므로 얼굴을 보이는 것이 적합하지 않기 때문입니다. 그가 보는 것을 위해 준비가 되어 있지 않다면 그는 그의 얼굴을 보이는 데도 적절하지 않습니다.

그러나 그가 땅의 구멍에 거함으로써 그의 내적 시각을 치료하는 데 성공하여 수건을 벗은 얼굴로 하나님의 영광을 바라볼 수 있을 때(고후 3:18), 그때 마침내 그의 얼굴과 소리는 둘 다 즐거움을 주는 것이 되며, 그는 자신 있게 자기가 보는 바를 선포할 것입니다. 하나님의 광채에 초점을 맞출 수 있는 얼굴은 필연적으로 즐거움을 줍니다. 오직 그 자체가 밝고 순수하여 그것이 바라보는 그 광채와 같은 형상으로 변형될 때만 그렇게 될 수 있습니다. 그렇지 않다면 그것은 그와 같지 않음으로 해서 움츠리고, 익숙하지 않은 그 광휘 때문에 뒤로 물러나게 될 것입니다. 그러므로 순수한 영혼이 순수한 진리를 응시할 수 있을 때, 신랑은 친히 그의 얼굴을 보기 원하며 그의 소리를 듣기 원할 것입니다.

8. 그가 즉시 "네 소리가 부드러움이라"고 말씀하신 것은(아 2:14) 순수한 마음으로 진리를 가르치는 것이 얼마나 그를 기쁘게 하는지를 보여 줍니다. 그가 "네 얼굴은 아름답구나"라는 말을 덧붙이신 것은, 만약 얼굴이 기쁨을 주지 않는다면 소리도 기쁨을 주지 않는다는 것을 보여 줍니다. 내적인 얼굴의 아름다움이 순수함이 아니라면 무엇이겠습니까? 전자는 말씀의 가르침이 없이도 많은 사람들에게서 매력적으로 발견됩니다. 그러나 후자는 그것 없이는 아무에게서도 발견되지 않습니다. 진리는 불순한 자들에게 자신을 나타내지 않으며, 지혜도 그런 자들에게 자신을 맡기지 않습니다. 어떻게 그들이 스스로 보지 못한 것을 말할 수 있습니까? 요한은 "우리는 아는 것을 말하고 본 것을 증언하노라"라고 말합니다(요 3:11). 우리는 보지 못한 것을 증언하고 알지 못하는 것을 설교할 수 없습니다.

어떤 사람이 불순한 사람입니까? 인간의 칭찬을 구하는 사람, 복음을 전하면서 대가를 바라는 사람(고전 9:18), 생계를 위해 설교하는 사람, 경건을 이익의 재료로 삼는 사람, 영적인 열매를 위해서가 아니라 돈을 위하여 일하는 사람은 누구든지 불순합니다. 그리고 그와 같은 이들은 그들의 불순함 때문에 진리를 깨닫는 힘이 없음에도 불구하고, 감히 그것을 가르치려 합니다. 왜 그렇게 성급하게 행동합니까? 왜 빛을 기다리지 않습니까? 왜 빛을 보기도 전에 감히 빛의 일을 하려고 합니까? 빛보다 앞서 일어나는 것은 헛됩니다(시 127:2). 빛은 순수이며, 빛은 자기의 유익을 구하지 않는 사랑입니다(고전 13:5). 그것의 인도함을 받으십시오. 그러면 여러분의 혀는 비틀거리는 다리처럼 움직이지 않을 것입니다.

진리는 교만한 눈에 보이지 않으며(시 101:5), 진실한 자에게 나타납니다. 진리는 마음이 깨끗한 자에게 선포됩니다. "악인에게는 하나님이 이르시되 네가 어찌하여 내 율례를 전하며 내 언약을 네 입에 두느냐"(시 50:16). 이 순수함을 결여한 많은 이들은 보기 전에 말하려고 애씁니다. 그들은 자신이 말하거나 주장하는 바를 알지 못하므로 크게 우를 범하고, 다른 사람을 가르치면서 자신을 가르치지 못하는 자로 부끄러운 조롱을 받게 됩니다(롬 2:21). 여러분의 기도를 통해 교회의 신랑이신 우리 주 예수 그리스도의 도우심으로 우리가 항상 이 두 가지 악에서 떠나게 되기를 기원합니다. 그분은 만물 위에 계셔서 세세에 찬양을 받으실 하나님이십니다. 아멘(롬 9:5).

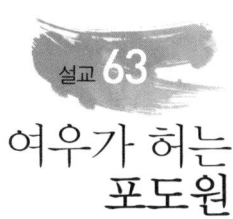

# 설교 63
# 여우가 허는 포도원

1

1. "우리를 위하여 여우 곧 포도원을 허는 작은 여우를 잡으라 우리의 포도원에 꽃이 피었음이라"(아 2:15). 여우들이 포도원을 헐고 있는 것이 드러났으므로 포도원에 간 것은 시간의 낭비가 아닌 것이 분명합니다. 이것이 본문의 문자적인 의미입니다.

영적인 의미는 무엇입니까? 먼저 우리는 이 본문에서 쉽게 생각될 수 있는 일반적이고 친숙한 의미를 거부해야 합니다. 그것은 모호하고 무미건조하며, 거룩하고 참된 성경에 포함될 가치가 전혀 없는 것입니다. 어떤 사람은 너무도 어리석고 아둔하여 이 세상의 자녀들 중 하나처럼(눅 16:8; 20:34) 여기서 지상의 재물을 돌보는 것과 야생동물들로부터 그의 포도원을 지키고 보호하는 것에 대해 중요한 교훈을 얻는다고 생각할 수 있습니다. 그렇게 함으로써 그는 포도주의 즐거움을 빼앗기지 않으리라고 생각하나, 그 안에는 술 취함이 있으며(엡 5:18), 그 수고와 비용은 낭비됩니다. 만약 우리가 우리 포도원을 잘 돌보지 않음으로써 경제적인 손실이 생기지 않도록 하기 위해서 여우에게서 포도원을 지키는 것에 대한 교훈을 얻을 수 있다는 관심과 흥미를 가지고 거룩한 책을 읽는다면, 그 손실은 막대할 것입니다.

여러분은 이렇게 육적으로 그것을 이해할 만큼 어리석거나 영적인 은혜를 결여하고 있지 않습니다. 그러므로 우리 함께 영적인 의미를 찾아봅시다. 건전한 이해와 가치 있는 지각을 통하여 우리는 거기서 꽃이 핀 포도나무와 그것을 파괴하는 여우들을 발견합니다. 주인은 그것들을 잡고 제거하기 위해서 우리를 유익하고 적절하게 사용할 것입니다. 여러분은 영혼들을 지키는 것이 농작물을 지키는 것보다 훨씬 더 큰 주의를 요한다고 생각하지 않습니까? 영적인 악의 세력들을 물리치는 일은 교활한 작은 여우들을 잡는 일보다 훨씬 더 큰 경계를 요구합니다.

2. 포도나무와 여우들의 영적인 의미를 설명하는 것은

나의 일입니다. 그러나 여러분이 나의 말에서 특히 경계해야 할 상황과 위험들을 이해하고 그 자신의 포도원을 지키는 것은 여러분 각자의 일입니다.

지혜로운 자에게 있어 포도원은 그의 생명, 그의 영혼, 그의 양심을 의미합니다. 지혜로운 사람은 자신 속에서 어떤 것도 경작되지 않거나 낭비되도록 버려두지 않습니다. 그러나 어리석은 자는 그렇지 않습니다. 그에게는 모든 것이 방치되고 버려진 채 널려 있고, 더럽고 손질되어 있지 않습니다. 어리석은 자에게는 포도나무들이 없습니다. 재배와 경작의 흔적이 전혀 없는 곳에 어떻게 포도원이 있을 수 있습니까? 어리석은 자의 삶은 가시와 엉겅퀴로 무성합니다—볼 만한 포도원이지요! 한때 포도원이 있었을지 모르나, 이제 그것은 더 이상 황무지로 변한 채(렘 50:13) 존재하지 않습니다. 덕의 포도원이 어디에 있습니까? 선행의 포도가 있는 곳은 어디입니까? 영적인 즐거움의 포도주는 어디에 있습니까? 성경은 "내가 게으른 자의 밭과 지혜 없는 자의 포도원을 지나며 본즉 가시덤불이 그 전부에 퍼졌으며 그 지면이 거친 풀로 덮였고 돌담이 무너져 있기로"(잠 24:30-31)라고 말합니다.

우리는 지혜자가 어리석은 자를 비웃는 소리를 듣습니다. 왜냐하면 그는 자연적 재능과 중생의 씻음으로 받았던 은사들을 소홀히 함으로써 자기의 첫 번째 포도원을(사람이 심지 않고 하나님이 심으신 [눅 20:9]) 포도원이 아닌 것으로 전락시켰기 때문입니다. 뿐만 아니라 생명이 없는 곳에는 포도원도 있을 수 없습니다. 어리석은 자는 살아 있을 수 있으나, 내가 보기에 그는 산 것이 아니라 죽은 것입니다. 어떻게 생명이 황무함과 공존할 수 있습니까? 시들고 열매 없는 나무는 죽은 나무로 여겨지지 않습니까? 땅에 널려 있는 가지들 역시 죽은 것입니다. 시편 기자는 하나님이 "그들의 포도나무를 우박으로" 죽이셨다고 말합니다. 이것은 생산하지 못하는 것으로 정죄 받은 나무들이 생명을 빼앗긴다는 사실을 보여 줍니다. 어리석은 자도 그와 같습니다. 이는 그가 목적 없이 살며, 살아 있으나 죽은 것과 다름없기 때문입니다(딤전 5:6).

2

3. 생명을 소유한 지혜로운 자만이 포도원을 소유하고 있다고, 혹은 더 낫게 말하자면 포도원이라고 할 수 있습니다. 그는 하나님의 집에 있는 열매가 풍성한 나무이며(시 52:8), 그 때문에 살아 있는 나무입니다. 사실 지혜로운 사람이 가진 지혜는

그것을 붙잡는 자들에게 생명나무입니다(잠 3:18). 지혜를 얻는 자가 어떻게 살지 못하겠습니까? 그는 삽니다. 그러나 오직 믿음으로 삽니다. 지혜로운 자는 의로운 자이며, 의인은 오직 믿음으로 삽니다(롬 1:17).

만약 의인의 영혼이 지혜가 거하는 곳이라면(잠 12:23), 의인은 지혜롭습니다. 그러므로 그가 의롭다고 불리든지 지혜롭다고 불리든지, 그에게는 언제나 포도원이 있습니다. 왜냐하면 그는 살아 있는 자로 결코 다른 것이 될 수 없기 때문입니다. 그의 생명은 그의 포도원입니다. 그리고 의인의 포도원은 선합니다. 혹은 차라리 의인은 선한 포도원입니다; 그의 덕은 포도나무와 같고, 그의 행위는 가지와 같고, 그의 포도주는 그의 양심의 증거이며, 그의 혀는 포도주 틀과 같습니다. 사도 바울은 우리가 자랑하는 한 가지는 우리 양심의 증거라고 말하였습니다(고후 1:12).

어떻게 지혜로운 사람에게는 아무것도 헛되지 않을까요? 그의 가르침, 그의 생각, 그의 생활양식, 그의 전 행위가 하나님의 밭, 하나님의 집(고전 3:9), 안식일의 주인인 주님의 포도원이 아닙니까?(사 5:7). 잎이 시들지 않을 때, 그 중 어느 것이나 그에게서 상실될 수 있습니까?

**4.** 한편 그와 같은 포도원에는 언제나 해악이 침투하고 만연합니다. 이는 상품이 많은 곳에 관심 있는 사람들도 많기 때문입니다(전 5:10). 지혜로운 사람이라면, 포도원을 재배하는 데 못지않게 그것을 지키는 데도 관심을 기울일 것입니다. 그는 그것이 여우들의 밥이 되도록 버려두지 않을 것입니다. 가장 악한 여우는 숨은 비방자들이지만, 부드러운 혀를 가진 아첨꾼도 나쁘기는 마찬가지입니다. 지혜로운 사람은 이들을 경계합니다. 그는 할 수 있는 대로 그와 같은 일을 하는 자들을 잡으려고 애씁니다. 그러나 친절과 공손함으로, 유익한 충고로, 그들을 위해 하나님께 기도함으로써 그들을 잡으려고 합니다(행 12:5). 그는 남을 중상하는 자와 아첨하는 자의 머리 위에, 그가 전자의 마음에서 시기심을 몰아내고 후자의 마음에서 위선을 몰아낼 때까지 쉬지 않고 숯불을 쌓으며 신랑의 명령을 성취합니다: "우리를 위하여 여우 곧 포도원을 허는 작은 여우를 잡으라"(아 2:15).

만약 어떤 사람이 잡혔을 때에 얼굴을 붉힌다면, 그것은 그가 사랑을 받아 마땅한 분을 미워한 것이나 그를 행함과 진실함으로 사랑한 분을 말과 혀로만 사랑한 것에 대해(요일 3:18) 회개하는 것을 의미할 것입니다. 그가 잡힌 것은 분명합니다. 그것도 주님을 위해 그의 뚜렷한 명령에 따라 잡혔습니다: "우리를 위해 잡으라." 이유 없이 나를 반대하는 자들을 모두 잡아 그리스도께 돌아가게 하거나 혹은 그를 위하여 그들을 얻을 수 있다면 얼마나 좋겠습니까! "내 생명을 찾는 자들이 부끄러워 수치를 당하게 하시며 나를 상해하려 하는 자들이 물러가 낭패를 당하게 하소서"(시 35:4; 70:2). 그러나 나는 신랑에게 순종하여 나도 역시 나를 위하여가 아니라 그를 위하여 여우들을 잡을 수 있기를 원합니다.

5. "우리를 위하여 여우 곧 포도원을 허는 작은 여우를 잡으라"(아 2:15). 이 말씀은 도덕적인 의미를 지니고 있습니다. 이미 이 영적 포도원들이 의미하는 바가 안에 있는 모든 것들이 경작되고, 모든 것들이 발아하며, 열매를 맺고 구원의 영을 낳는 영적인 사람들을 상징한다고 말한 바 있습니다.

하나님의 나라에 대해 말해진 것이 만군의 주의 포도원에 대해서도(사 5:7) 똑같이 말해질 수 있습니다. 즉 그들은 우리 안에 있습니다(눅 17:21). 복음서에서 우리는 그 나라가 그 나라의 열매를 맺는 백성에게 주어질 것이라고 읽습니다(마 21:43). 사도 바울은 다음과 같은 열매를 열거합니다: "성령의 열매는 사랑과 희락과 화평과 오래 참음과 자비와 양선과 충성과 온유와 절제니"

(갈 5:22-23). 이런 열매들은 우리의 진보를 나타냅니다. 그것들은 신랑을 유쾌하게 합니다. 왜냐하면 그는 우리를 돌보시기 때문입니다(벧전 5:7).

하나님이 나무를 염려하십니까? 신인(Man-God)이신 분은 나무가 아니라 사람들을 사랑하시고, 우리의 진보를 자신의 열매로 여기십니다. 그분은 지칠 줄 모르고 그들의 때를 지켜보고, 그들의 모습이 보일 때 미소 짓고, 우리가 그들을 잃지 않도록, 혹은 차라리 그가 그들을 잃지 않도록 애쓰십니다. 이는 우리를 자신만큼 소중히 여기시기 때문입니다. 그러므로 그는 교활한 여우가 설익은 열매들을 훔치지 못하게 하기 위해서 그를 위하여 여우들을 잡으라고 명령하십니다: "우리를 위하여 여우 곧 포도원을 허는 작은 여우를 잡으라."

만약 누가 "당신의 두려움은 시기상조입니다. 열매를 맺을 때는 아직 되지 않았습니다"라고 반대한다면, 그분은 이렇게 대답하십니다: "그렇지 않다. 우리의 포도원에 꽃이 피었음이라"(아 2:15). 꽃이 피고 열매가 맺기까지의 기간이 지연되는 법이 없습니다. 꽃이 떨어지는 동안 즉시 열매는 싹이 터서 나오기 시작합니다.

6. 그것은 우리 시대를 위한 비유입니다(히 9:9). 이 풋내

기 수련 수사들을 보십시오. 그들은 최근에 개종하여 이곳에 왔습니다. 그들에 대해 "우리 포도원에 꽃이 피었다"라고 말할 수 없습니다. 지금 꽃이 피고 있는 중입니다. 아직 열매를 맺을 때는 되지 않았습니다. 그들의 새로운 생활양식, 최근에 더 나은 삶을 선택한 것 등은 꽃봉오리들입니다. 그들은 세련된 용모를, 그들의 몸에 어울리는 적절한 태도를 갖추었습니다. 그들에게서 보이는 것은 나의 마음을 기쁘게 합니다: 그들은 몸과 의복에 덜 신경을 쓰고, 보다 말을 적게 하며, 그들의 얼굴은 보다 기쁨이 넘치고, 그들의 표정은 겸손하며, 그들의 움직임은 보다 올바릅니다. 그러나 이런 것들은 새로운 시작이기 때문에, 그 꽃들은 그들의 바로 그 새로움에 의해 그리고 열매 자체보다 열매에 대한 약속에 의해 판단되어야 합니다.

나는 교활한 여우들을 겁내지 않습니다. 이는 그들이 탐내는 것은 꽃이 아니라 열매이기 때문입니다. 여러분에게 위협이 되는 것은 다른 데서 옵니다. 꽃들과 관련하여 내가 염려하는 것은 도둑이 아니라 냉기로 마르는 것입니다. 북풍은 나에게 달갑지 않습니다. 갓 피어난 꽃봉오리를 망가뜨려서 우리에게 열매를 얻지 못하게 하는 아침의 서리도 마찬가지입니다. 그러므로 여러분에게 닥치는 어떤 해악도 북쪽으로부터 옵니다(렘 1:14).

"누가 능히 그의 추위를 감당하리요"(시 147:17).

만약 영혼이 경시되고 영이 잠잘 때에 이 추위가 영혼 속을 침투하면, 그리고 (하나님이 금하셔서) 그것을 제어할 만한 사람이 아무도 없다면, 그것은 그 영혼의 내부에 파고 들어가 마음의 깊은 곳에 이르고, 애정을 마비시키며, 충고의 길을 방해하고, 판단의 빛을 흐리게 하며, 영의 자유를 구속합니다. 그리고 몸이 아파서 열이 날 때처럼, 곧 마음의 한기가 찾아 듭니다: 열심은 줄어들고, 힘은 약해지고, 절제에 대한 반감이 증가하고, 가난에 대한 두려움으로 불안하고, 영혼은 떨며, 은혜는 위축되고, 시간은 지루하며, 이성은 잠자고, 성령은 소멸되며(살전 5:19), 신선한 열정은 사라지고, 미지근한 마음이 자리 잡고, 형제 사랑이 식어지며(마 24:12), 쾌락이 마음을 끌며, 안전이 덫이 되고, 옛 습관이 되살아납니다.

법을 속이고, 정의를 거부하고, 올바른 것을 폐하고, 주님을 경외하는 일을 그만 둡니다(욥 6:14). 뻔뻔스러움이 마침내 활기를 띱니다. 거기에서 너무도 불명예스럽고 수치스럽고 치욕과 혼란으로 가득한 경솔한 뜀뛰기가 이루어집니다. 그것은 높은 데서 심연으로, 마당에서 거름더미로, 보좌에서 하수구로, 하늘에서 진창으로, 수도원에서 세상으로, 낙원에서 지옥으로의 뜀

뛰기입니다. 지금은 이 염병의 근원과 기원을 밝히거나 그것을 막는 방법 또는 그것을 정복할 수 있는 능력에 대해 말할 때가 아닙니다. 그러한 것들에 대해서는 다른 곳에서 다룰 것입니다.

7. 보다 앞서 있고 안정된 자들, 이미 꽃이 피었고 그 꽃들이 더 이상 추위를 두려워할 필요가 없으나 그 열매를 여우들로부터 지킬 필요가 있는 포도원에 대해 말하겠습니다. 이 여우들의 영적인 의미가 무엇인지, 왜 그들을 쫓아내거나 죽이지 말고 잡으라고 명령되는지에 대해 분명하게 말할 수 있어야 합니다. 그리고 듣는 자들이 빈틈없이 방비하도록 이런 동물들의 여러 가지 종류를 살펴볼 필요가 있습니다. 그러나 여러분을 지치게 하지 않고, 우리의 경건의 신선함이 교회의 위대한 신랑이신 우리 주 예수 그리스도의 은혜와 영광의 찬송 안에 보존되도록, 이 설교에서 그것을 다루지는 않겠습니다. 그분은 만물 위에 계셔서 세세에 찬양을 받으실 하나님이십니다(롬 9:5). 아멘.

# 네 종류의 유혹

1. "우리를 위하여 여우 곧 포도원을 허는 작은 여우를 잡으라 우리의 포도원에 꽃이 피었음이라"(아 2:15). 이 여우들은 유혹을 상징합니다. 유혹이 오는 것이 필요합니다(마 18:7). 이는 경기하는 자가 법대로 경기하지 아니하면 승리의 관을 얻지 못할 것이기 때문입니다(딤후 2:5). 대항하는 자가 없다면 그들이 어떻게 경기를 하겠습니까? 여러분이 하나님을 섬길 때, 경외감으로 서서 유혹에 대해 스스로 대비해야 합니다(집회서 2:1). 무릇 그리스도 안에서 경건하게 살고자 하는 사람은 누구든지 박해를 받습니다(딤후 3:12).

유혹에는 우리 삶의 서로 다른 시기에 따라 여러 종류가 있습니다. 삶의 초기, 즉 우리가 어린 풀 위에 핀 여린 꽃과 같을 때에는 살을 에는 서리가 우리를 공공연히 공격합니다(설교 63, 6-7). 나는 초보자들에게 이 해악에 대해 주의하도록 경고하였습니다. 그러나 선의 강력한 대적자들은 성결함의 진보를 이룬 대가들을 감히 대적하지는 못할지라도, 교활한 작은 여우들처럼 덕의 모습으로 가장하고 은밀히 숨어 그들을 기다립니다. 생명의 길로 들어선 초기에(시 16:11) 의의 길에서 바르게 시작하여(잠 2:8) 선을 향해 차분하게 진보를 보이다가 부끄럽게도 이 작은 여우들에 의해 걸려 넘어지는 굴욕을 당하고, 여우들이 삼켜버린 덕의 열매들에 대해 뒤늦게 슬퍼하는 자들을 나는 많이 보았습니다.

2. 어떤 사람이 그의 길을 잘 달려가고 있었습니다(갈 5:7). 그런데 문득 다음과 같은 생각이 떠올랐습니다: "만약 내가 집에 있다면, 내가 여기서 혼자 누리고 있는 좋은 것을 나의 형제들과 친척들과 친지들과 나눌 수 있을 텐데(눅 16:28). 그들은 나를 사랑하므로, 내가 말한다면 그들은 즉시 나의 말을 받아들일 것이다. 이것이 무슨 낭비란 말인가?(마 26:8). 그들에게 가야겠다. 그리고 그들 중 많은 사람들을 구원함으로써 나 자신도 구원할 수 있을 것이다. 환경의 변화를 두려워할 것은 없다.

물론 내가 보다 유익한 삶을 살 수 있는 곳이 더 나은 곳이긴 하지만, 선을 행하는 한 내가 어디에 있는가는 중요하지 않다." 이것이 작은 여우가 아니고 무엇입니까?

가련한 그 사람은 돌아갑니다. 그것은 망명자가 고향으로 돌아가는 것이라기보다 개가 그 토한 것으로 되돌아가는 것입니다(벧후 2:22). 그는 멸망합니다. 불쌍하게도 그는 다른 사람의 영혼은 고사하고 자신의 영혼도 잃어버립니다. 다른 이들의 영혼을 얻고자 하는 헛된 소원, 그것은 작은 여우입니다. 여러분이 수고하기를 꺼리지 않는다면, 여러분 자신의 경험에서 스스로 이와 같은 예를 얼마든지 발견할 수 있을 것입니다.

**3.** 만약 여러분이 깨어 있고(눅 12:37) 그들을 잡으려고 열심을 낸다면, 여러분이 자신의 포도원에서 발견할 수 있는 종류의 보기를 말해 주겠습니다. 때때로 훌륭한 진보를 보이는 사람이 자신을 특별하게 하늘의 은혜를 받은 자로 느끼고, 그의 친척이나 친구들에게가 아니라—여러분은 "내가 곧 혈육과 의논하지 아니하고"(갈 1:16)란 말을 기억합니다—모든 사람들에게 설교를 하고 싶은 욕구에 사로잡히는 경우가 있습니다. 그는 그것이 보다 순수하고, 알차고, 강력한 일인 것처럼 생각합니다. 그는 매우 조심스럽게 행동합니다.

의심의 여지없이 그는 만약 그가 은밀히 받은 곡식을 백성에게 내지 않으면 선지자의 저주를 초래할 것을 두려워하고(잠 11:26), 만약 귓속말로 듣는 것을 집 위에서 전파하지 않는다면 복음과 반대로 행동하는 것이 아닐까 두려워합니다(마 10:27). 이것도 역시 여우입니다. 그것은 앞의 것보다 훨씬 더 위험합니다. 왜냐하면 그것이 오는 것은 덜 분명하기 때문입니다. 그러나 나는 여러분을 위해서 그것을 잡을 것입니다. 첫째, 모세는 "네 소의 첫 새끼는 부리지 말고"라고 말합니다(신 15:19). 바울은 이것을 다음과 같이 해석합니다: "새로 입교한 자도 말지니 교만하여져서 마귀를 정죄하는 그 정죄에 빠질까 함이요"(딤전 3:6); "이 존귀는 아무도 스스로 취하지 못하고 오직 아론과 같이 하나님의 부르심을 받은 자라야 할 것이니라"(히 5:4); "보내심을 받지 아니하였으면 어찌 전파하리요?"(롬 10:15).

수도사의 의무는 가르치는 것이 아니라 우는 것입니다.[2] 나는 이와 같은 고려(考慮)들로 나의 그물을 짜서 포도원을 해치지 않도록 여우를 잡습니다. 그것들은 수도사가 공적으로 설교하는 것이 합당하지 않으며, 초심자에게 역시 어울리지 않으며, 분명

---

2) St. Jerome, *Contra Vigilantium* 15; PL 23:367A.

하게 보내심을 받지 않은 어떤 사람에게도 적절하지 않다는 것을 매우 확실히 합니다. 이 셋 모두에도 아랑곳없이 날아오른다면, 그 양심은 얼마나 황폐한지요! 그러므로 만약 이런 유의 제안이 여러분에게 들어온다면, 그것이 여러분 자신의 마음속에서 생겨나든지 혹은 악한 영에 의해 주어지든지(시 78:49), 그것을 교활한 여우, 선을 가장한 악이라는 것을 인식해야 합니다.

4. 다른 보기를 보십시오. 얼마나 많은 열정적인 영혼들이 고독한 삶의 매력에 이끌려 수도원을 떠났으며(롬 12:11), 그 다음 미지근해져서 토하여 내침을 당하였습니까?(계 3:16). 만약 그들이 남아 있다면, 그들은 게으르고 방종하여 수도자의 법을 깨뜨립니다. 포도원에 그와 같은 대 파괴가 야기될 때, 거기엔 분명히 작은 여우가 일하고 있습니다! 그것은 사람의 생명과 성실을 파괴합니다. 그는 은둔자의 생활이 그가 경험하기로 단지 평범한 은혜를 줄 뿐인 공동체의 삶보다 훨씬 더 풍성하게 성령의 열매를 맺게 할 것으로 생각하였습니다. 그에게는 그 생각이 선한 것처럼 보였으나, 결과는 그것이 파괴적인 여우의 유혹이었다는 것을 보여 줍니다.

5. 이제 빈번히 심각한 곤란을 일으키는 문제를 언급하겠습니다. 그것은 지나친 미신적 금욕입니다. 그것은 그들 자

신뿐 아니라 모든 이들에게 부담을 줍니다. 그와 같은 부조화는 그와 관련된 자들의 양심을 파괴하고, 나아가 여러분 모두의 하나 됨을 파괴함으로써 주의 오른손으로 심으신(시 80:15) 이 큰 포도나무를 파괴합니다. "실족하게 하는 그 사람에게는 화가 있도다!"(마 18:7). "누구든지 이 작은 자 중 하나를 실족하게 하면"(마 18:6)—그 다음에 나오는 말은 무섭습니다. 그러나 그토록 많고 거룩한 무리를 실족하게 하는 사람이 받을 운명은 얼마나 더 무섭겠습니까! 그가 누구든지(갈 5:10), 그는 심판을 받을 것인데 그것은 혹독한 심판일 것입니다.

## 2

**6.** 포도원을 허는 교활한 여우에 대해 신랑이 한 말을 생각해 봅시다. 내 생각에, 그들이 작은 것은 그들의 악의가 작기 때문이 아니라 그들의 교묘함 때문입니다. 이런 유의 동물들은 본성적으로 교활하며, 은밀히 해를 가하는 데 극도로 민첩합니다. 그들을 덕의 모양을 가장하여 미묘한 악을 나타내는 것으로 보는 것이 적절할 것 같습니다.

나는 이미 그들의 본성에 대해 간략하게 설명하였고 몇 가지 보기를 말하였습니다. 그들은 덕과 흡사하기 때문에 덕으로 위장하지 않고서는 결코 해를 가할 수 없습니다. 그들은 사람의 헛된 생각이나(시 94:11) 광명의 천사로 가장한 채(고후 11:14) 마음이 바른 자를 어두운 데서 쏘기 위해 은밀히 활을 당기고 살을 시위에 먹이는(시 11:2) 사탄의 악한 천사들의 충동질입니다(시 78:49). 나는 그들이 작다고 말해지는 이유가 바로 이 때문이라고 생각합니다. 이는 다른 악들은 유형적으로 나타나는 데 반해, 이런 유는 그 교묘함 때문에 쉽게 인식되지 않기 때문입니다. 완전하고 경험 있는 자들과, 선과 악을 분별하고 특히 영들을 분별할 수 있을 만큼(고전 12:10) 영혼의 눈이 밝아진 자들(엡 1:18) 외에는 그들을 쉽게 피할 수 없습니다. 그런 사람들은 사도 바울과 함께 이렇게 말할 수 있습니다: "우리는 그 계책을 알지 못하는 바가 아니로라"(고후 2:11). 아마 신랑이 그들을 쫓아내거나 죽이지 않고 잡으라고 명령한 것은 바로 이 이유 때문일 것입니다. 이런 유의 교활한 작은 짐승들은 경계하며 감시되고, 덫에 걸려 자기의 계략에 빠지게 해야 합니다(욥 5:13).

그들의 미혹이 드러나고 거짓이 밝혀질 때, 포도원을 허는 작은 여우가 잡혔다고 진실로 말할 수 있습니다. 그래서 복음서에서 보는 것과 같이 사람이 자기 말의 올무에 걸린다고 말합니다: "바리새인들이 가서 어떻게 하면 예수를 말의 올무에 걸리게 할까 상의하고"(마 22:15).

      **7.** 이것이 신랑이 포도원을 허는 작은 여우들을 잡으라고, 다시 말해 올무에 걸리고, 정복되고, 백일하에 밝혀지도록 명령한 이유입니다. 이런 유의 해충에게 유일한 특징은 그것이 한 번 인식되면 다시 해를 끼칠 수 없다는 것입니다. 그것은 인식되기만 하면 정복됩니다. 미친 사람이 아니라면 누가 알면서 의식적으로 그의 발을 덫에 걸리게 하겠습니까? 그러므로 이런 유는 잡히는 것으로, 즉 발각되어서 빛 가운데 드러나는 것으로 족합니다. 왜냐하면 그들은 밝혀지는 대로 곧 소멸되기 때문입니다. 다른 악들은 그렇지 않습니다. 그것들은 공공연히 공격하고, 공공연히 해악을 끼칩니다. 그것들은 심지어 그것들을 알고 있는 자들도 덫에 걸리게 하고, 그것들에 대해 저항하는 자들도 위장이 아닌 힘으로 굴복시킵니다. 공공연히 사납게 날뛰는 이런 유의 짐승들을 다룰 때, 우리는 그것들을 물로 씻어 내는 것이 아니라 제압해야 합니다.

  한낮의 빛에 드러나게 되면 교활한 굴에서(마 8:20) 잡히는 것이 이런 작은 여우들, 교묘한 사기꾼들뿐입니다. 일단 그들의 정체가 밝혀지면, 그들은 아무런 해도 끼칠 수 없습니다. 그러나 그들은 굴을 가지고 있습니다. 이것이 우리에게 이 여우들을 잡으라고 명령된 이유이며, 또 그들이 작다고 묘사된 이유입니다. 혹은 그들이 그렇게 불리는 것은 아직 그들이 작은 때인 초기에 주의깊이 관찰하여 제때에 잡아 훗날 그들이 점점 더 커지고 잡기에 더 어려워지는 것을 막기 위함일 수 있습니다.

3

8. 이 상징을 발전시켜 포도나무를 그리스도인 회중으로, 여우를 이단설 혹은 이단자들로 본다면, 그 해석은 간단합니다: 이단자들은 쫓겨나기보다 잡혀야 합니다. 그들은 무력으로가 아니라 그들의 틀린 점들을 반박할 수 있는 논증으로 잡혀야 합니다. 그렇게 될 수 있다면, 그들은 정통 교회와 화합하고 참 신앙으로 회복될 것입니다.

그의 뜻은 이것이니(요 6:39-40), 곧 모든 사람이 구원을 받으며 진리를 아는 데에 이르는 것입니다(딤전 2:4). 이것이 바로 그가 단순히 "여우를 잡으라"고 하지 않고 "우리를 위하여 여우를 잡으라"고 말씀하신 이유입니다. 그가 이 여우들이 잡혀야 한다고 말씀하신 것은 그 자신과 그의 신부, 즉 교회를 위해서입니다. 그러므로 만약 경험 있고 학식 있는 교인이 이단자와 논쟁하는 일을 맡는다면, 그는 이단자의 생각의 틀린 점들을 납득

시켜 그로 하여금 돌아서게 하는 데 초점을 맞추어야 합니다. 그는 죄인을 미혹된 길에서 돌아서게 하는 자가 그의 영혼을 사망에서 구원할 것이며 허다한 죄를 덮을 것이라는 사도 야고보의 말을 명심해야 합니다(약 5:20). 그러나 만약 그가 한두 번의 훈계 이후에도 돌아서거나 깨닫지 못한다면, 사도의 말에 따라 우리는 그를 완전히 왜곡된 사람으로 멀리해야 합니다. 따라서 나는 포도나무들을 망치도록 그를 방치하기보다 쫓아내거나 심지어 결박하는 것이 더 낫다고 생각합니다.

9. 이단자를 추방하고 그의 이론을 논박하는 것을 중요하지 않은 작은 일로 생각해서는 안 됩니다. 그런 일은 그림자와 실재 사이에 분명하고 뚜렷한 구분을 짓고, 명백하고 반론의 여지가 없는 논리로 거짓 교훈의 오류들을 상술하여 하나님 아는 것을 대적하여 높아진(고후 10:5) 부패한 마음을 사로잡는 것입니다. 비록 그를 구원에 이르게 하지는 못하였을지라도 이 일을 한 사람은 사실상 그 여우를 잡은 것입니다. 그리고 방법은 다르지만, 그는 신부와 신랑을 위하여 그것을 잡았습니다. 이는 그 이단자가 그의 잘못된 길에서 일으켜 세움을 받지 못하였을지라도, 교회는 믿음이 굳건해졌기 때문입니다(골 2:7).

신랑은 신부의 진보를 기뻐합니다. "여호와로 인하여 기뻐하는 것이 우리의 힘이라"(느 8:10). 자신을 우리와 연합하신 분이 우리의 유익을 그와 상관없는 것으로 보시겠습니까? 이는 그가 자신을 위해서가 아니라 그와 함께 있는 우리를 위하여 여우들을 잡도록 명령하시기 때문입니다. 그가 "우리를 위하여"라고 말씀하신 것을 주목하십시오. 얼마나 은혜로운 겸손이십니까! 여러분은 그가 자신을 위해 아무것도 간직하지 않고 모든 것을 그의 아내와 자녀들과 가솔들과 함께 나누는 점에서 한 가정의 가장처럼 말하고 있다고 생각하지 않으십니까? 말씀하시는 이는 하나님이시나, 그는 하나님으로서가 아니라 신랑으로서 말씀하십니다.

10. "우리를 위하여 여우를 잡으라." 견줄 바가 없는 그분이 마치 그와 동등한 자들에게 말씀하시는 것같이 말씀하시는 것을 봅니다. 그는 "나를"이라고 말씀하실 수도 있었으나, "우리를"이란 말을 선호하셨습니다. 이는 그가 친구 관계를 기뻐하시기 때문입니다. 얼마나 큰 은혜입니까! 얼마나 위대한 사랑입니까! 만물보다 높으신 분이 만물과 하나가 되는 것이 가능합니까?

누가 이 일을 일으켰습니까? 그것은 사랑입니다. 그것은 그 자신의 품위를 개의치 않고, 애정에 강하고, 설복에 효과적인 사랑입니다. 무엇이 이보다 더 격렬하겠습니까? 사랑은 심지어 하나님도 설복합니다. 무엇이 그토록 양순할 수 있습니까? 그것은 사랑입니다. 격렬하게 승리를 향해 나아가면서도 폭력에 무저항적인 힘은 무엇이겠습니까? 이는 여러분에게 사랑의 충만함이 쏟아 부어졌으며, 그의 고상함이 낮아졌으며, 그의 독특한 본성이 여러분과 같이 되었다는 사실을 알게 하기 위하여 자신을 비웠기 때문입니다.

놀라운 신랑이여, 당신이 누구와 더불어 그토록 친숙한 우정을 나누십니까? 그는 말합니다: "우리를 위하여 여우를 잡으라." 여러분 외에 누구를 위함입니까? 이방인들의 교회를 위함입니까? 이방인들의 교회는 죽어야 할 인생들과 죄인들로 구성되어 있습니다. 그것이 어떤 존재인지 우리는 압니다. 그러나 구스 여인에게 전념하는(민 12:1) 열렬한 연인, 당신은 누구십니까?(요 1:19).그는 제2의 모세가 아니라 모세보다 큰 분이십니다. 당신은 인생 중에 가장 아름다운 자가 아닙니까?(시 45:2; 지혜서 7:26). 나의 말은 너무 보잘것없습니다. 당신은 영생의 빛, 하나님의 영광의 광채시요 그 본체의 형상이시며(히 1:3), 만물 위에 계셔서 세세에 찬양을 받으실 하나님이십니다(롬 9:5). 아멘.

# 설교 65

# 여우를 잡으라

1

1. 나는 이 구절에 대해 두 차례 설교를 하였습니다. 이제 세 번째 설교를 하겠습니다. 우리 내부의 포도나무들, 즉 여러분에 관한 한, 앞의 두 설교에서 세 부류의 여우들의 간계들로부터 여러분 자신을 지킬 수 있도록 충분히 경고하였다고 생각합니다. 그것들은 아첨꾼들, 중상자들, 미혹자들로서 악을 선으로 위장하여 나타내는 데 노련하고 능란합니다.

그러나 주님의 포도원, 다시 말해 세상을 포함하며 우리가 그 일부를 이루는 포도원으로 측량할 수 없이 크고, 주께서 심으시고(시 80:15), 그의 피로 사시고, 은혜로 비옥하게 하시고, 성령으로 열매를 맺게 하신(고전 3:6) 포도나무와 관련하여서는 그렇지 않습니다. 나는 그 포도나무를 해치려는 자들이 많은 것, 그것을 지키려는 자들이 적은 것, 또 그것을 방어하는 것이 매우 어렵다는 사실 등으로 인해 크게 고민합니다. 방어가 어려운 이유는 공격이 교묘하기 때문입니다.

교회에는 항상, 심지어 처음부터 여우들이 있어 왔지만, 그것들은 모두 재빨리 발견되고 잡혔습니다. 이단자에게 있어 가장 강력한 동기는 공개적인 승리이기 때문에, 그는 공개적으로 논쟁을 벌이곤 합니다. 그리고 그는 굴복합니다. 그러므로 여우들은 쉽게 잡혔습니다. 그리고 진리가 확립된 이후에 이단자가 그의 고집의 어둠 속에 남아 있으면서 외부의 어둠과 단절된 채 홀로 쇠약해질 때에도 여우는 잡힌 것으로 간주될 수 있습니다. 이는 불경건함이 정죄되었고, 불경건한 자가 쫓겨났으며, 그의 삶이 이제 전혀 열매가 없는 빈 껍질인 것이 드러났기 때문입니다. 그러므로 선지자 호세아의 말에서, 그는 아이 배지 못하는 태와 젖 없는 유방을 지닌 자와 같습니다(호 9:14). 이는 공개적으로 논박된 오류는 다시 일어나지 않으며, 밝혀진 거짓은 뿌리를 내리지 못하기 때문입니다.

**2.** 공개적인 싸움에서 승리를 얻으려 하기보다 은밀히

해를 가하기를 원하는 그 가장 악독한 여우들은 우리가 어떻게 해야 합니까? 그것들이 결코 자신들을 드러내지 않으며 뱀처럼 몰래 다가올 때, 그것들을 어떻게 잡을 수 있습니까? 이단자들의 유일한 목적은 항상 그들의 박학다식을 자랑하여 명성을 얻는 것이었습니다. 그러나 이 특별한 이단은 다른 것들보다 더 악의와 교묘함으로 오염되어 있습니다. 이는 그것이 다른 이들을 파괴하는 데만 몰두하고 그 자체의 명성에는 관심이 없기 때문입니다. 내가 생각하기로, 그것은 일단 발견되기만 하면 도망칠 수 없이 즉시 잡혀버린 옛 이단들의 보기에서 교훈을 받아 그 사악함의 본성을 계속하여 비밀로 유지하기 위해 주의합니다. 왜냐하면 의심을 덜 일으킬수록 그것은 더 많은 자유를 갖기 때문입니다(살전 2:7). 이 사람들은 "그들의 악한 목적을 신봉합니다"(시 64:5).

"맹세하든지 위증하든지, 결코 비밀을 누설하지 말라." 그러나 다른 일에 있어 그들은 복음서 기자 마태의 말 때문에 조금도 맹세하려 하지 않을 것입니다: "도무지 맹세하지 말지니 하늘로도 하지 말라…땅으로도 하지 말라"(마 5:34-35). 미련하고 느린 자들이여(눅 24:25), 낙타는 삼키고 하루살이는 걸러내는 바리새 정신으로 가득 차 있도다(마 23:24).

맹세하지 않더라도 위증할 수는 있습니까? 혹은 그들의 비밀을 지키는 데는 이 둘 다 허용 가능합니까? 복음서의 어느 구절에서, 혹은 그들이 세세하게 지키는 것을 자랑하는 어느 획에서 이 예외를 찾을 수 있습니까? 분명히 그들은 맹세를 하는 것에 대해 망설입니다. 그러나 그들은 악하기 때문에 가볍게 위증을 범합니다. 얼마나 사악합니까! 그들은 완전을 위해 하나의 충고로 주어진 "맹세하지 말라"를 마치 그것이 긍정적인 명령인 것처럼 세세하게 지킵니다. 그러나 그들은 (불변의) 자연법이 금하는 위증은 중요하지 않은 것으로 마음대로 폐기해 버립니다. 그들은 마치 교훈을 밝히지 않는 것이 하나님께 영광이나 되는 듯이 말합니다: "우리는 우리의 비밀을 결코 밝힐 수 없습니다"(잠 25:2). 과연 그들이 하나님의 영광을 위해 비밀을 지킵니까? 오히려 그들의 비밀이 폭로된다면, 그들은 그것이 부끄러운 줄 앎으로 얼굴을 붉힐 것입니다. 이는 여우의 뒤가 구린 것처럼, 그들이 은밀히 말로 할 수 없는 음란을 범한다고 말해지기 때문입니다.

3. 나는 그들이 부인할 것에 대해서는 말하지 않겠습니다. 그들로 하여금 직접적인 증거에만 답하게 합시다. 그들이 따르고자 애쓰는 것이 거룩한 것을 개에게 주지 말고 진주를 돼

지 앞에 던지지 말라는 복음서의 교훈입니까?(마 7:6). 그들이 교회 내의 모든 사람을 개와 돼지처럼 여기는 것은 그들 자신이 교회에 속하지 않은 것을 공개적으로 시인하는 것이 아닙니까? 그들은 무엇이든지 간에 자기들의 비밀이 그들의 종파에 속하지 않은 사람에게 알려져서는 안 된다고 생각합니다. 비록 그들의 생각이 이러해도, 그들은 그것을 시인하지 않을 것입니다. 그리고 그들은 비밀이 폭로되는 것을 피하기 위해 이리저리 달리지만 피할 길은 없습니다(살전 5:3).

## 2

타당하지 않게 지혜로우며 말로 형용할 수 없이 어리석은 사람이여, 당신이 숨기는 비밀이 하나님께 속한 것인지 그렇지 않은지 말해 보십시오. 만약 그것이 하나님의 것이라면, 왜 당신은 그것을 그의 영광을 위해 밝히지 않습니까? 왜냐하면 일을 밝히는 것은 하나님의 영광이기 때문입니다.[1] 만약 그

---

1) 잠 25:2(칠십인 역, 라틴어 역, 그리고 모든 영역본들은 반대 의미를 지닌다. 그러나 에스겔 1, 6장에 대한 설교에서 성 그레고리는 그것을 이 의미로 본다. 참고: 토빗 12:7). 베르나르가 가진 카타리파에 관한 정보의 출처 중 하나는 쾰른 근방의 한 작은 프레몽트레 수도원의 원장이었던 스테인필드의 에버윈이었다. 1140년과 1143년 사이에 에버윈은 그 대수도원장에게 보낸 편지에서 베르나르가 쾰른 주변의 이단적인 평신도 단체

렇지 않다면, 당신은 이단자가 아닌 다음에야 어떻게 하나님께 속하지 않은 것을 믿습니까? 그들로 하여금 하나님께 영광이 되도록 그들의 비밀을 드러내든지, 혹은 그것이 하나님의 비밀이 아님을 시인하고 그들이 이단이 아니라는 것을 그만 부인하게 합시다. 혹은 적어도 그들이 하나님의 영광에 공공연히 적대적인 사실만큼은 인정하게 합시다. 이는 그들이 하나님께 영광이 될 일을 거부하기 때문입니다.

성경의 진리는 분명합니다: "일을 숨기는 것은 왕의 영화요 교훈을 밝히는 것은 하나님의 영화니라"(잠 25:2). 당신이 그것을 밝히고 싶지 않습니까? 그렇다면 당신은 하나님을 영화롭게 하고 싶지 않은 것입니다. 그러나 아마 당신은 이 본문을 받아들이지 않을 것입니다. 이것은 분명한데, 왜냐하면 당신과 같은 사람들은 자신들만이 참 복음의 유일한 추종자들이라고 믿기 때문입니다. 그렇다면 그들로 하여금 복음서의 말씀에 답하게 합시다. "내가 너희에게 어두운 데서 이르는 것을 광명한 데서 말하며 너희가 귓속말로 듣는 것을 집 위에서 전파하라"(마 10:27).

당신은 더 이상 침묵할 수 없을 것입니다. 얼마나 오래 당신

---

들에 대해 다시 공개적으로 논박하기를 바라는 뜻을 비쳤다. 그의 편지의 본문이 PL 182:676-80에 있다.

은 하나님께서 밝히라고 명령하신 것을 비밀로 숨길 것입니까? 얼마나 오래 당신의 복음이 숨긴 채 남아 있겠습니까? 그것은 바울의 복음이 아니라 당신의 복음입니다. 왜냐하면 그는 그의 것이 숨겨지지 않았다고 선언하기 때문입니다. 그는 말합니다: "만일 우리의 복음이 가리었으면 망하는 자들에게 가리어진 것이라"(고후 4:3). 당신의 복음이 숨겨져 있는 것이 발견될 때, 그가 말하는 자가 당신이 아니도록 주의하십시오. 당신이 멸망의 길에 있는 것이 너무도 분명하지 않습니까? 당신은 심지어 바울의 말도 받아들이지 않을 것입니까? 나는 당신들 중 일부가 그러하다고 들었습니다. 비록 당신들 모두가 우리와 일치하지 않을지라도, 당신들 스스로도 모든 것에 관해 일치하지 않습니다.

**4.** 그러나 당신들 모두는 구세주께서 육신으로 임재하신 시대에 살던 사람들의 말과 글과 전통을 의심의 여지없이 받아들이는 줄 압니다. 이 사람들이 그들의 복음을 비밀로 간직하였습니까? 그들이 성육하신 하나님의 육체의 연약함에 대해, 그의 죽음의 공포에 대해, 그의 십자가의 수치에 대해 침묵하였습니까? 그들의 소리는 온 땅에 통하였습니다(시 19:4). 당신들이 자랑하는 사도적 생활양식은 어디에 있습니까? 그들은 그들의 교훈을 소리치나 당신들은 속삭이며; 그들은 공적인 데 반해,

여러분은 은밀하며; 그들은 구름처럼 날아오나(사 60:8) 당신들은 어둠 속에, 땅 속의 굴에 숨습니다.

　당신들이 그들과 닮은 점은 무엇입니까? 당신들이 여자들을 여행 동반자가 아니라 부인으로 데리고 다니는 그 사실입니까? 동반자 관계는 함께 사는 것과 같은 식으로 의심을 받지 않습니다. 죽은 자를 살린 사람들에 관해 누가 짙은 의심을 품겠습니까? 가서 당신들도 그와 같이 하십시오(눅 10:37). 그러면 나는 한 남자와 한 여자가 단순히 휴식을 취하고 있다고 생각할 것입니다. 그렇지 않다면, 당신들은 당신들이 지니지 못한 성결함을 지닌 자들의 특권을 무례하게 폐기하는 것이 됩니다.

　육적인 관계를 나누지 않으면서 여성을 항상 동반하는 것-이것이 죽은 자를 살리는 것보다 더 큰 기적이 아닙니까? 당신들은 죽은 자를 살리는 기적도 행할 수 없습니다. 그런데 당신들은 내가 당신들이 더 큰 기적을 행할 수 있다고 믿기를 기대합니까? 매일 식탁에서 당신의 옆구리가 그 소녀의 옆구리를 스치고, 방에서 당신의 침대가 그녀의 것에 스치고, 대화에서 당신의 눈이 그녀의 눈과 부딪히고, 일에서 당신의 손이 그녀의 손과 부딪힐 때 당신은 순결한 자로 생각되기를 기대할 수 있습니까? 당신은 그럴지 모르나, 나는 의심합니다. 내게 있어 당신들은 하나의 추문거리입니다. 추문의 원인을 제거하고, 당신들이 복음의 추종자인 것을 자랑하는 그 자랑의 진실을 입증하시오. 복음이 교회 내의 누군가를 거슬리게 하는 사람을 정죄하지 않습니까?(마 18:16). 당신들은 교회를 욕되게 합니다. 당신들은 포도나무를 해치는 여우입니다.

친구들이여, 그것을 잡을 수 있도록 도와주십시오. 거룩한 천사들이여, 우리를 위해 그를 잡아 주십시오. 그는 매우 교활하고 불의와 불경건함으로 덮여 있으며(시 73:6), 그는 너무도 작고 교묘하여 사람들의 눈을 쉽게 속일 수 있습니다. 그가 천사들인 당신들도 속일 수 있습니까? "우리를 위하여 여우를 잡으라"(아 2:15)는 말은 바로 신랑의 친구들인 당신들에게 한 말입니다. 그러므로 명령을 받은 대로 하십시오. 이 속이는 작은 여우, 우리가 오랫동안 추적하였으나 실패한 이 작은 여우를 나를 위해 잡아 주십시오. 우리에게 그의 간계를 어떻게 밝혀낼 수 있는지 가르쳐 주십시오. 그러면 그 여우가 잡힐 것입니다. 이는 부정직한 교인이 정직한 이단자보다 훨씬 더 해롭기 때문입니다. 사람은 바로 이 목적을 위해 하나님의 성령으로 일깨움을 받거나 천사들의 활동으로 인도함을 받지 않는다면, 사람의 속에 있는 것을 알 수 없습니다(요 2:25). 어떤 징조를 우리에게 주셔서, 혀로만 아니라 그 삶에서 속이는 법을 너무도 잘 아는 이 악한 이단을 백일하에 드러나게 하시겠습니까?

    5. 한 그루의 포도나무가 파괴되는 것은 그곳에 여우가 있었다는 것을 표시합니다. 그러나 그 짐승은 매우 교활하여 잘 알려져 있지 않은 술책으로 그 발자국들을 감춥니다. 그래서 아무도 그가 어떻게 들고 나는지를 쉽게 발견할 수 없습니다. 비록 그의 일은 눈에 뜨이나, 그 일을 하는 자는 어느 곳에도 보이지 않습니다. 그는 그가 초래한 재난 아래 완전히 몸을 감춥니다. 사실상, 만약 여러분이 그에게 그의 믿음에 대해 질문해 보면, 그보다 더 정통적인 것을 발견하지 못할 것입니다. 만약 그의 생활양식에 대해 질문한다면, 그보다 더 흠잡을 데 없는 것도 없을 것입니다. 그리고 그는 그의 행위로 그의 말을 입증합니다. 여러분이 보는 것은 자주 교회를 찾고, 성직자를 존경하고, 헌금을 드리고, 죄를 고백하고, 성례를 받는 사람입니다. 이보다 더 정통적인 것이 있습니까? 믿음과 행위에 관한 한 그는 아무에게도 해를 끼치지 않으며, 아무도 괴롭히지 않으며, 남에게서 강탈하지도 않습니다(눅 3:14). 그의 얼굴은 금식으로 창백하고, 그는 게을리 얻은 양식을 먹지 않으며(잠 31:27), 그의 손의 수고로 자신을 부양합니다(살전 4:11).

우리의 여우가 지금 어디에 있습니까? 방금 전에 우리는 그를 우리 수중에 두었습니다. 그가 어떻게 우리 손에서 빠져 나갔습니까? 어떻게 그토록 갑자기 그가 사라졌습니까? 우리는 쫓아가서 그를 파내야 합니다. 그의 열매로 우리는 그를 알 수 있습니다(마 7:16). 그리고 망가진 포도나무들이 분명히 여우를 가리킵니다. 여자들이 그들의 남편을 떠나고, 남편들이 그들의 아내를 떠나 이런 이들과 합류합니다. 젊은이나 늙은이나 성직자들이 그들의 교인과 교회를 떠나 베 짜는 자들과 그 여인들 가운데 사는 것이 발견됩니다. 이것이 큰 재해가 아닙니까? 이것이 여우의 일이 아닙니까?

**6.** 그러나 그들 모두가 이런 명백한 행동을 하지는 않습니다. 혹은 만약 그들이 그렇게 한다 할지라도, 그것은 입증될 수 없습니다. 그렇다면 우리가 어떻게 그들을 잡을 수 있을까요? 다시 여자들과 교제하며 동거하는 문제로 돌아갑시다. 이는 그들 모두가 이것에 대해 얼마간 경험이 있기 때문입니다.

"나의 선하신 이여, 이 여성은 누구이며 어디서 왔습니까? 그녀는 당신의 아내입니까?"

그는 말합니다: "아니요, 그것은 나의 서약으로 금지되어 있습니다."

"그럼, 당신의 딸인가요?"

"아니오."

"그럼 무엇입니까? 누이도 조카도 아니라면 적어도 출생이나 결혼으로 당신과 관련된 사람인가요?"

"그렇지 않습니다."

"당신은 어떻게 여기서 그녀와 함께 당신의 순결을 지킬 것입니까? 당신은 이렇게 행동해서는 안 됩니다. 아마 당신은 교회가 사람들이 독신을 서약할 경우 남녀가 동거하는 것을 금한다는 것을 알지 못하는 것 같군요. 만약 당신이 교회 내에 추문을 일으키지 않기를 원한다면, 그 여자를 내보내시오. 그렇지 않으면 그것이 다른 의심까지 불러일으킬 것입니다. 그 의심들은 입증되지 않을지라도 분명히 그럴 수 있다는 생각을 줄 것입니다."

7. 그는 말합니다: "그러나 복음서에서 이것을 금하는 구절이 있습니까? 있다면 보여 주십시오."

"당신이 복음서에 호소하였으니 복음서로 가십시오(행 25:12). 만약 당신이 복음에 순종하면, 당신은 추문을 일으키지 않을 것입니다. 왜냐하면 복음은 분명하게 당신이 그렇게 하는 것을 금하기 때문입니다(마 18:6-7). 그러나 당신은 교회의 교훈을 불순종함으로써 이것을 행하고 있습니다. 당신은 처음부터 의심을 받아 왔으나, 이제 복음을 조롱한 자로 그리고 교회의 적으로 공공연히 비난을 받을 것입니다."

형제들이여, 여러분의 의견은 어떻습니까? 만약 그가 여전히 완고하여 복음에 순종하거나 교회의 가르침에 동의하기를 거부한다면(롬 10:16), 여러분은 어찌 주저할 수 있습니까? 그 간계가 발각되었고 여우가 잡혔다는 것이 명백하지 않습니까? 만약 그 여자를 내보내지 않는다면, 그는 그 추문을 없애지 못합니다. 만약 그가 추문을 없앨 수 있으면서도 그것을 없애지 않는다면, 그는 분명하게 복음에 불순종하는 것입니다. 교회 역시 그와 같이 불순종하지 않으려면(요 8:55) 추문을 없애지 않는 사람을 제거하는 것 외에 달리 무슨 방도가 있습니까? 이는 교회가 복음으로부터 자신의 손이나 발이 범죄한다면 그것을 아끼지 말고 빼거나 찍어 던져버리도록 명령을 받았기 때문입니다(마 5:29). 복음은 말합니다: "만일 그가 교회의 말도 듣지 않거든 이방인과 세리와 같이 여기라"(마 18:17).

**8.** 우리가 무엇인가 업적을 이룬 것이 있습니까? 나는 이룬 것이 있다고 생각합니다. 우리는 여우를 잡았습니다. 우리는 그의 속임수의 가면을 벗겼습니다. 보이지 않게 은밀히 숨어

있는 거짓 신자들에 대해 교회의 약탈자로서 그들의 본성을 밝혔습니다. 이는 그가 나와 함께 달콤한 음식-그리스도의 살과 피를 의미합니다-을 먹는 동안, 그리고 우리가 친구로서 하나님의 집 안에 다니는 동안에(시 55:14) 그가 입으로 그의 이웃을 망하게 하였기 때문입니다(잠 11:9).

이제 나는 바울의 지혜를 따라 한두 번 그 이단자를 훈계한 후에 주저 없이 그를 거부할 것입니다. 왜냐하면 그와 같은 사람은 부패하므로, 그가 나까지 부패시키지 않도록 조심해야 하기 때문입니다. 그러므로 사특한 자가, 특히 속임의 무기를 교묘하게 사용하는 사특한 자가 자기의 악에 잡히는 것은 결코 작은 일이 아닙니다. 이는 그들이 공개적인 충돌은 그 어떤 것도 피하기 때문입니다. 그들은 사실 천하고 비루한 족속이며, 무식하고 완전히 겁쟁이들입니다. 그들은 여우들입니다. 그것도 작은 여우들입니다. 그들의 잘못된 요지들은 표면적으로 매우 그럴 듯해 보입니다. 물론 그것은 아녀자들과 어리석은 자들에게나 그렇습니다.

내가 만난 이들 중 이런 식의 사고를 하는 사람들은 다 그와 같았습니다. 나는 그들의 많은 진술에서 조금이라도 지식에 기여하는 말을 듣지 못하였습니다. 다만 기억나는 것은 옛 이단자들이 떠벌렸던 진부한 말들로서 이미 우리 신학자들이 짓뭉개고 박살낸 것들뿐입니다. 이 진술들이 얼마나 모호한지도 말해야 할 것입니다. 그 중 일부는 그들이 정통 신자들의 토론에서 무분별한 결론들을 끌어내면서 진술하였고, 일부는 서로 간의 논쟁에서 만들어 냈고, 일부는 그들 중 교회로 돌아온 많은 사람들에 의해 우리에게 보고되었습니다. 내가 이것을 말하는 것은 내가 그들 모두에게 답하고자 하기 때문이 아니라(그것은 불필요합니다) 다만 그들을 알게 하기 위해서입니다. 그러나 이것은 예수 그리스도 우리 주, 교회의 신랑의 이름의 영광을 위하여 다른 설교에서 다룰 것입니다. 그분은 만물 위에 계셔서 세세에 찬양을 받으실 하나님이십니다(롬 9:5). 아멘.

# 새로운 이단자들

1

1. "우리를 위하여 여우 곧 포도원을 허는 작은 여우를 잡으라"(아 2:15). 여우들은 길을 지나가면서 포도나무를 망치는 자들입니다(시 80:13). 그것들은 정도(正道)에서 벗어나는 것으로 만족하지 않고(신 9:12, 16) 거짓에 탐닉함으로써 포도원을 황폐하게 합니다. 그들은 이단자들이 되는 것으로도 부족하여 위선자들이 되어 죄에 죄를 더합니다. 그들은 양을 약탈하기 위해 양의 옷을 입고 들어오는 자들입니다.

믿음을 빼앗긴 사람들과 교인들을 빼앗긴 목회자들을 볼 때, 여러분은 그들의 목적이 어떻게 성취되는지 보지 않습니까? 이

강도들은 누구입니까? 그들은 외모에서는 양이며, 교활함에 있어서는 여우이지만 잔인한 행위에 있어서는 늑대입니다. 그들은 선하지 않으면서 선하게 보이려고 합니다. 악하게 보이지 않으면서 악을 행하기를 원합니다. 그러나 그들은 악합니다. 단지 그들이 악을 행함으로써 외롭지 않기 위해 선하게 보이고자 원할 따름입니다. 그들은 자신이 악하다는 것이 밝혀질까 봐 악하게 보이지 않으려고 애씁니다. 이는 악의가 분명히 드러날 때 해를 가할 수 있는 능력이 줄어들기 때문입니다.

선한 사람은 이미 악하게 보이는 것에게는 속지 않습니다. 언제나 선을 가장한 악에게 속습니다. 그들이 선한 듯이 보이려고 애쓰는 것은 선한 사람들을 타락시키기 위함입니다. 그들은 그들의 악의가 충분히 작용할 수 있도록 하기 위해 악의 모양을 피합니다. 그들의 본성은 덕을 조장하는 것이 아니라, 덕으로 악을 그럴 듯하게 꾸미는 것입니다. 그리고 나서 그들은 종교의 이름으로 그들의 참람함을 숭배합니다. 그들은 순결을 공공연한 해를 끼치지 않는 것으로 정의합니다. 그것은 그들이 단지 순결의 외양을 이용하기 위함일 뿐입니다. 그들은 자신의 부도덕성을 감추기 위해서 순결 서약을 합니다. 게다가 그들은 결혼이 성적인 관계를 정당화하는 유일한 조건인 데 반해(마 19:10),

부도덕이 오로지 아내를 취하는 데 있다고 생각합니다. 그들은 조야하고 무식하고, 매우 비열합니다. 그러나 그들을 경솔하게 무시해서는 안 됩니다. 왜냐하면 그들은 점점 더 불경건해지고, 그들의 말은 악성 종양이 퍼져나감과 같기 때문입니다(딤후 2:17).

**2.** 성령은 그들을 방관하지 않고 그들에 대해 분명하게 예언하셨습니다. 사도는 말합니다: "그러나 성령이 밝히 말씀하시기를 후일에 어떤 사람들이 믿음에서 떠나 미혹하는 영과 귀신의 가르침을 따르리라 하셨으니 자기 양심이 화인을 맞아서 외식함으로 거짓말하는 자들이라 혼인을 금하고 어떤 음식물은 먹지 말라고 할 터이나 음식물은 하나님이 지으신 바니 믿는 자들과 진리를 아는 자들이 감사함으로 받을 것이니라"(딤전 4:1-3).

그가 말하는 자들은 바로 이 사람들이 분명합니다. 그들은 혼인을 금하고, 하나님이 창조하신 어떤 음식물을 먹지 말라고 합니다. 이 문제에 대해서는 다음에 다루겠습니다. 그러나 이제 이것이, 성령이 미리 말씀하신 대로 인간의 실수이기보다 사탄의 음모가 아닌지 생각해 보십시오. 그들의 종파를 창시한 자가 누구인지 조사해 보십시오. 그들은 이름을 말하지 못할 것입니다. 언제 인간적인 기원을 가진 이단이 그 자체의 지도자를 갖지 않은 적이 있습니까? 마니 교도들은 마니를 그 지도자이자 스승으로, 사벨리우스주의자들은 사벨리우스를, 아리우스파에서는 아리우스를, 유노미우스파는 유노미우스를, 네스토리우스파는 네스토리우스를 가지고 있습니다. 그와 같은 다른 골칫거리 종파들도 각각 그 나름의 인정받는 지도자를 가지며, 그로부터 그것의 기원과 명칭을 따옵니다. 그런데 이 사람들에게는 무슨 이름이나 호칭을 붙이겠습니까? 확실히 그들의 이단적 주장은 인간적인 기원에서 나온 것이 아니며, 또 그들이 그것을 어떤 한 사람으로부터 받은 것도 아닙니다(갈 1:12). 하나님은 우리가 그것을 예수 그리스도의 계시로 간주하는 것을 금하셨습니다.

우리는 그것을 성령이 미리 말씀하신 대로, 귀신의 속임수이며 혼인을 금하는 거짓말쟁이 위선자들의 기만적인 위선으로 보아야 합니다(딤전 4:1-3). 그들은 자신의 말이 정결한 사랑으로 영감된 척하면서, 실제로는 여우의 교활함으로 불화를 조장하고 부도덕을 증가시키는 위선자들입니다. 이것은 너무도 명백합니다. 만약 혼인을 정죄하는 사람이 어떻게 모든 종류의 부정의 문을 여는지를 알지 못할 만큼 어리석은 사람들이 없다면,

혹은 너무도 사악하고 사탄적인 악의에 젖어 자신의 눈의 증거를 부인하고 사람들의 멸망을 기뻐하는 사람들이 없다면(지혜서 1:13), 나는 그리스도인이 어떻게 그것에 의해 속임을 당할 수 있는지 의아합니다.

## 2

3. 교회로부터 혼인의 귀한 유산과 부부 관계의 순결성을 빼앗아 보십시오. 그러면 여러분은 확실히 그것을 내연 관계, 근친상간, 수음, 남자가 여자처럼 되는 것, 동성연애 등 간단히 말해 모든 유의 부정으로(고전 6:9) 가득 채우게 될 것입니다. 그렇다면 여러분은 이 모든 불의를 행하는 자들이 구원받아야 한다는 것과 혹은 소수의 순결한 몇 사람만 구원받아야 한다는 것 중 어느 것을 택하겠습니까? 후자로 분류될 수 있는 사람들은 얼마나 적으며, 전자로 분류될 수 있는 사람들은 얼마나 많은지요! 구세주 우리 주님은 이 둘 중 어느 것도 원하지 않으십니다. 부도덕이 면류관을 받겠습니까? 하나님의 성결과 화목을 이루는 데에 그것보다 더 어려운 것은 없습니다. 그렇다면 순결한 몇 사람을 제외하고 온 세상이 정죄되어야 합니까? 이와 같이 행동하는 것은 우리 주님의 성품이 아닙니다. 땅 위에

서 순결은 희귀합니다. 그러나 수확이 적기 때문에 은혜의 충만이 낭비된 것은 아닙니다(빌 2:7). 순결한 자들만이 그것을 누릴 수 있다면, 우리 모두가 어떻게 그 충만함을 받았겠습니까?(요 1:14). 이 논리는 반박될 수 없으며, 이것에 대해 항변이 있을 수 없습니다. 전자에 대해서도 나는 마찬가지로 생각합니다. 만약 하늘에 의를 위한 자리가 있다면, 빛과 어둠이 서로 사귀지 못하는 것처럼 의인들이 악인들과 전혀 교제할 수 없기 때문에(고후 6:14), 구원의 계획에는 부정한 자들을 위한 자리가 없는 것이 분명합니다. 만약 어떤 사람이 다르게 생각하면(빌 3:15), 그로 하여금 사도 바울의 말을 듣게 합시다. 그는 매우 분명하게 선언합니다: "이런 일을 하는 자들은 하나님의 나라를 유업으로 받지 못할 것이요"(갈 5:21).

어떻게 이 교활한 작은 여우가 그의 굴에서 기어 나옵니까? 나는 그가 그 자신이 판 굴에서 잡혔다고 생각합니다. 그 속에서 그는 들어오기 위한 굴과 나가기 위한 굴, 즉 두 개의 굴을 팠습니다. 이것은 그의 버릇입니다. 이제 그 두 개의 도피구가 어떻게 그에게 막혔는지 보십시오. 만약 그가 오직 순결한 자들만 하늘에 둔다면, 구원은 대부분의 사람들과는 거리가 멀게 됩니다. 한편으로 만약 그가 모든 유의 불의를 순결과 동등하게 둔다면, 그 때는 의가 존재하지 않게 됩니다. 그러나 여우 자체가 존재하지 않게 된다고 말하는 것이 보다 정확할 것입니다. 이는 그가 어느 길로도 도피할 수 없으며 그 자신이 판 함정에 영원히 갇혔기 때문입니다(시 7:15).

4. 그러나 다른 이들과 달리, 결혼을 옹호하나 오직 처녀들과만 해야 한다고 주장하는 사람들이 있습니다. 나는 그들이 어떤 정당한 근거에서 이런 구별을 하였는지 알 수 없습니다. 그것은 단지 그들이 모두 자기 마음대로, 말하자면 그들의 모태인 교회의 성례들을 그들의 독이빨로 찢어 놓고자 애쓴 것에 불과합니다. 그들이 분명히 주장하는 대로 우리의 첫 부모가 동정(童貞)이었다고 할 때, 이것이 어떻게 동정이 아닌 자들 사이에는 혼인이 이루어질 수 없다는 식으로 결혼의 자유에 영향을 끼칠 수 있습니까? 그러나 그들은 복음서에서 그들의 엉터리 주장들을 뒷받침하는 것을 찾았다고 중얼거립니다. 그들은 우리 주님의 말씀-"그러므로 하나님이 짝지어 주신 것을 사람이 나누지 못할지니라"(막 10:9)- 앞에 창세기의 구절 "하나님이 자기 형상 곧 하나님의 형상대로 사람을 창조하시되 남자와 여자를 창조하시고"(창 1:27)가 나오는 것을 지적할 것입니다. 그들은 말합니다: "하나님이 그들을 짝지어 주신 것은 그들이 둘 다

동정이기 때문이었고, 따라서 그들은 법적으로 분리될 수 없었다. 그러나 동정이 아닌 자들의 결합은 감히 하나님의 것으로 생각될 수 없다."

그러나 그들이 동정성 때문에 결혼하였다고 누가 말하였습니까? 이것은 성경이 말하는 바가 아닙니다. "그러나 그들은 동정이지 않았습니까?"라고 그들은 묻습니다. 사실 그들은 동정이었습니다. 그러나 동정인 사람들의 결혼이 그들이 동정이기 때문에 결혼하는 사람들의 그것과 동일한 것은 아닙니다. 게다가 비록 그들이 동정이었을지라도, 그들이 그렇다는 것을 공공연히 진술하는 구절은 없습니다. "남자와 여자를 창조하시고"는 동정성이 아니라 성의 구별을 의미합니다. 그 구별은 옳습니다. 이는 결혼에서 본질적인 요소는 육체의 동정성이 아니라 성적인 차이이기 때문입니다.

그렇다면 결혼이 제정되었을 때, 성령이 성의 차이를 말씀하시고 동정성에 대해서는 전혀 언급하시지 않은 것은 옳은 일입니다. 그것은 교활한 작은 여우들이 따를 수 있는 길을 전혀 남겨 두지 않았습니다. 아니면 그들은 곧 그렇게 하였을 것입니다. 그러나 만약 그가 "그가 그들을 동정으로 창조하였다"라고 말씀하였다면, 여러분은 즉시로 오직 동정인 사람들만이 결혼해야 한다고 추론하겠습니까? 그 한 마디로 얼마나 중대한 죄를 여러분이 범할는지요! 재혼과 세 번째 결혼에 대해 여러분이 무슨 비난의 말을 할는지요! 단지 정통 교회가 그들이 고결한 삶을 위해 부도덕한 생활양식을 버리고 있음을 믿으려 할 뿐일 때, 어떻게 여러분이 그녀(교회)가 창녀들과 뚜쟁이들과 결혼할 준비가 되어 있는 것으로 중상할는지요! 아마 여러분은 선지자 호세아에게 창녀와 결혼하도록 명령하신 것에 대해 하나님도 비판하지 않겠습니까? 사실 여러분은 아무런 핑계도 못하고, 분명한 이유 없이 이단자가 됩니다. 여러분이 잘못을 날조하기 위해 사용하는 논증은 그것을 허물기에 더 적절해 보입니다. 그것은 여러분의 주장을 강화하기보다 오히려 크게 약화시킵니다.

    **5.** 이제 완전히 혼란시키거나 바로잡아 줄 본문을 잘 들어 보십시오. 그것은 그들의 이단설을 완전히 부서뜨리고 찢을 것입니다(단 2:40). "아내는 그 남편이 살아 있는 동안에 매여 있다가 남편이 죽으면 자유로워 자기 뜻대로 시집 갈 것이나"(고전 7:39). 과부가 원하는 사람 누구에게든지 시집가도록 허락한 이는 바울입니다. 그런데 그들은 이것을 반대하고, 동정인 여자 외에는 아무도 결혼할 수 없으며 그것도 그녀가 원하는 사람이

아니라 오직 동정인 남자하고만 결혼할 수 있다고 말합니다. 왜 그들은 하나님의 손을 짧게 합니까?(사 59:1). 왜 그들은 결혼의 풍성한 축복을 제한합니까? 왜 모든 여성에게 부여된 권리를 처녀에게만 국한시킵니까? 바울은 그것을 허용하지 않을 것입니다. 이는 그것이 정당하지 않기 때문입니다. 그러나 "허용하다"는 소극적인 말입니다. 그는 그것을 명령합니다. 그는 "그러므로 젊은이는 시집가서 아이를 낳고"(딤전 5:14)라고 말합니다. 그가 젊은이에 과부들을 포함시킨 것은 의심의 여지가 없습니다. 무엇이 그보다 더 분명하겠습니까? 그는 그것이 정당하기 때문에 허용합니다. 그리고 그는 그것이 유익하기 때문에 그것을 명령합니다(고전 6:12). 이단자가 정당한 동시에 유익한 것을 금지할 수 있습니까? 그는 그가 이단자란 사실 외에 아무 사람에게 아무것도 설득하지 못할 것입니다.

## 3

**6.** 사도의 나머지 말과 관련하여 이 사람들에 대해 좀 더 비판할 것이 남아 있습니다. 이는 그가 예언한 대로, 그들이 하나님이 감사함으로 받으라고 지으신 어떤 음식물을 먹지 않고(딤전 4:3), 그들의 금욕 자체 때문이 아니라 그들이 주장하는

이단적인 정신에 의해 그들 스스로 이단자라는 사실을 입증하기 때문입니다. 나 자신도 가끔씩 금욕을 실천하지만, 나의 금욕은 죄에 대한 보상이지 경외심을 결여한 형식적인 준수가 아닙니다. 우리가 바울이 그의 몸을 쳐서 복종한 것으로 그를 비난하겠습니까?(고전 9:27).

나는 포도주를 마실 때 취할 가능성이 있다면 그것을 마시지 않을 것입니다(엡 5:18). 그러나 나의 위가 약하다면, 사도의 충고를 따라 그것을 조금씩 사용할 것입니다(딤전 5:23). 나는 고기 먹는 것을 피하여, 그것이 육체를 과도하게 자극하고 그것으로 육체의 정욕을 자극하지 못하게 할 것입니다. 나는 심지어 빵도 절제하여, 배가 불러 서서 기도하는 데 피곤하지 않게 하고 게걸스럽게 빵을 먹었다고 책망하는 선지자의 책망을 듣지 않을 것입니다(겔 16:49). 나는 심지어 물을 꿀꺽꿀꺽 마시는 것도 피하여, 위가 커짐으로 욕구를 일으키지 않게 할 것입니다.

그러나 이단자는 그렇지 않습니다. 그는 우유도 피하고, 그것으로 만든 모든 것을 피합니다. 심지어 그는 교접으로 생산된 식물도 거부하는 데까지 나갑니다. 만약 그들이 그것을 피하는 이유가 그와 같은 것들이 교접의 결과이기 때문이 아니라 그들이 그것의 명분이 되지 않기 위함이라면, 이것은 올바르고 기독교적인 행위일 것입니다.

    7. 교접으로 생겨난 모든 것을 통틀어서 피하는 근거는 무엇입니까? 식물에 대한 이 세심한 조사, 이런 상세한 지시들은 우리에게 의구심을 일으킵니다. 만약 그들이 의학적인 근거에서 그것을 추천하고 또 그것을 온건하게 행한다면, 우리는 그들이 자신의 몸을 돌보는 것을 비난하지 않을 것입니다. 이는 아무도 자기의 몸을 미워하는 사람은 없기 때문입니다(엡 5:29). 만약 그들이 훈련으로서 금욕의 가치를 내세운다면, 그것은 영적인 치유의 일상적인 방법이므로 몸을 쳐서 복종시킴으로써 그들이 육신의 욕망을 억제하는 한, 우리는 그것을 심지어 칭찬할 만한 것으로 인정할 것입니다. 그러나 만약 그들이 마니교도들의 어리석은 태도를 좇아 하나님의 선하심을 제한하여 그가 감사함으로 받도록 지으신 것을(딤전 4:3-4) 감사하지 못하고, 생각이 깊지 못하고 비판적인 사람들이 부정하다고 판단하고 전염병처럼 여겨서 피한다면 나는 그들의 금욕을 칭찬하지 않을 것이며, 그들의 참람함을 정죄합니다. 나는 그들이 모든 것을 그 자체로 부정하다고 딱지 붙일 때, "부정한 자는 바로 그들 자신이다"라고 말하고 싶습니다.

    생각이 분명했던 한 사람은 "깨끗한 자들에게는 모든 것이 깨끗하다"라고 말하였습니다(딛 1:15). 부정하다고 생각하는 사람에게만 모든 것이 부정한 것입니다. "믿지 아니하는 자들에게는 아무것도 깨끗한 것이 없고 오직 그들의 마음과 양심이 더러운지라." 하나님이 지으신 음식물을 더럽게 여기고 자신의 몸에 흡수할 가치가 없다고 생각하여 입에서 뱉어 내는 자들에게 화가 있을 것입니다! 그러나 더럽고 부정하여 교회이신 그리스도의 몸에서(골 1:24) 뱉어 내어질 자들은 바로 그들입니다.

8. 그들은 자신들만이 그리스도의 몸이라고 자랑합니다. 그러나 그들이 이것을 믿기 때문에, 그들은 틀림없이 그들이 매일 제단 위에서 그리스도의 몸과 피를 깨끗하게 하는 능력을 가지고 있어, 그들을 그리스도의 몸의 지체가 되도록 양육할 수 있다고도 믿을 것이 분명합니다. 확실히 그들은 스스로를 자신 있게 사도들의 후예로 주장하고, 비록 사도됨의 표시를 하나도 보여 주지 못할지라도 자신들이 사도적이라고 합니다. 얼마나 오랫동안 그들의 빛이 말 아래 있어야 합니까?

"너희는 세상의 빛이라"(마 5:14). 이 말은 사도들에게 주어진 것입니다. 그러므로 사도들은 온 세상을 비추도록 등경 위에 있습니다. 사도들의 후예는 세상의 빛이 아니라 말 아래 있는 빛인 것을 부끄러워해야 합니다. 그들은 세상의 어둠입니다. 우리가 그들에게 말합시다: "너희는 세상의 어둠이라."

다른 문제로 건너가 봅시다. 그들은 스스로를 교회로 주장합니다. 그러나 그들은 주님의 말씀과 모순됩니다: "산 위에 있는 동네가 숨겨지지 못할 것이요"(마 5:14). 그들은 태산을 이루어 온 세계에 가득하게 된, 사람의 손을 대지 아니한 돌이(단 2:34) 그들의 동굴에 갇혀 있다는 것을 믿는지요? 그들은 자신의 의견을 남에게 알리지 않고 은밀히 속삭입니다. 그리스도는 그의 유산을 감소되지 않게 하시고, 또 항상 그렇게 하실 것이며, 그리고 그의 소유는 땅 끝까지 이릅니다(시 2:8). 그들이 그것을 그리스도께로부터 빼앗을 때, 그들은 이 거대한 유산을 스스로 잃어버립니다.

**9.** 저 중상자들을 보십시오. 개들을 보십시오(빌 3:2).

4

그들은 우리가 유아들에게 세례를 주는 것과 죽은 자를 위하여 기도하는 것과 성인들에게 중보기도 부탁하는 것을 비웃습니다. 그들은 그리스도를 남자와 여자, 젊은이와 늙은이, 산 자와 죽은 자 할 것 없이 모든 유의 사람들로부터 분리하기를 조금도 주저하지 않습니다. 그들은 유아들이 은혜를 받기에 너무 어리다는 이유로, 또 충분히 성숙한 자들은 순결을 유지하기 어렵다는 이유로 그들을 은혜의 범위에서 제외시킵니다. 그들은 죽은 자가 산 자의 도움을 받을 수 없게 하고, 그들이 죽었다는 이유로 산 자들이 성인들의 기도를 요청하지 못하게 합니다. 하나님께서 금하십니다!

주님은 바다의 모래와 같은(창 32:12) 그의 백성을 버리지 않으실 것이며, 또 모든 이를 구원하신 이가 소수의 그 이단자들로 만족하지 않으실 것입니다. 이는 그의 구속의 은혜가 사소한 것이 아니라 풍성한 것이기 때문입니다(시 130:7). 어떻게 소수의 이 무리가 그의 상급의 위대함에 어울릴 수 있습니까? 그들이 그 상에서 그것의 의미를 제거할 때, 그들은 스스로 기만당해 그 상을 빼앗깁니다. 아이가 스스로 말을 하지 못하는 점이 무엇 때문에 중요합니까? 그의 형제의 핏 소리가 땅에서부터 하나님께 호소합니다(창 4:10). 그의 어머니인 교회 역시 그의 옆에 서서 호소합니다.

그 아이 자신은 어떠합니까? 여러분에게는 그가 구원의 우물에서 물을 긷기를 갈망하는 것으로 보이지 않습니까? 여러분은 그가 하나님께 호소하고 그의 느낌 가운데 "여호와여 내가 압제를 받사오니 나의 중보가 되옵소서"(사 38:14) 하고 부르짖는다고 생각하지 않습니까? 그는 자연으로부터 압제를 받기 때문에 은혜의 도움을 요구합니다. 호소하는 것은 가련한 아이의 순수입니다. 그것은 그의 무지이며, 죽을 운명에 처한 자의 약함입니다. 그의 형제의 피, 그의 어머니의 경건, 불행한 아이의 무기력함, 그리고 무기력한 자의 불행 등 모든 것들이 호소합니다. 그들의 호소는 성부에게까지 이릅니다. 성부께서는 본성과 달리 행동하실 수 없습니다. 그는 아버지이십니다.

10. 아이에게 믿음이 없다고 말하지 마십시오. 이는 아이를 옷으로 싸듯 세례의 성례로 쌀 때(사 28:20), 아이가 그것을 순결성과 충만함으로 포용할 준비가 될 때까지-그 자신의 경험에 의해서가 아니라면 의식적인 동의에 의해서-그의 어머니가 그녀 자신의 것을 그에게 주기 때문입니다. 혹 그것이 그들 둘 다를 덮기에는 좁은 이불일 수도 있습니다. 그러나 교회의 믿음은 넓습니다.

교회의 믿음이 자신과 자신의 아이를 덮기에 충분할 만큼 넓었던 가나안 여인의 믿음보다 좁겠습니까? 그녀가 들은 대답은 이것이었습니다: "여자여 네 믿음이 크도다 네 소원대로 되리라"(마 15:28). 그것이 지붕을 뚫고 중풍병자를 달아내려 그로 하여금 영육 간에 강건함을 얻게 한 사람들의 믿음보다 좁겠습니까? 주님이 그들의 믿음을 보셨을 때, 그는 중풍병자에게 "작은 자야 네 죄 사함을 받았느니라"(막 2:5) 말씀하시고, 조금 후에 "일어나 네 상을 가지고 집으로 가라"고 하셨습니다. 이것을 믿는 사람은 교회가 그녀의 믿음으로 세례 받은 아이들을 위해 구원을 주장하고, 유아들을 위해 그리스도 때문에 죽임 당한 순교자들의 면류관을 주장하는 것이 옳다는 것을 쉽게 수긍할 것입니다.

그렇다면 세례로 거듭 난 사람들은 "믿음이 없이는 하나님을 기쁘시게 하지 못하나니"(히 11:6)라는 말씀에 조금도 해를 입지 않을 것입니다. 왜냐하면 믿음의 증거로 세례의 은혜를 받은 자들은 믿음이 없지 않기 때문입니다(히 11:39). 또 그들은 다른 본문으로도 고통을 당하지 않을 것입니다: "믿지 않는 사람은 정죄를 받으리라"(막 16:16). 이는 믿는 것이란 곧 믿음을 가지는 것이기 때문입니다. 그러므로 여자는 만약 그녀가 계속하여 믿음 안에 있으면 해산함으로써 구원을 얻을 것입니다(딤전 2:15). 자녀들은 중생의 씻음으로 굳건해지고, 그들의 정절을 지킬 수 없는 장성한 자들은 결혼의 삼십 배 열매에 의해 구속받을 것입니다(마 13:8). 천사들의 중보를 통해, 죽은 자들은 산 자들의 기도와 제사로 유익을 얻을 것입니다. 그들은 그것을 필요로 하고 또 그것에 대해 권리를 가집니다. 아직 가는 도중에 있는 사람들은 여기서 그 과정을 마친 사람들로부터 충분한 위로를 받을 것입니다. 모든 곳에 계시는 하나님을 통하여, 그리고 하나님 안에서 그들은 육체적으로 그들과 함께 하지 않는 자들로부터 모든 종류의 사랑과 동정을 부족하지 않게 받을 것입니다. 왜냐하면 그리스도께서 산 자와 죽은 자의 주가 되시기 위해(롬 14:9) 죽으시고 다시 사신 이유가 바로 여기에 있기 때문입니다. 이것이 바로 그가 유아로 태어나 성인이 되기까지 인생의 모든 단계를 거치신 이유입니다. 그것은 그가 어떤 단계에서도 부족하지 않기 위함입니다.

11. 그들은 연옥의 불이 있다는 것을 믿지 않고, 영혼이 몸에서 떠나게 되면 그것이 곧바로 안식이나 파멸로 직행한다고 주장합니다. 그들에게 이 세상과 오는 세상에도 사하심을 얻지 못하는 죄가 있다고 말씀하신 분에 대해 물어 봅시다.

# 5

교회를 인정하지 않는 자들이 교회의 법령을 비방하고, 그 규례를 거부하고, 성례를 모욕하고, 그 교훈을 순종하지 않는 것은 조금도 이상하지 않습니다. 사도들의 후예가, 대주교든지 주교든지 혹은 신부든지 죄인들이며, 따라서 성례를 주관하는 데도 또 그것을 받는 데도 전혀 부적절하다고 그들은 말합니다. 이유는 주교가 되는 것이 죄인이 되는 것과 양립할 수 없기 때문이라는 것입니다. 이것은 그릇된 말입니다. 가야바는 제사장이었습니다(요 11:49). 그런데 그는 큰 죄인이었습니다! 그는 주님에게 사형을 선고하였습니다. 만약 여러분이 그가 제사장이 아니었다고 말한다면, 요한의 증언은 여러분을 당황하게 할 것입니다. 이는 그가 가야바는 그 해에 대제사장이므로 예언하였다고 기록하기 때문입니다(요 11:51). 유다는 비록 탐욕스럽고 사악하였지만, 주님에 의해 선택된 사도였습니다. 여러분은 주님이 선택한 사람의 사도권에 대해 의심합니까? 그는 말씀하셨습니다: "내가 너희 열둘을 택하지 아니하였느냐 그러나 너희 중의 한 사람은 마귀니라"(요 6:70). 그는 사도로 선택되었으며, 스스로 마귀임을 입증하였습니다.

그럼에도 여러분은 죄인인 사람이 주교가 될 수 있다는 것을 부인합니까? 서기관들과 바리새인들이 모세의 자리에 앉았고(마 23:2), 그들의 권위에 순종하지 않는 자들은 불순종의 죄로 정죄되었습니다. 그것은 주님이 친히 이렇게 명령을 주신 데서 알 수 있습니다: "그러므로 무엇이든지 그들이 말하는 바를 행하라"(마 23:3). 따라서 비록 그들이 서기관들과 바리새인들이었을 지라도, 비록 그들이 큰 죄인들이었을지라도, 그럼에도 그들이 모세의 자리에 앉았기 때문에 주님의 말씀은 그들에게도 적용됩니다: "너희 말을 듣는 자는 곧 내 말을 듣는 것이요, 너희를 저버리는 자는 곧 나를 저버리는 것이요"(눅 10:16).

12. 무지한 백성을 속이기 위해 거짓과 위선의 영들이 많은 다른 논증들을 제시하지만(요 20:30; 신 32:6; 딤전 4:11; 시 5:6), 우리가 그 모두에게 답할 필요는 없습니다. 누가 그 모두를 다 알 수 있겠습니까? 뿐만 아니라 그것은 끝이 없고 불필요한 일입니다. 그것은 이 사람들이 논리적인 추론으로 설득될 수 있는 사람들이 아니기 때문입니다. 그들은 그것을 이해하지도 못하고, 권위 있는 전거들에 대해 수긍하지도 않으며, 받아들이지도 않습니다. 그들은 완전히 왜곡되어 있기 때문에 설득력 있는 논증으로 설복될 수도 없습니다. 이것은 논란의 여지가 없습니다. 이는 그들이 대화보다 죽음을 선호하기 때문입니다. 이 사람들의 마침은 멸망이며(빌 3:19), 그 끝에는 불이 그들을 기다리고 있습니다.

그들은 삼손이 여우들의 꼬리에 불을 붙인 일에서 상징적으로 예표됩니다(삿 15:4). 종종 신자들이 그들 중 몇을 잡아 재판대 앞에 데려왔습니다. 그들의 신앙의 의심스러운 점들에 대해 질문을 받을 때, 항상 그렇듯이 그들은 모든 것을 완전히 부인합니다. 그리고 물로 그들을 판별할 때 그들은 거짓말을 한 것으로 드러났습니다.[1] 그러나 물이 그들을 받아들이지 않으므로 그들의 죄가 드러나고 더 이상 부인이 불가능할 때조차 그들은 발끈하고, 그들의 참람함을 허심탄회하게 그리고 회오와 함께 고백하기보다 그것을 공공연히 선언하며, 그것이 참된 경건임을 주장하고, 그것을 위해 죽음도 각오하였습니다. 물론 그 옆에 선 자들 역시 똑같이 그들을 죽일 각오가 되어 있었습니다. 그래서 불경건한 이단설 때문에 새로운 순교자들이 생겨났습니다.

우리는 그들의 열정에 박수를 보내지만, 그들의 행동을 찬성하지는 않습니다. 왜냐하면 신앙은 힘이 아니라 설득의 문제이기 때문입니다. 그러나 물론 공연히 칼을 가지지 않은(롬 13:4) 자들의 칼로 그들을 제어하는 것이 그들이 다른 이들을 이단으로 이끌도록 버려두는 것보다 훨씬 더 낫습니다. 잘못한 자들을 의의 분노로 징계하는 사람은 하나님의 종입니다.

---

1) 피고를 물속으로 던져, 만약 그가 가라앉으면 무죄가 선포되고 떠오르면 유죄로 선포되었다. 제4차 라테란 회의에서는 신부들이 그와 같은 고문을 받는 것을 금지하고, 사람들의 구경거리가 좀 덜 되는 법에 의한 심문 체계를 선호하였다.

13. 그들이 죽음을 인내함으로 맞이할 뿐 아니라, 겉으로 보기에 기뻐함으로 맞이하는 것은 몇몇 사람들에게 놀라운 일로 보일 것입니다. 그러나 우리가 기억해야 할 것은 마귀의 강한 힘이 사람들의 몸뿐만 아니라 그들의 마음에도 작용한다는 것입니다.

마귀는 사람의 마음에 들어가게 되면, 그것을 사로잡습니다. 사람이 다른 이의 손에 기꺼이 폭력을 당하는 것보다 자기 자신에게 폭력을 가하는 것이 더 놀라운 일이 아닙니까? 우리는 자주 마귀가 물에 빠져 자살하거나 스스로 목매어 죽는 사람들에게 이 능력을 행하는 것을 봅니다. 유다가 스스로 목을 맨 것이 마귀의 제안에 의한 것임은 의심의 여지가 없습니다(마 27:5). 그러나 나는 그가 유다에게 스스로 목을 맬 것을 제안한 것보다 주님을 배반할 생각을 마음속에 넣을 수 있었다는 것이 훨씬 더 놀랍게 생각됩니다(요 13:2).

이 사람들의 완고함은 순교자들의 지조와 조금도 공통점이 없습니다. 이는 순교자들이 그들의 경건에 의해 죽음을 멸시한 반면에, 그들은 그들의 마음의 완악함으로 충동되기 때문입니다. 따라서 선지자는 말합니다: "그들의 마음은 살쪄서 기름덩이 같으나 나는 주의 법을 즐거워하나이다"(시 119:70). 그것은 비록 그 고난이 동일해 보이지만 그 의도는 매우 다르다는 것을 의미합니다. 이는 전자가 하나님을 대항하여 그의 마음을 완악하게 한 반면에(대하 36:13), 후자는 여호와의 율법을 묵상하였기 때문입니다(시 1:2).

14. 그러므로 이런 어리석고 완고한 사람들에 대해 길게 연설을 늘어놓는 것은 불필요하고 쓸모없는 일입니다. 여러분이 그들을 경계하는 데는 그들의 실상을 있는 그대로 아는 것으로 충분합니다. 그들은 그들의 생활 방식과 여자들과의 동거를 통해서 교회에 추문을 일으키기 때문에, 강제로 그들의 여자들을 내보내게 하거나 교회를 떠나게 하거나 둘 중 하나로 제재를 받아야 합니다. 우수한 평신도들뿐만 아니라 그들을 찾아내야 할 몇몇 성직자들, 심지어 일부 감독의 지위에 있는 자들마저 그들을 후원하고 그들로부터 선물을 받은 것은 유감스러운 일입니다. 그들은 이렇게 대답합니다: "어떻게 이단으로 기소되지도 않고 그것을 시인하지도 않는 사람들을 정죄합니까?"

이것은 틀린 말입니다. 이치에 맞기보다 변명에 불과합니다. 그들은 다른 방법이 없더라도, 내가 말한 이 방법들로 쉽게 다루어질 수 있습니다. 비록 그들이 자신이 순결하게 산다고 주장할지라도 그들을 여자들과 분리하고, 그 여자들을 비슷한 서약을 한 다른 여자들과 함께 살게 하고, 마찬가지로 남자들도 동일한 생활 방식을 따르는 다른 남자들과 함께 살게 해야 합니다. 이렇게 하면 남자와 여자 둘 다의 서약과 명성을 보호하게 되며, 또 그들은 여러분을 그들의 순결의 증인이자 보호자로 삼을 수 있습니다. 만약 그들이 이것을 받아들이지 않는다면, 정당하게 그들을 교회에서 쫓아낼 수 있습니다. 이는 그들이 그들의 뻔뻔하고 위법적인 동거로 교회에 추문을 일으켰기 때문입니다. 이런 방법들이 그 작은 여우들을 그들의 교활함의 덫에 빠지게 하고, 우리 주 예수 그리스도의 사랑스럽고 영광스러운 신부를 교훈하고 보호하는 데 충분하기를 바랍니다. 그분은 만물 위에 계셔서 세세에 찬양을 받으실 하나님이십니다(롬 9:5). 아멘.

## 약어

CCS    Corpus Christianorum Series Latina. Turnhout, Belgium.1953-
CF     Cistercian Fathers Series
Dil    Bernard of Clairvaux, De diligendo Deo(On Loving God)
D Sp   Dictionnaire de Spiritualit? Paris. 1953-
PL     J. P. Migne, Patrologiae cursus completus, series latina. Rpt. Paris, 1957-64.
RB     Regula monachorum sancti Benedicti(Rule of St Benedict)
SBOp   Sancti Bernardi Opera, edd. J. Leclercq, H. M. Rochais, C. H. Talbot. Rome, 1957-
SC     Bernard of Clairvaux, Sermones super Cantica Canticorum (Sermons on the Song of Songs)
Spec fid  William of St Thierry, Speculum fidei(The Mirror of Faith)